Klaus Streeck

Management der Fantasie

Einführung in die werbende Wirtschaftskommunikation

Klaus Streeck

Management der Fantasie

Einführung in die werbende Wirtschaftskommunikation

Verlag Reinhard Fischer
MÜNCHEN

ISBN 3-88927-400-5

Umschlaggestaltung: Christian Gaca, Berlin
Druck und Bindung: AZ Druck und Datentechnik, Kempten

INHALT

1. EINLEITUNG: ZU INTENTION, FORM UND GANG DER DARSTELLUNG

Gängige Stichworte wie Käufermärkte, Überflussgesellschaft oder Konsummüdigkeit zeigen an, dass neben der Innovation von Produkten und Prozessen die kommunikative Positionierung der Angebote im Kraftfeld einer immateriellen Ökonomie an Bedeutung eher gewinnen als verlieren wird. Professionelle Wirtschaftskommunikation ist in diesem Zusammenhang trotz zeitweiliger Schwankungen in der Konjunktur einzelner ihrer Instrumente ein unverzichtbarer Wegbereiter für den ökonomischen Erfolg.

1.1 INTENTION

Dieses Buch versucht, zur Einführung in die Wirtschaftskommunikation Anforderungen aus drei recht unterschiedlichen Handlungsfeldern miteinander in Beziehung zu bringen und konstruktive Anregungen zu deren Bewältigung zu liefern. Diese Handlungsfelder sind (1) das Studium der Wirtschaftskommunikation, (2) der Arbeitsalltag in den entsprechenden Kommunikationsberufen und (3) die interdisziplinäre Konkurrenzsituation innerhalb der Sozialwissenschaften, speziell zwischen Soziologie, Wirtschafts- und Kommunikationswissenschaften. Die Anforderungen, die aus diesen Handlungsfeldern an eine Einführung in die Wirtschaftskommunikation gestellt werden, lassen sich folgendermaßen zusammenfassen:

(1) STUDIUM Wirtschaftskommunikation ist ein relativ neues Studiengebiet ohne gewachsene disziplinäre Traditionen. Erst in den 90er Jahren sind einige Studiengänge gegründet worden, zuvor und teilweise bis heute wird über Wirtschaftskommunikation zumeist im betriebswirtschaftlichen Studium unter Marketinggesichtspunkten oder im Zusammenhang mit Unternehmensführung gesprochen. Kommunikation gilt hier als eher weiche, wenn auch wichtige Fähigkeit von Personen oder Organisationen. Darüber hinaus gibt es in einer Reihe anderer Studienfächer Auseinandersetzungen mit Wirtschaftskommunikation, insbesondere in der Germanistik und Linguistik unter dem Gesichtspunkt von Textgattungen, in den Medienwissenschaften, wo Werbung als wesentlicher Bestandteil der Massenkommunikation interpretiert wird, im Kommunikationsdesign,

das sich mit der Gestaltung auseinander setzt und in der Psychologie, die sich unter anderem mit der Wirkung von Kommunikationsmaßnahmen beschäftigt. Für das Studium der Wirtschaftskommunikation sind all diese Gesichtspunkte und die darunter gesammelten Erkenntnisse nicht uninteressant. Wenn dieses Wissen anderer Disziplinen jedoch nicht unter einer eigenständigen Perspektive geordnet werden kann, bleibt es eine Ansammlung von schwer zu bewertenden und anzuwendenden Einzelbausteinen. Tatsächlich fordern Studierende der Wirtschaftskommunikation übergreifende Orientierungen ein, um die zahlreichen Inhalte des Studiums einordnen zu können. Das erste und wichtigste Anliegen dieses Buches ist es deshalb, eine solche Gesamtorientierung für das Studium der Wirtschaftskommunikation anzubieten. Selbstverständlich wird es sich bei einem so speziellen und vielschichtigen Studienfach ohne eigene wissenschaftliche Tradition zunächst nur um einen von vielen möglichen Orientierungsrahmen handeln, und dieser Rahmen wird an einigen Stellen detaillierter ausgearbeitet sein als an anderen – aber er soll auf seine Art umfassend und begrenzend wirken.

(2) PRAXIS Die Praxisfelder der Wirtschaftskommunikation sind inhaltlich sehr vielschichtig. Absolventen der entsprechenden Studiengänge arbeiten in Werbeagenturen, in den Kommunikationsabteilungen von Unternehmen, in Museen und sonstigen Einrichtungen, in der Öffentlichkeitsarbeit, in der Werbung, im Eventbereich und in vielen weiteren kommunikationsintensiven Fachgebieten. Sie treffen dort stets auf Fachleute anderer Sachgebiete, ohne selbst unmittelbar als Fachleute anerkannt zu sein. Das liegt zum Teil an der Geschichte dieser Berufsfelder, die bis vor kurzem im Regelfall von Fachabsolventen anderer Studiengebiete bestellt wurden. In Werbeagenturen finden sich zumeist Designer, Psychologen oder, wie auch in den Kommunikationsabteilungen der Unternehmen, Betriebswirte. Wo es um die Produktion von Kommunikationsmitteln geht, sind auch Techniker oder Ingenieure keine Seltenheit. Es handelt sich also fast immer um Menschen, die etwas Bestimmtes können und zudem auch für Kommunikation zuständig sind. Obwohl die Bedeutung von Kommu-

nikation für den wirtschaftlichen Erfolg von Unternehmen, aber auch von ganzen Volkswirtschaften, immer höher eingeschätzt wird – denn nichts anderes besagt der Begriff „immaterielle Ökonomie" – bleibt doch die Auffassung verbreitet, dass professionelle Kommunikationsarbeit eher auf einer persönlichen Fähigkeit beruht, die jemand zusätzlich zu einem „echten" Fachgebiet hat. Unternehmen fordern daher – letztlich zu recht – belastbare Begründungen für die Beschäftigung reiner Kommunikationsfachleute. Natürlich werden auch weiterhin das jeweilige Wissen und Auftreten eines konkreten Bewerbers oder einer konkreten Bewerberin über den Erfolg bei der Einstellung und im anschließenden Berufsalltag entscheiden. Doch beides ist leichter zu erreichen, wenn bekannter ist, dass die Logik der Kommunikation nicht der Logik der Sachen entspricht. Deshalb soll dieses Buch auch darlegen, dass die Kommunikation eigenen Regeln folgt und umso konsequenter und zumeist auch erfolgreicher betrieben werden kann, je weniger sie von außerkommunikativen Ansprüchen gelenkt wird.

(3) WISSENSCHAFT Der sozialwissenschaftliche Bereich des Wissenschaftsbetriebs ist durch immer stärkere, konkurrenzorientierte Expansionsbemühungen der einzelnen Disziplinen gekennzeichnet, die im Wesentlichen einem Grundmechanismus folgen: Andere Disziplinen werden zunächst der Perspektive des eigenen Fachs unterworfen und anschließend soweit wie möglich integriert. Da diese Strategie von fast allen Disziplinen verfolgt wird, kommt es dabei zu gelegentlich skurril anmutenden Konkurrenzen, auf oberster Ebene zum Beispiel zwischen der Wirtschaftssoziologie und der Soziologie der Wirtschaft, eine Differenzierungsstufe tiefer dann vielleicht zwischen Wirtschaftskommunikation und Betrieblicher Kommunikationswissenschaft. Solche Konkurrenzen sind sozialer Natur, sie entscheiden sich aber auch durch inhaltliche Argumente. Sozialer Natur sind sie, sofern es letztlich um Mittel- und Stellenzuweisung im Hochschulbetrieb, aber auch um die Reputation von Studienabschlüssen in der Arbeitswelt geht. Am Beispiel des Diplom-Medienberaters ist klar ersichtlich, dass ein kurzlebiger Studiengang für seine Absolventen zu einem negativen Image führt. Diese sozialen Konkurrenzen treten im Rah-

men der Fachhochschulen noch verstärkt auf, weil hier eine Vielzahl zuvor universitärer Studiengänge auf Neugründungen treffen, die zunächst aus bestimmten, teilweise nur vermuteten, wirtschaftlichen Anforderungsprofilen heraus gegründet wurden. Das Fach Wirtschaftskommunikation gehört zu diesen Studiengängen und hat mit entsprechenden Anfeindungen zu leben. Eine auch auf grundbegriffliche Gesichtspunkte zielende Darstellung der Wirtschaftskommunikation, wie sie im Weiteren zumindest in ersten groben Zügen versucht wird, kann deshalb möglicherweise dazu beitragen, den längerfristigen Bestand des Faches und damit auch das Image seiner Absolventen zu stützen. Zusammenfassend formuliert wird demzufolge ein Entwurf verlangt, der als integrativ für das Studium, plausibilisierend für Fachfremde und absichernd im Wissenschaftskontext gelten kann. Sicherlich konvergieren diese Anforderungen in Teilen, sie sind aber auch widersprechend, insbesondere, weil sie die unterschiedlichen Voraussetzungen und Anspruchsniveaus dreier unterschiedlicher Gruppen berühren. Ich habe mich deshalb entschieden, die hier gewählte Reihenfolge der Anforderungen auch als eine Hierarchie aufzufassen. Mein Ziel ist es also, einen Orientierungsrahmen für das Studium der Wirtschaftskommunikation vorzulegen, der nach Möglichkeit auch für interessierte Außenstehende mit Gewinn zu lesen ist und der eine theoretische Fundierung der Wirtschaftskommunikation als akademische Disziplin nicht außer Acht lässt.

1.2 STANDPUNKT UND DARSTELLUNGSFORM

Die vorgestellte Intention kann auf vielfältige Art und Weise in Angriff genommen werden. Mit einem erneuten, jedoch in umgekehrter Reihenfolge verlaufenden Gang durch die drei Handlungsfelder Wissenschaft, Beruf und Studium sollen deshalb noch einige weitere Eingrenzungen und Erläuterungen vorweggeschickt werden.

(1) WISSENSCHAFT Wirtschaftskommunikation kann Gegenstand unterschiedlicher Wissenschaftsbereiche sein, jede Beschäftigung mit dem Thema erfordert deshalb eine Perspektive, die einen Teil der anderen mög-

lichen und sinnvollen Sichtweisen ausklammert. Zweifellos ist bislang der inhaltliche Schwerpunkt der Beschäftigung mit Wirtschaftskommunikation in den Wirtschaftswissenschaften zu finden, und dort wiederum insbesondere in der Betriebswirtschaftslehre (BWL). Hier mag sich die Frage stellen, warum man es nicht bei dieser Heimat belassen sollte, schließlich ist die BWL durchaus in der Lage, sich bei anderen Disziplinen kundig zu machen und deren Erkenntnisse in ihren Begriffsapparat zu übertragen und von da aus zu nutzen. Dem ist entgegenzuhalten: Zweifellos ist ein starker Bezug zu wirtschaftswissenschaftlichen Inhalten sehr sinnvoll, aber eine umstandslose Anbindung an die BWL ist nicht zu empfehlen, weil die BWL nicht auf die Wirtschaft, sondern auf Betriebe und deren Beziehungen konzentriert ist, sich selbst hier eine „Froschperspektive" (Hahn 1997, S.5) zuordnet. In der „Vogelperspektive" (ebenda) der Volkswirtschaftslehre (VWL) dagegen spielen Fragen der Kommunikation bislang nur eine untergeordnete Rolle. Eine Wirtschaftswissenschaft, die sich sowohl für die Frosch- als auch für die Vogelperspektive auf die Wirtschaft für zuständig erklärt, ist jedoch nicht ausgebildet. Das bedeutet im Hinblick auf Wirtschaftskommunikation, dass hier ein weiteres Argument gegen die Möglichkeit, sich bei der einzunehmenden wissenschaftlichen Perspektive auf die BWL zu verlassen liegt, nämlich das der daraus folgenden reduzierten Reflektionsmöglichkeiten. Denn die Komponente „Wirtschaft" von Wirtschaftskommunikation legt einen Bezug auf alle Unternehmen, aber auch auf Verbraucher und auf wirtschaftsrelevante Institutionen nahe. Damit ist die gesellschaftliche Betrachtungsebene angesprochen, das System Wirtschaft. Wie sich im Verlauf der Darstellung zeigen wird, sind die Betriebe für eine erfolgreiche Kommunikation darauf angewiesen, Elemente aus anderen Sozialsystemen, aus dem kulturellen und aus dem interpersonellen Bereich für sich nutzbar zu machen. Sie brauchen deshalb Personal, dass sowohl die betriebswirtschaftliche als auch andere gesellschaftliche Perspektiven einzunehmen vermag. Die hierfür zuständige wissenschaftliche Perspektive ist die der Soziologie. Sie nimmt sowohl die Wirtschaft auf der System- und auf der Organisationsebene in den Blick, kann also die BWL- und die VWL-Perspektive nachvollziehen, ist aber darüber hinaus auch in der Lage, die Gesellschaft unter anderen als nur unter wirtschaftlichen Gesichtspunkten zu beobachten und zu beschreiben. Die Soziologie ist als Sozialwissenschaft den ebenfalls zu den Sozialwissenschaften zählenden Wirtschaftswissenschaften sehr nah, sie ist mit Kommunikation ebenfalls vertraut, ja hat Kommunikation in einiger ihrer Ausprägungen sogar zum Grundelement der Gesellschaft erklärt (vgl. Luhmann 1997), die Soziologie muss jedoch Wirtschaft nicht als Referenzsystem auffassen, sondern kann sie als gleichwertig zu anderen Gesellschaftssystemen betrachten. Im Weiteren soll daher ein Soziologischer Standpunkt eingenommen werden, der sich jedoch den Interessen der produzierenden und Handel treibenden Wirtschaft verpflichtet fühlt.

(2) PRAXIS Im Berufsalltag der Kommunikationsberufe ist man wenig an innerwissenschaftlichen Auseinandersetzungen, vermutlich sogar nicht einmal an wissenschaftlichen Erkenntnissen überhaupt interessiert. Werblich-pointiert schreibt Walter Lürzer, zweifellos einer der Granden der internationalen Kommunikationsszene, in seinem Vorwort zu einem Buch über kreative Werbung von Werner Gaede: „Gaede hat eine Theorie entwickelt. Das ist problematisch, denn Theorien haben in unserer Branche nicht den gleichen Stellenwert wie in anderen vergleichbaren Berufen, die der Fußballtrainer zum Beispiel (...) Erfolgreiche wissenschaftliche Bücher sind mir nicht bekannt" (Gaede 2002, S.6). Lürzer formuliert hier wohl seine eigene Auffassung, kann aber auch der Versuchung nicht widerstehen, sich über die von ihm selbst als dumpf und an wissenschaftlichen Theorien wenig interessiert charakterisierten Werbepraktiker lustig zu machen: „Geld machen weckt die Herrschaften schon eher auf. Darum verkaufen sich vor allem Bücher mit Rezepten, geschrieben von erfolgreichen Werbemenschen mit Anteilen an schnell wachsenden Agenturen, deren Namen im Firmenschild steht und deshalb auch bekannt ist" (Gaede 2002, S.6). Aber wer sind diese „Herrschaften", über deren scheinbare intellektuelle Ignoranz Lürzer hier spottet? Es sind in der Regel Menschen mit extrem wenig Zeit, die sich in sehr jungen Jahren in die Mühlen eines ebenso spannenden wie oftmals zynischen Arbeitsfeldes begeben haben; Menschen, die Stress-

berufen nachgehen und kaum Zeit für ein Privatleben haben, dafür einer Persönlichkeitskonkurrenz ausgesetzt sind, die zwar nicht so tief greifend ist, wie im Showgeschäft, aber auch nicht an der gestylten Oberfläche halt macht, sondern sich auf Ideen, Empfindungsreichtum, Offenheit und Spritzigkeit ausdehnt. Es ist ein Berufsfeld, in dem manche Grafiker mit 30 Jahren schon als zu alt gelten und in dem mit 50 Jahren noch berufstätig zu sein oder gar befördert zu werden ebenso unwahrscheinlich ist, wie es das etwa bei einer Berufsarmee wäre – vielleicht bezeichnen sich manche Agenturmitarbeiter auch deshalb so gern als „Campagneros". Werbung ist zumeist mittelständisch organisiert und hat im Ganzen sehr wenig Interesse und Kapazität für berufbegleitende Weiterbildung. Man lernt vor dem Job und nach dem Job, also in der Ausbildung und im Studium oder während der Freistellung oder Arbeitslosigkeit. Im Job gibt es nur den Job. Kein Wunder also, dass man sich Rat von erfolgreichen Praktikern eher erhofft, als eine wissenschaftliche Außenperspektive zu kultivieren, die in den Agenturen und Kommunikationsabteilungen nur dann honoriert wird, wenn sie mit nachweislichen finanziellen Mehreinnahmen für das Unternehmen verbunden ist. Wenn diese Einschätzung zutrifft, dann muss ein Buch, das bei Praktikern Wirkung zeigen soll, von illustrativen Beispielen Gebrauch machen, Anschaulichkeit und schnelle Lesbarkeit beachten. Es kann aber auch auf ein Interesse an der Reflektion der eigenen Berufstätigkeit rechnen, zu der während der Arbeit in der Regel keine Zeit ist. Deshalb wird im Weiteren von Beispielen und auch von geschichtlichen Bezügen häufiger Gebrauch gemacht, als das in rein wissenschaftlichen Veröffentlichungen üblich ist.

(3) STUDIUM Für diese Reflexion die Grundlagen zu schaffen ist die Aufgabe der Ausbildung, insbesondere der Hochschulausbildung. Auch für eine Fachhochschule kann es deshalb nicht ausreichend sein, sich auf das Üben der zukünftigen Praxis mit verringertem Honorardruck zu beschränken. Zur Hochschulausbildung gehört auch, sich mit Wissen und Urteilskraft zu versehen, um sich in den Stressberufen der kommerziellen Kommunikation besser durchzusetzen. Hin und her gerissen vom ständi-

gen Wandel des Zeitgeistes auf der einen und der immer höheren Anforderung an kommunikative Produktivität auf der anderen Seite, kann eine theoretische, auch geschichtliche Basis helfen, einen eigenen Kurs zu finden und zu halten. Nach meiner Erfahrung ist das grundlegende Problem, das im Studium der Wirtschaftskommunikation von den Studierenden bearbeitet wird, in ihrem Identitätswandel vom reinen Käufer zum „Verkäufer durch Kommunikation" zu sehen. Die Anwendung von Kommunikation zur Erreichung wirtschaftlicher Zwecke stößt auf erhebliche moralische Vorbehalte, die jedoch zumeist nicht ethisch begründet, sondern konventionell erworben sind. Als Kind hat man gelernt, sich vor Werbung in Acht zu nehmen, als Heranwachsender ist man zumeist an negativen Erfahrungen mit Bedenkenlosigkeit oder Euphorie in wirtschaftlichen Zusammenhängen nicht vorbei gekommen, man hat diese Erfahrungen aber immer als Konsument und nicht als Produzent von Kommunikation verarbeitet. Wirtschaftskommunikation ist deshalb für Studierende nur selten in den Bereichen problematisch, wo sie diskursiv auftritt. Die persuasiven Techniken stoßen dagegen auf große Widerstände, die sich unbearbeitet bis in das Berufsleben fortsetzen können und oft die Ursache von Zynismus und Bitterkeit werden. Deshalb liegt ein inhaltlicher Schwerpunkt des Buches auf der Erläuterung und Begründung dieser oft noch als anrüchig beurteilten kommunikativen Praktiken.

Zusammengefasst soll Wirtschaftskommunikation demnach aus soziologischer Sicht, aber mit wirtschaftlichem Interesse so dargestellt werden, dass anhand von Beispielen und historischen Abrissen eine Tiefendimension erzeugt wird, die den Identitätswechsel vom Konsumenten zum Produzenten der Wirtschaftskommunikation erleichtert. Auch wenn Wirtschaftskommunikation zunehmend ein internationales Geschäft ist, bleiben die Kommunikationsformen selbst in sehr weitreichender Weise lokal geprägt. Entsprechend beziehen sich die folgenden Erörterungen – wenn nicht ausdrücklich anders vermerkt – auf den deutschsprachigen Raum.

1.3 GANG DER DARSTELLUNG

Um Wirtschaftskommunikation zu verstehen, ist es wohl unabdingbar, sich mit den beiden Komponenten dieses Ausdrucks auseinanderzusetzen – und schon damit sind die Hoheitsgebiete mehrerer komplexer Wissenschaftsfelder ins Visier genommen und entsprechend das Scheitern wegen Oberflächlichkeit vorprogrammiert. Dennoch wird im folgenden zweiten Kapitel gewagt, die Kommunikationsinteressen „der Wirtschaft“ einzukreisen und zu differenzieren. Dazu wird zunächst ein Vorschlag unterbreitet, wie die Funktion des Wirtschaftssystems zu begreifen sein könnte und daran anschließend Kommunikation bzw. Informationstransfer im Wirtschaftssystem von „Kommunikation der Wirtschaft mit ihren relevanten Umwelten“ unterschieden. Letzteres wird als Wirtschaftskommunikation im engeren Sinne aufgefasst, um die es im Folgenden nur noch gehen soll.

Das dritte Kapitel widmet sich der Kommunikation und kommt nicht umhin, zunächst einige Kommunikationstheorien, -modelle und –metaphern vorzustellen, um daran anschließend (3.2) Wirtschaftskommunikation als im wesentlichen performative Kommunikation zu bestimmen: Wirtschaftskommunikation, so die These, dient normalerweise nicht der Verständigung und Diskussion über wirtschaftliche Angebote, sondern der Inszenierung und Aufführung. Die Bildkommunikation wird dann unter 3.3 vor dem Hintergrund ihrer Bedeutung im Rahmen der Wirtschaftskommunikation als performative Kommunikation erläutert. Wie bereits zum zweiten Kapitel wird auch zum dritten Kapitel ein Abschnitt mit illustrierenden Einzelbeispielen und Detailbetrachtungen der zentralen These angefügt.

Nachdem nun Wirtschaftskommunikation aus dem umfassenden Rahmen der Wirtschafts- und Kommunikationswissenschaften heraus gelöst und bestimmt wurde, werden im vierten Kapitel eine ganze Anzahl bedeutsamer Komponenten des Systems der Wirtschaftskommunikation einerseits und der Rezipientensicht auf Wirtschaftskommunikation andererseits ins Auge gefasst. Im Einzelnen wird zunächst auf das Verhältnis von

Wirtschaftskommunikation und Werbung eingegangen, das bis zu dieser Stelle ungeklärt geblieben ist. Dazu wird die Auffassung vertreten, dass Werbung – wie möglicherweise auch PR oder Design – als ein Paradigma der Wirtschaftskommunikation aufzufassen ist. Das auf diesem Paradigma aufgebaute Verständnis von Wirtschaftskommunikation heißt entsprechend konsequent werbende Wirtschaftskommunikation und wird im Weiteren vorausgesetzt.

Dass werbliche Wirkung wesentlich auf Emotionen fußt, ist nicht mehr unbekannt – aber vorauf fußen Emotionen? Vor dem Hintergrund der Ergebnisse neurophysiologischer Forschungen und unterschiedlicher historischer Betrachtungen wird im weiteren Verlauf des vierten Kapitels dargelegt, dass Emotionen und Imagination eine untrennbare Verbindung miteinander unterhalten, die anhand von Literatur, Film und Theater ebenso plausibilisiert werden kann, wie anhand von gelungener Wirtschaftskommunikation. Das besondere an Wirtschaftskommunikation ist in diesen Zusammenhang jedoch, dass sie die Möglichkeit zu einer zumindest teilweisen Realisierung dieser imaginativen Elemente in sich trägt. Sie ist, metaphorisch gesprochen, „betretbare Literatur“ – so die Überschrift des Abschnitts 4.3.

Anhand der Entwicklung der Medien und insbesondere der Möglichkeiten der Wirtschaftskommunikation innerhalb der Medien, aber auch anhand der beiden herausragenden Entwicklungssprünge, die in der Erfindung des Markenartikels und des Warenhauses lagen, zeigt sich die weitere Differenzierung des Systems Wirtschaftskommunikation. Der geschichtliche Zugang ist hier auch deshalb sinnvoll, weil bis heute in Deutschland das Verständnis von Wirtschaftskommunikation in hohem Maß durch die Veröffentlichungen der Nachkriegszeit geprägt ist. Das war jedoch eine Zeit des konsumtiven Rückschlags, der allgemeinen Graumäusigkeit, aber auch des Ressentiments und der Schuldkultur. Die Geschichte der Wirtschaftskommunikation ab 1850 bis zum Zweiten Weltkrieg ist insofern aufschlussreich, weil sie viele heutige Entwicklungen als bereits vorhanden darstellt und darum die scheinbare Singularität heutiger Verhältnisse relativiert.

Je strukturstärker das System der Wirtschaftskommunikation mit der Zeit wird, desto mehr sind die Unternehmen an ihre Kommunikation und damit auch an ihre Angebote gebunden. Die Käufer bzw. Kunden dagegen können unter den Bedingungen einer sowohl Waren als auch Kommunikation überproduzierenden Wirtschaft immer häufiger mit Abwanderung drohen. Diese „Exit-Option" steht im Mittelpunkt des Abschnitts 4.6.

Will man etwas über Werbung erfahren, kann es sinnvoll sein, sich den Entstehungszusammenhang anzusehen, die Orte und Strukturen, wo Werbung entsteht. Das sind jedoch nicht, wie oft angenommen wird, die Unternehmen, sondern die Werbeagenturen. Mit der Einschaltung von Agenturen in den Kommunikationsprozess erlebt das System der Wirtschaftskommunikation seine größte Beschleunigung, denn jetzt gibt es eine Instanz, die an der Ausbreitung von Werbung an sich interessiert ist, egal wo oder wofür dabei geworben wird. Zudem werden die Agenturen die Institutionen, die, immer noch im Wechselspiel mit den Unternehmen, aber zunehmend inhaltlich dominierend, bestimmen, welche Inhalte Eingang in Wirtschaftskommunikation finden. Den Agenturen ist deshalb der lange Abschnitt 4.8 gewidmet, der auch den Übergang zum fünften Kapitel bildet.

Das fünfte Kapitel schlägt vor, die Metapher des Spiels als Leitmetapher für den Umgang mit Wirtschaftskommunikation zu verwenden und so Produktion von Gütern und Produktion von Kommunikation als grundsätzlich unterschiedlich aufzufassen. Natürlich muss zunächst einigen Einwänden gegen ein solches Verständnis begegnet werden, das sich jedoch als starke Seitenlinie der klassischen Wirtschaftstheorie nachweisen lässt. Sowohl die subjektive Wertlehre als auch das Werk des britischen Ökonomen George L. S. Shackle liefern bis heute relevante Grundlagen dazu, die in Teilen im Abschnitt 5.1 dargestellt werden. Am umfassenden Beispiel der kommunikativen Kreativität lässt sich der Verlauf des Spiels, das in diesem Fall als ein evolutionäres Spiel aufzufassen ist, in einzelnen Facetten darstellen. Der Überschrift „Logik des Spiels" wird der Abschnitt 5.4 dann nicht gerecht, wenn allein die folgenden Unterpunkte dazu gerechnet würden: der Anschluss an die Kommunikationstheorie über das Theorem der doppelten Kontingenz, die Darstellung der Kommunikationsform des Linking als zentrale Tätigkeit der Wirtschaftskommunikation sowie die Umkreisung einiger Mechanismen des Abdunkelns und Ausleuchtens in wörtlicher wie in übertragener Bedeutung. Entsprechend ist die Überschrift „Logik des Spiels" eher als eine Aufforderung zu verstehen, auf den hier eingeschlagenen Wegen weiterzudenken. Der abschließende Abschnitt über die Imagineure im Unternehmen versucht, das bis dahin Gesagte in einem Gesamtbild zusammenzufassen.

Das sechste Kapitel schließlich stellt sich der Frage nach moralischen und ethischen Dimensionen der Wirtschaftskommunikation und betritt wiederum ein sehr umfängliches Feld, auf dem das Scheitern wahrscheinlicher ist als das Überzeugen. Dies vorausgesetzt, ist es bereits nicht mehr so gewagt, das Thema mit einem persönlichen Statement einzuleiten, aus dem die ethischen Urteilsgründe des Verfassers hervorgehen sollen. Im zweiten Abschnitt des Kapitels wird zwischen Konsumkritik, Medienkritik und Kritik an Werbung im engeren Sinne unterschieden. Als Konsequenz des insgesamt gewählten Ansatzes zur Bestimmung von Wirtschaftskommunikation als auf Imagination und Imitation zielender Kommunikation werden dann ethische Dimensionen anhand von Risiken in genau diesen Bereichen diskutiert: als Risiken der Imagination (6.3) und Risiken der Imitation (6.4). Der Text erreicht hier seinen vorläufigen Schluss – aber wie bei jeder Einführung ist das Ende der eigentliche Startpunkt. Denn nun gilt es, über Werkzeuge zur Erhebung und zur Gestaltung von Fantasie zu informieren. Dafür sind jedoch weitere ausführliche Publikationen vorgesehen.

Es ist bemerkenswert, dass sich zwar Hinweise auf die Bedeutsamkeit der imaginativen Wirkung von Werbung immer wieder finden, der Imagination jedoch nahezu nie eine systematisch herausgehobene Position in der Bestimmung von Wirtschaftskommunikation zugekommen ist. Als ich selbst zum ersten Mal in einer Lehrveranstaltung sagte, dass die zukünftigen Kommunikationswirte eigentlich Manager der Fantasie zu sein hätten, erntete ich Amüsement. Oft wird unterstellt, dass, wer sich für Fantasie einsetzt, gleichzeitig gegen Verstand, Vernunft und wohlmöglich sogar Profit ist. Entsprechend sagte mir dann auch ein Student, er stelle sich gerade vor, wie er in einem Bewerbungsgespräch seine Qualifikation als Fantasiemanager angebe – und noch während er dies sagte, wandelte sich seine Skepsis in positives Interesse. Ich hoffe, es gelingt mir mit diesem Buch, ein solches positives Interesse auch bei Wirtschaftsverantwortlichen, bei Kollegen und Kolleginnen anderer wissenschaftlicher Disziplinen und bei vielen anderen mit Wirtschaftskommunikation befassten Menschen zu erzeugen.

2. WIRTSCHAFT ALS GELDKREISLAUF UND KNAPPHEITSPRODUKTION

In diesem Kapitel wird das im Weiteren zugrunde gelegte Verständnis von Wirtschaft skizziert und anhand einiger Beispiele angewendet. Ausgangspunkt ist das Wort Wirtschaftskommunikation und einige Vermutungen darüber, welche Problemstellungen im wirtschaftlichen Kontext mit diesem Ausdruck bezeichnet sind.

Das Wort Wirtschaftskommunikation ist nicht aus einem definitorischen Akt heraus entstanden, sondern hat sich nach und nach eingebürgert. Internet-Suchmaschinen zeigen einige tausend Verweise auf Wirtschaftskommunikation, die aber in sich recht heterogen sind: es geht um grenzüberschreitenden Warenverkehr, um die Übersetzung von Geschäftskorrespondenz in andere Sprachen oder um die Vernetzung unterschiedlicher Werbemaßnahmen. Daraus lässt sich schließen, dass das Wort Wirtschaftskommunikation mehrere unterschiedliche Ursprünge aufweist und in unterschiedlichen Kontexten mit unterschiedlichen Intentionen und Bedeutungen verwendet wird. Diese Unschärfe ist für den alltäglichen Sprachgebrauch zumeist ohne Bedeutung, da der jeweils gegebene Zusammenhang und seine sachlichen Bezüge genügend Aufschluss über das Gemeinte bieten.

Ich habe diesen Ausdruck ebenfalls vorgefunden und nicht selber gebildet. Wenn ich nun im Folgenden versuche, zu einer möglichst trennscharfen Bestimmung von Wirtschaftskommunikation zu gelangen, möchte ich damit nicht eine rückwirkende Definitionshoheit erwirken. Es geht mir nicht darum, andere Verständnisse von Wirtschaftskommunikation außer Kraft zu setzen, sondern ich möchte eine begriffliche Fassung vorstellen, die sich aus einer realen und letztlich auch praktischen Problemstellung ergibt und die ich deshalb für nützlich halte. Ich vermute, dass dieses Bezugsproblem leichter zu bearbeiten ist, wenn es klarer vor Augen steht und begrifflich gefasst ist. Um sich durchzusetzen, muss allerdings jede Verbindung von Problemen und Begriffen letztlich pragmatisch überzeugen.

Auch wenn gelegentlich verkürzend davon gesprochen wird, dass es z.B. Forderungen oder Ansprüche „der Wirtschaft" gäbe, ist doch das Wirtschaftssystem selbst kein Kommunikator. Träger der Kommunikation sind Organisationen oder Personen, nicht aber gesellschaftliche Teilsysteme. Wenn also die Rede davon ist, dass „die Wirtschaft" etwas fordert, dann wird dieses Fordern durch entsprechende Verbände oder andere Organisationen bzw. deren Sprecher kommunikativ realisiert. Darum finden im Allgemeinen die Ausdrücke Unternehmenskommunikation oder Organisationskommunikation in wirtschaftswissenschaftlichen Zusammenhängen sehr viel häufiger Verwendung als eben Wirtschaftskommunikation. Man könnte sich nun damit begnügen, Wirtschaftskommunikation als den Sammelbegriff aller wirtschaftsspezifischen persönlichen, Unternehmens- und Organisationskommunikation aufzufassen und entsprechend auch die Anlässe für Kommunikation aus den Interessenlagen der Beteiligten abzuleiten. Damit wäre jedoch die im Folgenden erörterte Grundfrage ausgeblendet, wie ein allgemeinwirtschaftliches Interesse an Kommunikation zugeschnitten ist.

Bislang wurde von Wirtschaft recht unscharf als Gesamtheit der Unternehmen plus Konsumenten plus anderer Organisationen gesprochen – was bei näherem Hinsehen viel zu weit und gleichzeitig viel zu kurz greift und kaum ermöglicht, ein spezifisches Kommunikationsinteresse der Wirtschaft hinreichend zu bestimmen. Zu diesem Zweck soll Wirtschaft jetzt mit Hilfe zweier Definitionsrichtungen eingegrenzt werden.

2.1 KOMMUNIKATIONSINTERESSEN DER WIRTSCHAFT

Die Betriebswirtschaftslehre hat eine Vielzahl unterschiedlicher Definitionen von Wirtschaft und Wirtschaften hervorgebracht, aber bis in die Gegenwart versteht sie Wirtschaft nicht selten als „Inbegriff aller planvollen menschlichen Tätigkeiten, die unter Beachtung des ökonomischen Prinzips (Rationalprinzip) mit dem Zweck erfolgen, die – an den Bedürfnissen der Menschen gemessen – bestehende Knappheit der Güter zu verringern" (Wöhe 2002, S.2). Diese, dem in Deutschland auflagenstärksten Lehrbuch der Betriebswirtschaftslehre entnommene Definition kann als klassisch gelten. Sie trägt eine Vielzahl innerer Verweise und Absicherungen in sich, im Kern zielt sie jedoch auf ein Verständnis von Wirtschaft als der Reduzierung von Knappheit.

Gute Definitionen sind nicht nur schlüssige Aneinanderreihungen von Wörtern, sie erzeugen oftmals auch eine Situations- und Handlungsbeschreibung. In der Definition von Wöhe erkennt man beides: die menschliche Tätigkeit auf der einen, die Knappheit auf der anderen Seite bilden die Ausgangssituation. Die Knappheit zu reduzieren, zu bekämpfen, ist das Ziel der menschlichen Tätigkeit, die dieser Situation angemessen erscheint. Überträgt man diese Situations- und Handlungsbeschreibung auf das tägliche Leben, könnte man sich folgendes vorstellen: Ein in der Wirtschaft tätiger Mensch geht morgens ins Büro, um Knappheit in der Umwelt des Unternehmens zu reduzieren. Ohne Knappheit in der Umwelt verlieren die menschlichen Tätigkeiten im Unternehmen dagegen die Möglichkeit, zu dem Inbegriff „Wirtschaft“ zu gelangen.

Dieser Sichtweise möchte ich einen anderen, systemorientierten Ansatz ergänzend gegenüberstellen. Der andere Ansatz, Wirtschaft zu bestimmen, geht nicht von Knappheit und ihrer Reduzierung aus, sondern orientiert sich an der Frage, was käuflich bzw. verkäuflich ist und was nicht. Der Soziologe Niklas Luhmann ist ein Vertreter dieser Sicht, er fasst Wirtschaft als die Gesamtheit der durch Zahlungen aufeinander bezogenen Tauschakte und der damit verbundenen Informationen auf: „Produktion ist nur Wirtschaft, Tausch ist nur Wirtschaft, wenn Kosten bzw. Gegenzahlungen anfallen“ (Luhmann 1988, S.16). Preise interpretiert Luhmann als „Informationen über zu erwartende Geldzahlungen, und zwar über Geldzahlungen, die als Gegenleistungen für Zugriff auf knappe Güter zu erwarten sind“ (Luhmann 1988, S.18). Auch in dieser Betrachtung von Wirtschaft spielt Knappheit eine gewisse Rolle, aber die Situations- und die Handlungsbeschreibung, die sich einstellt, ist eine ganz andere: Man geht nicht morgens ins Büro um Knappheit zu reduzieren, sondern um Geld zu verdienen. Geld bekommt man im Austausch gegen den Zugriff auf knappe Güter – aber dieser Zugriff kann auch aus reinem Kalkül erfolgen, zum Beispiel um diese Güter zu vernichten und so Knappheit weiter zu steigern. Auch hier gibt es die konstituierende Differenz der Wirtschaft auf der einen und der Knappheit auf der anderen Seite. Doch hier ist der Vollzug von Wirtschaft nicht an Effekten im Hinblick auf die Umwelt, die Knappheit, orientiert, sondern allein innerwirtschaftlich daran, ob Zahlungen erfolgen und Geld fließt: ob verkauft werden kann bzw. gekauft wird.

Diese neuere, aber doch bereits etablierte soziologische Sicht ist weder der wirtschaftswissenschaftlichen Theorie und noch weniger der wirtschaftlichen Praxis fremd. Es ist die Sicht von Herstellern und insbesondere von Händlern, für die die Beschaffenheit der Gegenstände und ihre Eignung zur Deckung von Bedürfnissen eine untergeordnete Rolle gegenüber ihrer profitablen Verkäuflichkeit spielte. Theoretisch liest sich das so: „Im Begriff der Herstellung dauerhafter und verkäuflicher Gegenstände ist die kapitaltheoretische Konsequenz enthalten, wonach die Produktion auf Vorrat (stock, capital) die einzige Gewähr für die Erhaltung künftiger Produktionskräfte bietet" (Priddat 2002, S.73). Eher praxisorientiert dagegen: „Der Händler kauft fremde Ware, um sie mit Nutzen wieder zu verkaufen. In dem Moment, wo er Einkäufer ist, sucht er den Preis der Ware herabzudrücken, um kurze Zeit danach, wo er die nämliche Ware zu verkaufen hat, sie im Preis möglichst heraufzuschrauben. Die nämliche Ware schätzt er also verschieden ein, je nach seiner augenblicklichen Stellung als Käufer oder Verkäufer" (Calwer 1907, S.6). Kürzt man aus diesem Zitat den Händler und die Ware heraus, wird nichts anderes gesagt, als dass hinterher mehr Geld da sein soll als vorher eingesetzt wurde. Von der produzierenden und Handel treibenden Wirtschaft kann entsprechend erwartet werden, dass sie Geld – auf Umwegen – gegen Geld tauscht.

Ich möchte diese beiden Definitionsansätze, die ich im Folgenden der Kürze halber Wöhe und Luhmann zuschreibe, nicht gegeneinander ausspielen, sondern sie ergänzend verwenden, weil sie mir erst in ihrem Zusammenspiel hinreichend erscheinen, um bestimmte Dynamiken des wirtschaftlichen Geschehens und den daraus resultierenden Bedarf an Wirtschaftskommunikation zu plausibilisieren. Dazu ist es aber zunächst sinnvoll, auf die jeweiligen Defizite dieser definitorischen Ansätze hinzuweisen – Defizite, die übrigens möglicherweise in den weiteren Ausführungen der Autoren ebenfalls thematisiert und begrifflich bearbeitet werden. Es geht also nicht darum, den Autoren Fehler nachzuweisen, sondern mögliche einseitige Konsequenzen der jeweiligen Ansätze sozusagen vorbeugend zu thematisieren.

Das in diesem Sinn große Defizit der Definition von Wöhe liegt in der Konzentration auf die so plausible Reduzierung von Knappheit. Natürlich stand die Knappheit der Güter fast in der gesamten Menschheitsgeschichte außer Frage und ist bis heute an vielen Orten der Welt Alltagserfahrung. Feststellbar ist allerdings auch das gegenteilige Phänomen, fehlende Knappheit, die sich im immer wieder auftretenden Problem der für die produzierende Wirtschaft zu geringe Konsumneigung zeigt. „Die Konsumenten halten durch!" – so verkürzen Zeitungen gern und plakativ die Ergebnisse der regelmäßigen Konsumklimabefragungen, sofern diese für die produzierende Wirtschaft nicht allzu schlecht ausgefallen sind. Dass trotz höheren verfügbaren Einkommens die Konsumausgaben gehalten werden oder sogar steigen, ist in den westlichen entwickelten Ländern nicht selbstverständlich, aber doch wünschenswert. Denn der private Verbrauch trägt in Deutschland einen ganz erheblichen Teil der Wirtschaftsleistung.

Mit dem zeitweiligen Aussetzen der Knappheit sind die industrialisierten Nationen seit dem 18. Jahrhundert immer wieder konfrontiert. Zwar gab es bis weit in das 19. Jahrhundert hinein in Europa regelmäßige Hungersnöte. Not, Elend und Krankheit bestimmten in der gesamten damals bekannten Welt den Alltag für den Großteil der Bevölkerung und noch 1871, zur Gründung des Kaiserreichs, lag die durchschnittliche Lebenserwartung in Deutschland erst bei 37 Jahren (vgl. Wehler 1995, S.8). Aber schon zu diesem Zeitpunkt hatten industrielle Produktionsmöglichkeiten, insbesondere die Petrochemie, in vielerlei Hinsicht die natürlich und selbstverständlich erscheinende Knappheit der Ressourcen soweit reduziert, dass es zu ersten Überproduktionskrisen kam: Es gab mehr Nahrungsmittel oder andere Güter, als auf dem Markt abzusetzen waren (vgl. Bielfeldt 1997, S.399ff).

Bereits Karl Marx hatte zu Beginn der Modernisierung der Ökonomie das Ende der klassischen Vorstellung der Deckung naturwüchsiger Bedürfnisse durch die Wirtschaft erkannt: „Die Produktion produziert (...) nicht nur den Gegenstand für das Subjekt, sondern auch ein Subjekt für den Gegenstand. Die Produktion produziert die Konsumption daher, 1) indem sie ihr das Material schafft; 2) indem sie die Weise der Konsumption bestimmt; 3) indem sie die erst von ihr als Gegenstand gesetzten Produkte als Bedürfnis im Konsumenten erzeugt" (Marx 1974, S.14). Mit anderen Worten: Wenn Knappheit als Gegenstand der Wirtschaft unverzichtbar ist, sie nicht als dauerhaft gegeben vorausgesetzt werden kann, muss sie zum Erhalt der Wirtschaft von ihr selbst erzeugt werden. Zwar sieht die Definition von Wöhe diese Schaffung von Knappheit zunächst nicht vor, ihre Qualität ist aber, dass sie Knappheit nicht als Gegebenheit, sondern als wandelbares Phänomen betrachtet: Erzeugung und Reduzierung von Knappheit sind Arbeit am gleichen Gegenstand, wenn auch mit unterschiedlichen Konsequenzen.

Bevor es nun um die Defizite des Luhmann`schen Ansatzes geht, sei auf eine besondere Qualität seiner Wirtschaftsauffassung hingewiesen. Diese Qualität liegt in der durch diese Auffassung mögliche klare Abgrenzbarkeit des Wirtschaftlichen von allem anderen. Wenn Wirtschaft, zumindest entwickelte Wirtschaft, nicht am Umgang mit Knappheit, sondern an der Erhaltung des Geldkreislaufes bestimmt wird, dann ist damit ein sehr trennscharfes Kriterium zur Abgrenzung der wirtschaftlichen gegenüber allen anderen Perspektiven gegeben. Ein solches klar abgrenzendes Kriterium ist in der Definition von Wöhe nicht zu finden. Luhmann wird gern vorgeworfen, dass er Sozialtechnologie betreibe und die Ganzheitlichkeit der menschlichen Lebenszusammenhänge außer Acht lasse (vgl.

Habermas/Luhmann 1971). Die Möglichkeit der begrifflichen Abtrennung hat jedoch nicht zu unterschätzende Konsequenzen für den nicht zum Wirtschaftssystem zählenden Rest der Gesellschaft: Für Letzteren ergibt sich die gedankliche und damit auch faktische Freiheit, sich von einem eventuellen „Terror der Ökonomie“ (Forrester 1997) zu distanzieren. Eine abgrenzende Definition von Wirtschaft kann so dazu führen, das Nichtökonomische zu fördern.

Luhmanns Geldkriterium führt allerdings ebenfalls ein gewichtiges Defizit mit sich, seine Blindheit gegenüber der Umwelt. Wiederum kann das alltägliche Bürobeispiel zur Illustration des Gemeinten dienen: Gehe ich ins Büro, um mit Knappheit umzugehen, muss ich mich explizit auf die Umwelt beziehen, in der diese Knappheit herrscht oder nicht herrscht. Hier ist die Stärke der Sicht von Wöhe zu verorten. Gehe ich jedoch – mit Luhmann – ins Büro, um Geld zu verdienen, ist eine Beziehung zur Umwelt gar nicht erforderlich. Um diese zu erzeugen, muss ich zunächst eine Beziehung zwischen Geld und Knappheit herstellen, und erst dann kommt die Umwelt, in der Knappheit herrscht oder auch nicht, ins Bild.

Luhmann ist dieses Problem nicht entgangen. Er hat es zunächst zu bearbeiten versucht, in dem er auf den doppelten Bezug des Geldes auf Zahlende und Zahlungsempfänger verwiesen hat. So lässt sich eine Verbindung des an sich durch den Geldkreislauf geschlossenen Wirtschaftssystems mit seiner Umwelt und deren Bedürfnissen konstruieren. Offen bleibt aber an dieser Stelle dennoch, woher ein Wirtschaftssystem, das nur auf Geld reagieren kann, die entsprechende Sensibilität für Knappheiten, mehr noch für potenzielle Knappheiten, die ja inhaltlich gefasst und in Produkte und Dienstleistungen umgewandelt werden müssen, nehmen soll. Anders formuliert: Während die Wirtschaft Geld gegen Geld tauscht, tauscht der Rest der Welt Geld gegen Nicht-Geld. Und woher soll die Wirtschaft Kompetenz über Nicht-Geld-Verhältnisse haben? Luhmann selbst deutet einen Weg an, diesem Problem zu begegnen.

In seinem letzten großen Werk, seiner Gesellschaftstheorie, äußert er die Vermutung, dass zwischen „den voll funktionsfähigen Kommunikationsmedien [das ist z.B. Geld, K.S.] und der Gesellschaft im übrigen" „Verbindungsmedien" beobachtet werden können. (Luhmann 1997, S.409). Luhmann selbst sieht diese Verbindungsmedien in „Wertbeziehungen" (ebenda) und deutet damit an, welche spezielle Funktion Wirtschaftskommunikation in diesem Szenario zuzuordnen ist: Wirtschaftskommunikation verbindet die Wertewelt der Wirtschaft, die sich nahezu vollständig in Geldform darstellen lässt, mit den vielfältigen Facetten der Wertewelten der restlichen Gesellschaft.

Genau hier, in der Vermittlung der beiden Wirklichkeitsräume des Geldes und des Nicht-Geldes, liegt nach meiner Auffassung das eindeutige und trennscharfe Bezugsproblem der Wirtschaftskommunikation, welches sich auf der Ebene der Personen und Organisationen konkretisiert. Wirtschaftskommunikation kann demzufolge bestimmt werden als diejenige Kommunikation, die das Wirtschaftssystem und seine relevanten Umwelten miteinander in Beziehung bringt. So verstanden ist Wirtschaftskommunikation solche Kommunikation, die sowohl auf das Wirtschaftssystem, also auf Geld, bezogen ist, aber nicht nur auf Geld. Es handelt sich also nicht um die Kommunikation im Wirtschaftssystem – denn die wird der Luhmann`schen Definition gemäß ausschließlich durch Geld geregelt, sondern um die Kommunikation des Wirtschaftssystems.

Zur Klarstellung muss gesagt werden, dass diese Sicht der Wirtschaftskommunikation nicht direkt auf Luhmann zurückzuführen ist. Die Konsequenz der notwendigen Verbindungsmedien ist von ihm wie gesagt nur angedeutet worden, und von Wirtschaftskommunikation spricht er überhaupt nicht. Für ihn besteht die Gesellschaft insgesamt aus Kommunikation. Theorien, die Wirtschaft als Kommunikation auffassen, haben aber zwangsläufig keine begriffliche Verwendung(-smöglichkeit) für das Wort Wirtschaftskommunikation, zumindest bei Luhmann hat Wirtschaftskommunikation deshalb einen anderen theoretischen Ort. Er ignoriert sie nicht, sondern bearbeitet sie im Zusammenhang mit einer ganz praktischen Schwierigkeit, die sich aus der Bestimmung von Wirtschaft als Kommunikation ergibt. Diese Schwierigkeit liegt darin, dass es sowohl für Unternehmen wie auch für Konsumenten selbstverständlich ist zu unterscheiden, worüber sie nur gesprochen und was sie tatsächlich ge- oder verkauft haben. Luhmann, der auch Zahlungen als Kommunikation auffasst, sieht diesen Unterschied zwischen bloßem Reden und tatsächlichem Kaufen natürlich auch. Er platziert ihn allerdings eine begriffliche Stufe tiefer, in seinen Medienbegriff. Hier unterscheidet er einerseits Verbreitungsmedien und andererseits von ihm so bezeichnete symbolisch generalisierte Kommunikationsmedien. Zu diesen symbolisch generalisierten Kommunikationsmedien gehört unter anderem Geld, für Luhmann das symbolisch generalisierte Medium des Wirtschaftssystems (vgl. Luhmann 1997, 190ff), das auf der „Bindung aller wirtschaftlichen Vorgänge an einen monetären Ausgleich" (Luhmann 1988, S.14) beruht. Verbreitungsmedien dagegen bringen das Geldsystem der Wirtschaft in Beziehung mit seinen psychischen und sozialen Umwelten: durch Sprache, Bilder, Filme oder auch Musik. Allerdings unterscheidet Luhmann nicht mehr zwischen Verbreitungsmedien im Allgemeinen und den Verbreitungsmedien einzelner Systeme. Durch ihren spezifischen Systembezug erhalten Verbreitungsmedien meiner Auffassung nach eine eigene Dynamik und Ausprägung, die ebenfalls systemischen Charakter tragen kann. Zum Beispiel hat Werbung einen anderen Systembezug als Unterhaltungsspielfilm – obwohl natürlich Werbung und Spielfilm wechselseitig voneinander Elemente übernehmen können.

Wie die einleitend zitierte Definition (Wöhe 2002, S.2) zeigt, ist in der BWL nach wie vor von den Gütern und der Reduzierung der Knappheit die Rede. Diese Sicht hat zweifellos Stärken, insbesondere in ihrem eingebauten Umweltbezug. Die Herausforderung der wirtschaftlichen Tätigkeit scheint heute in Überflussgesellschaften eher darin zu liegen, solche Dinge zu verkaufen, die entweder niemand haben will oder die in besserer Ausführung und möglicherweise sogar zu einem geringeren Preis von konkurrierenden Unternehmen angeboten werden. Die Aufgabe besteht daher auch darin, Knappheit zunächst zu erzeugen, um sie dann reduzieren zu können. Nun liegt die Frage auf der Hand, wie man das eigentlich macht: Knappheit erzeugen. An dieser Stelle kann auf diese Frage zwar keine detaillierte, aber es muss doch eine grundsätzliche Antwort gegeben werden.

Eine vermeintlich einfache Lösung des Knappheitsproblems liegt in der künstlichen Verknappung von Gütern. Dieses ist eine bis heute gängige Strategie, die auf dem Modemarkt oder dem Automobilmarkt mit so genannten Limited Editions ebenso anzutreffen ist wie bei den Erdölförderländern. Als Strategie zwar gelegentlich erfolgreich, widerspricht die künstliche Verknappung allerdings dem wachstumsorientierten Grundzug des kapitalistischen Wirtschaftssystems und wird daher wohl auch weiterhin nur punktuell zum Einsatz kommen. Eine weitere Möglichkeit liegt in der Verbesserung von Produkten, die als Strategie ebenfalls anzutreffen ist. Das darin liegende Wachstumspotenzial ist allerdings ebenfalls begrenzt, denn einerseits sind die Wertsteigerungsmöglichkeiten der Produktion und auch die sinnlichen und informationsverarbeitenden Fertigkeiten von Menschen zur Wahrnehmung von Produktunterschieden begrenzt. Deshalb werden Produkte im Laufe ihres Lebenszyklus in technischer Hinsicht sogar aus Kostenersparnisgründen oftmals eher schlechter. Andererseits ist das bloße Bekanntmachen besserer Qualität noch kein Knappheit erzeugendes Moment. Denn Knappheit ist immer relative Knappheit im Bezug auf Wertschätzung und Begehrlichkeit.

Hier setzt die Art der Erzeugung von Knappheit an, bei der Wirtschaftskommunikation von entscheidender Bedeutung ist: Knappheitserzeugung durch Erzeugung von Begehrlichkeit. Begehren ist ein recht altertümlich anmutender Ausdruck für das geläufigere Wort „wünschen“, dass das englische desire, das hier gemeint ist, aber nur unzureichend wiedergibt. Begehren bezeichnet ein sehr komplexes Verhältnis zu Objekten: Ich strebe nach etwas, das ich nicht habe, von dem aber eine eigene Macht oder Ausstrahlung ausgeht. Im Ausdruck Begehren ist stets ein Hindernis mitgedacht, der meinen Zugriff auf das begehrte Objekt erschwert: Du sollst nicht begehren Deines nächsten Weib – weil es eben nicht Deins ist, sondern schon jemand anderem gehört.

Gegenstände, die niemand begehrt, sind nicht knapp, selbst wenn sie selten sind, zum Beispiel Knollenblätterpilze. Aber auch was problemlos zu haben ist, löst kein Begehren aus, denn man nimmt es sich einfach, wenn man es möchte. Schließlich löst auch das nicht Gemochte kein Begehren aus, selbst wenn man es durchaus zulässt: Kaum jemand hegt von sich aus Begehren auf den nächsten Zahnarztbesuch. Begehren setzt sich demzufolge zusammen aus dem Erkennen von Brauchbarkeit und Bedeutsamkeit für mich, zu deren Realisierung Hindernisse zu überwinden sind. Im Bereich der Wirtschaft ist das entscheidende dieser Hindernisse der zu zahlende Preis – gleichzeitig aber auch das Signal dafür, dass der Preis das einzige Hindernis ist, das es zu überwinden gilt.

Begehren ist mittlerweile ein unverzichtbarer Grundantrieb unseres Wirtschaftssystems: „Wenn die Leute nur einkaufen gehen würden, weil sie etwas brauchen, und wenn sie nur kaufen würden, was sie brauchen, wäre die kapitalistische Wirtschaft längst zusammengebrochen“ (Bolz 2002, S.97). Und doch verfügen die Wirtschaftswissenschaften soweit ich sehe über keine ausgearbeitete Theorie des Begehrens. Wie aber Begehrlichkeit durch das Ineinandergreifen von Imagination und Imitation zu erzeugen ist und warum Begehrlichkeit nicht allein aus der Produktion entsteht, damit beschäftigt sich die folgende Ausarbeitung.

2.2 EINZELASPEKTE

Luhmanns Modell der Wirtschaft ist nicht unumstritten und hier nur fragmentarisch wiedergegeben. Zudem ist das daraus von mir abgeleitete Bezugsproblem von Wirtschaftskommunikation bei ihm so nicht benannt. Darum scheint es nicht sinnvoll, im gegebenen Rahmen zur Absicherung des bislang Gesagten sämtliche Verästelungen der Systemtheorie weiter nachzuzeichnen. Stattdessen möchte ich anhand einiger prägnanter Beispiele gedankliche Konsequenzen dieses Verständnisses von Wirtschaftskommunikation vorstellen. Dabei sind solche Aspekte betont, die einerseits der alltäglichen Intuition eher widersprechen, die aber andererseits für die im weiteren Verlauf des Buches angestrebte praxisorientierte Vertiefung von grundsätzlicher Bedeutung sind. Wie für das gesamte Kapitel gilt übrigens auch für diesen Abschnitt, dass vorerst ein alltäglicher Begriff von Kommunikation ohne größere Differenzierungen vorausgesetzt wird. Eine detailliertere Auseinandersetzung mit dem Kommunikationsbegriff folgt weiter unten.

(1) PERSPEKTIVE DER KOMMUNIKATIONSDIENSTLEISTER Selbstverständlich finden sich auch im Rahmen der Betriebswirtschaftslehre allgemeine Betrachtungen zum Kommunikationsverhalten der gesamten Wirtschaft, aber die fachliche Perspektive zielt darauf, hieraus recht unmittelbar solche Erkenntnisse abzuleiten, die wiederum auf den Horizont einzelner Unternehmen zugeschnitten sind. Die Unternehmen selbst bilden zumeist diese Beobachtungspräferenz der Betriebswirtschaftslehre ab. Auch sie interessieren sich nicht für die Wirtschaftskommunikation insgesamt, sondern zumeist für die eigene Kommunikation und die Kommunikation der direkten Mitbewerber. Verbraucher werden dagegen zumeist als Informationsgeber, nicht aber als Kommunikationssubjekte aufgefasst. Wenn Unternehmen und Betriebswirtschaftslehre hier offenbar gut aufeinander abgestimmt sind, für wen ist dann eine soziologisch-kommunikationswissenschaftliche Perspektive auf die Wirtschaftskommunikation im umfassenderen Sinn der Verbindung des Wirtschaftssystems mit seinen relevanten Umwelten von Interesse? Es sind insbesondere solche Unternehmen, die sich nicht nur mit der eigenen Kommunikation, sondern auch als Dienstleister mit der Kommunikation anderer Unternehmen beschäftigen: Werbeagenturen, Medienunternehmen, Marktforschungsinstitute, Unternehmensberatungen, aber auch Verbraucherberatungen. Solche Unternehmen brauchen wiederum entsprechend qualifizierte Gesprächspartner in den Unternehmen, denen sie als Dienstleister oder auch als Konterpart zur Verfügung stehen. Das bedeutet: Für das betriebswirtschaftlich aufgefasste Unternehmen ist Wirtschaftskommunikation im Unterschied zu Unternehmenskommunikation von untergeordneter

Bedeutung, weil für sie Kommunikation bei aller Wichtigkeit doch eine Nebensache ist. Für Schnittstellenmanager in Unternehmen und für auf Kommunikation im weitesten Sinne spezialisierte Dienstleister dagegen ist das Wissen um Wirtschaftskommunikation als Referenzhorizont ihrer Tätigkeit unverzichtbar, denn für sie ist Wirtschaftskommunikation die Hauptsache ihrer Tätigkeit oder Unternehmung.

Oft wird kolportiert, dass sich auch sehr erfolgreiche Werbeagenturen mit der Eigenwerbung besonders schwer tun. Dies unterstreicht nochmals die unterschiedlichen Anforderungen, die Kommunikation als Neben- und Kommunikation als Hauptsache in ein und demselben Unternehmen nach sich ziehen. Um in der eingeführten Sichtweise von Situationsbeschreibung und Handlungsabsicht zu bleiben, gehen Menschen, die ein besonderes Interesse an Wirtschaftskommunikation haben, morgens nicht ins Büro, um Knappheit zu reduzieren oder Geld zu verdienen, sondern um Knappheit zu erzeugen – mit den beiden ersten Aspekten als gern akzeptierten Nebenfolgen.

(2) PROFIT Zwar ist das Wirtschaftssystem selbst durch den Geldkreislauf definiert. Aber nicht jede Handlung, die in irgendeiner Weise mit Geld in Verbindung steht, ist deshalb allein der wirtschaftlichen Rationalität untergeordnet. Denn Wirtschaftsunternehmen unterliegen der Norm der Profitmaximierung. Dieser Gedanke der Maximierung oder zumindest Orientierung an Profiten ist nahezu unbestritten, er findet sich bei Marx, Weber und auch Luhmann – wird allerdings sehr unterschiedlich bewertet. Der Profitabilitätsanspruch unterscheidet auf der Ebene der Organisationen Wirtschaftsunternehmen von anderen Organisationen, die selbstverständlich auch mit Geld in Berührung kommen, aber von denen nicht erwartet wird, dass sie in diesem Sinn profitabel arbeiten. Ein Stadttheater darf als solches den Schwerpunkt seiner Tätigkeiten nicht auf die Herstellung und den Vertrieb von Speiseeis verlegen, während das für eine privatwirtschaftliches Unternehmen, etwa ein Musicaltheater, durchaus eine erwägenswerte Möglichkeit sein kann. Diese Unterscheidung der primären

Unternehmenszwecke schließt natürlich nicht aus, dass auch in privatwirtschaftlichen Unternehmen besondere inhaltliche Interessen bestehen und gepflegt werden, oder dass bei der Aufstellung von Spielplänen auch Publikumsinteresse und Zuschauerzahlen von Bedeutung sind. Pointiert lässt sich aber formulieren: Stadttheatern muss es ums Zuschauen gehen, für das gezahlt wird, Musicalveranstaltern dagegen ums Zahlen, für das dann aufgeführt werden muss. Die Wirtschaft ist nur an Geld interessiert, während die Umwelt der Wirtschaft, Politik, Kunst, Haushalte, einzelne Personen, zwar auf Geld angewiesen sind, jedoch als Mittel zur Erreichung anderer, nicht-geldlicher Zwecke. Der Profit kann in diesem Zusammenhang als ein „leeres Zeichen" (vgl. Boltanski/Chiapello 2003) verstanden werden, dem nicht anzusehen ist, worauf es gründet.

(3) FUNKTIONALE AUFFASSUNG VON WIRTSCHAFTSKOMMUNIKATION Eine grundsätzliche Konsequenz der Definition von Wirtschaftskommunikation als System der vermittelnden Kommunikation zwischen dem Wirtschaftssystem und seinen relevanten Umwelten besteht darin, dass Wirtschaftskommunikation allein funktional und nicht formal aufgefasst wird. Am Beispiel eines als künstlerisch wertvoll eingestuften Werbeplakates kann gut erläutert werden, was mit einer funktionalen Auffassung gemeint ist. Nehmen wir an, dass ein Werbeplakat der Lufthansa aus den 60er Jahren im Rahmen einer Plakatausstellung in einem Museum für Kunst und Gewerbe ausgestellt wird. Im Museumsshop kann man Kopien dieser Plakate kaufen, um sie sich in die eigene Wohnung zu hängen. Ein Lufthansa-Kommunikationsmanager bemerkt, dass sich diese Plakate großer Beliebtheit erfreuen und beschließt, sie im Rahmen einer Imagekampagne für die Lufthansa erneut einzusetzen.

Dieses Beispiel zeigt zunächst nochmals die bekannte Tatsache, dass ein Gut nicht aus sich selbst heraus ein Wirtschaftsgut ist, sondern nur, sofern es zum Verkauf angeboten wird. Die Nachfrage allein reicht nicht. In der Regel werden Museen nicht Teile ihrer Sammlung an Besucher verkaufen, weil diese nachfragen. Aber ein Museum kann sich natürlich entschließen, bestimmte Kunstwerke zu verkaufen, zum Beispiel, weil Teile einer Sammlung aufgelöst werden sollen. Von wenigen rechtlich geregelten Ausnahmen bestimmt der Eigentümer, ob er verkaufen will oder nicht und macht damit einen Gegenstand zum Wirtschaftsgut.

Analog dazu ist ein Plakat nicht als solches und als Gegenstand ein Element der Wirtschaftskommunikation, sondern erst, wenn es als Wirtschaftskommunikation aufgefasst wird. Allerdings entscheidet hier nicht der „Eigentümer", also der Initiator, sondern der Betrachter darüber, ob es sich um Wirtschaftskommunikation handelt. Es ist nämlich denkbar, dass einige Museumsbesucher das Plakat allein unter kunsthistorischen Gesichtspunkten betrachten, andere unter gestalterischen, wieder andere – oder auch die gleichen – zu der bewussten oder unbewussten Schlussfolgerung gelangen, dass man Lufthansa gegen Geld als Fluggesellschaft nutzen kann. Im Kontext des Museums ist die letztere Interpretation unwahrscheinlicher, beim gekauften Replikat wahrscheinlicher, beim neu eingesetzten Werbemittel am wahrscheinlichsten. Aber es ist andersherum ebenso gut möglich, dieses oder irgendein anderes Werbeplakat allein unter gestalterischen Gesichtspunkten zu betrachten. In der Konsequenz bedeutet das, dass sich intendierte Wirtschaftskommunikation und verstandene Wirtschaftskommunikation gegenüberstehen, sehr wahrscheinlich auch eine große Schnittmenge zwischen beiden besteht, aber ein Kommunikationsmittel nur situativ, nicht aber aus sich heraus, sachlich, als Element der Wirtschaftskommunikation qualifiziert werden kann: Ein Werbespott, der als Wirtschaftskommunikation gemeint ist, kann allein als Kunstwerk oder als Amüsement aufgefasst werden.

(4) MENSCHEN SIND UMWELT DER WIRTSCHAFT Die Auffassung der Wirtschaft als geschlossenes Zahlungssystem beinhaltet auch, dass Menschen zur Umwelt dieses Systems gehören. Damit sind nicht nur Verbraucher, sondern auch Mitarbeiter in Unternehmen gemeint. Wenn Wirtschaftskommunikation die Verbindung zwischen der Wirtschaft und ihren relevanten Umwelten meint, dann gehört dazu auch die Kommuni-

kation, mit der die Wirtschaft ihre eigenen Mitarbeiter zu erreichen versucht. Damit ist natürlich nicht ausgeschlossen, dass Menschen Urheber von Kommunikation sind. Aber sie gehören nicht zur Kommunikation, sie sind lediglich die Initiatoren und Rezipienten. Wenn Wirtschaft aber nur aus Kommunikation besteht, dann muss sie dafür zu sorgen versuchen, die beteiligten Menschen zu erreichen.

Diese etwas ungewöhnlich klingende Sichtweise wird schnell einleuchtend, wenn man sich zunächst vor Augen führt, dass nicht sämtliche Gespräche, die bei der Arbeit, im Büro oder im Einkaufszentrum geführt werden, etwas mit Wirtschaft zu tun haben. Zwei Abteilungsleiter kommen im Meeting auf das letzte Wochenende zu sprechen und tauschen ihre Golferlebnisse aus. An der Wursttheke erkundigt man sich nach dem Befinden des Ehepartners. Solche Kommunikation mag wichtig für den Erhalt von Beziehungen sein, sie gehört im funktionalen Sinn aber eindeutig nicht zum Wirtschaftssystem. Es handelt sich um Wirtschaftskommunikation, sofern diese Kommunikation erfolgt, um Geschäfts- oder innerbetriebliche Beziehungen zu unterstützen, wenn man sich – bewusst oder unbewusst – nur unterhält, weil man zusammen arbeitet oder Kunde ist. Es handelt sich nicht um Wirtschaftskommunikation, wenn diese Gespräche auch aus politischem oder privatem Anlass geführt worden wären.

Während sich das Wirtschaftssystem als Ganzes allein auf das Kommunikationsmedium Geld verlassen und beziehen kann, müssen die Unternehmen sowohl das Medium Geld beherrschen als auch Beziehungen zu den umgebenden Menschen und Organisationen unterhalten, Beziehungen, die eben diese Menschen dazu bringen, Leistung gegen Geld oder Geld gegen Leistungen dieser Unternehmen einzutauschen. Sie vermitteln zwischen dem Geld und den Menschen. Typischerweise ist es so, dass innerhalb der Unternehmen ein großer Kommunikationsaufwand betrieben wird, um Mitarbeiter zu Leistungen zu bewegen, während die Marktkommunikation größtenteils darauf zielt, Geld einzunehmen. Es ist auch vorstellbar, dass der Adressat eine Verbraucherschutzorganisation oder ein einzelner

Arbeitsloser auf Jobsuche ist: Auch sie können nur dann erfolgreich sein, wenn es ihnen gelingt, ihr Anliegen mit der am Geld orientierten Logik der Wirtschaft in Beziehung zu bringen.

(5) PRAKTISCHE RELEVANZ DER FUNKTIONALEN SICHT Lässt sich die hier dargestellte Unterscheidung, ob etwas Wirtschaftskommunikation ist oder nicht, wirklich in der Praxis treffen? Sind die Übergänge hier nicht fließend? Wer will abschließend beurteilen, ob ein Satz mit geschäftlichen Hintergedanken gesprochen wird oder nicht? Im empirischen Einzelfall ist Wirtschaftskommunikation tatsächlich oft nicht von anderer Kommunikation zu unterscheiden, zumal sie ja nach der theoretischen Bestimmung darauf ausgerichtet ist, Verbindungen zu schaffen und sich deshalb anpasst. Ob Wirtschaftkommunikation vorliegt oder nicht, bestimmt sich aus einem Zusammenwirken von Intentionen und Effekten. Beides ist der empirischen Beobachtung nur sehr eingeschränkt zugänglich und deshalb im Einzelfall nicht trennscharf zu bestimmen. Für den mit diesem Buch ins Auge gefassten Kontext der Ausbildung und des Berufalltags ist es zudem von geringem Interesse, einzelne Kommunikationen im Nachhinein eindeutig als Wirtschaftskommunikation zu bestimmen. Insbesondere im Berufsalltag geht es eher darum, Wirtschaftskommunikation zu gestalten. Zur Gestaltung von Wirtschaftskommunikation ist jedoch eine funktionale Definition hilfreicher als eine klassifikatorische, denn die funktionale Definition eröffnet den Blick auch auf bislang noch unerprobte Kommunikationsformen und lädt zu Umdeutung bekannter Formen ein. Gegenwärtig sind die Kommunikationsaktivitäten der Firma Sixt hier von beispielgebender Qualität: Wer hätte unter klassifikatorischen Gesichtspunkten einen Koffer auf einem Gepäckfließband in einem Flughafen als Träger von Wirtschaftskommunikation bezeichnet (vgl. Spinnen 1990)?

Verschärft wird durch die funktionale Bestimmung von Wirtschaftskommunikation das Problem der Messbarkeit von Wirkungen. Einerseits rechtfertigt sich Kommunikation aus wirtschaftlicher Sicht allein durch den Effekt, Profit zu generieren: „Werbung rechnet sich nur solange, als durch die Steigerung der Markttiefe Skalenerträge (sei es im Bereich der Produktion oder des Absatzes) erzeugt werden, die nicht durch eine eventuelle Zunahme der Transaktionskosten pro Einheit aufgebraucht werden" (Pfister 2000, S.45). Werbung, die nicht – über welchen Umweg auch immer – zu profitablen Verkäufen führt, ist nicht sinnvoll. Andererseits ist die kausale Beziehung zwischen Kommunikation und Verkauf von Produkten nicht methodisch sicher und direkt herstellbar. Zu viele Rahmenbedingungen spielen eine Rolle und lassen sich nicht steuern oder gar ausschließen: die Aktivität der Konkurrenz, die Preise, der schwankende Bedarf, die Zyklen anderer Kampagnen.

Kommunikationswirkungen lassen sich in wirtschaftlicher Sicht deshalb nur indirekt messen, indem von anderen Größen auf die Wirkung geschlossen wird. Solche Größen lassen sich im eher medial geprägten Bereich und im eher wirtschaftlich geprägten Bereich erheben. Beispiele für den eher medialen Bereich wären Kontakte mit Werbeträgern, wahrgenommene emotionale und rationale Inhalte, Menge und Art der Erinnerung, Anzahl der Personen, die Inhalte erinnern. Für den eher wirtschaftlichen Bereich auf der anderen Seite lassen sich Markenimage, Markenbekanntheit, Kaufabsicht und Kauffrequenz nennen. Diese Größen lassen sich zwar erheben, aber nicht genau auf einzelne Werbeaktivitäten zurückzuführen. Selbst die beste Versuchsanlage, die parallele Untersuchung zweier Testmärkte, einmal mit und einmal ohne Kampagne, lässt nicht mit letzter Sicherheit Erkenntnis zu, die eine direkte Beziehung zwischen Kampagne und Verkaufserfolg erlauben. Kurz gesagt lassen sich zwar die Kosten, aber nicht der Gegenwert für Werbung in Geld bemessen. Der wird oft als Wertsteigerung der Marke zu verrechnen versucht. Aber abgesehen davon, dass es keine situationsunabhängige Methode gibt, Markenwerte auszurechnen (vgl. Schimansky 2004), ist auch nicht jede Kommunikation markenbezogen. Das getrennte Messen von medialen und wirtschaftlichen Indikatoren bleibt eine Notlösung, weil die angestrebte und typische Wirkung der Werbung im Springen von einem Medium auf ein anderes zu suchen ist: Sprache und Bilder sollen – über wie viele Zwischenschritte auch immer – zu Zahlungen führen.

3. KOMMUNIKATION ALS PERFORMANZ UND AKTEPTANZ

Das vorangegangene Kapitel hat die zunehmende Bedeutung der Kommunikation für den Erfolg von Unternehmen hervorgehoben. Dabei wurde unter anderem erwähnt, dass Kommunikation anderen Ablaufformen folgt als Produktion. Diese Behauptung soll im folgenden Abschnitt anhand der Diskussion einer Auswahl besonders verbreiteter Auffassungen von Kommunikation plausibilisiert werden. Dazu werden zunächst einige allgemeine Anmerkungen über die Herkunft und Bedeutung von Kommunikationsmodellen und Kommunikationsmetaphern in wirtschaftlichen Kontexten vorangeschickt. Weitere Ausgangspunkte bilden dann jeweils unterschiedliche Metaphern von Kommunikation, wie sie in der Alltagssprache, aber auch in betriebswirtschaftlichen Lehrbüchern vorzufinden sind. Diese Metaphern korrespondieren oftmals auffällig mit ausgearbeiteten Kommunikationsmodellen: Die Transportmetaphorik der Kommunikation mit dem mathematischen Kommunikationsmodell von Shannon und Weaver, die Metaphorik des Anpassens mit biologischen Kommunikationsmodellen und die Metaphorik des Teilens mit dem soziologischen Selektionsmodell der Kommunikation von Luhmann. Abschließend soll veranschaulicht werden, welche Konsequenzen die Anwendung der unterschiedlichen Kommunikationslogiken des Transportierens, des Teilens und des Anpassens im Hinblick auf konkrete unternehmerische Anforderungen nach sich zieht.

3.1 METAPHERN UND MODELLE DER KOMMUNIKATION

Modelle für Wirtschaftskommunikation sind keinesfalls knapp. Sie sprudeln aus drei kaum erschöpfbaren Quellen: den unterschiedlichen kommunikationswissenschaftlichen Disziplinen (für einen Überblick vgl. Maletzke 1998), den Wirtschaftswissenschaften (vgl. Bruhn 2003, 28ff), und, in unendlicher Zahl, aus den Präsentationen von Kommunikationsdienstleistungsanbietern. Letztere entwickeln Kommunikationsmodelle zumeist, um sich ihre eigene Arbeitsweise zu erklären und einen Ansatzpunkt für Neugeschäftspräsentationen zu haben (vgl. als Beispiel Borchardt/Harms 1998). Selbstverständlich existieren diese Modelle nicht in fein säuberlich voneinander getrennten Kästchen, sondern beeinflussen sich gegenseitig, werden je nach Zusammenhang neu akzentuiert und diskutiert. Der Marketingwissenschaftler Meffert (1998) diskutiert die Vorschläge des Dienstleistungsanbieters Gerd Gerken, Bruhn (2003) nimmt selbstverständlich auch die Kommunikationswissenschaften zur Kenntnis, Autorinnen wie Mast (2002) oder Kirchner (2001) verwirklichen Interdisziplinarität.

Nicht nur die Vielzahl der Modelle, auch die Selbstverständlichkeit der Kommunikation erschwert ihr Verständnis. Kommunikation ist ein allgegenwärtiges Phänomen, mit dem Menschen immer schon umgehen und von dessen Eigenarten sie sich alltagsweltliche, theorieähnliche Vorstellungen machen. Das unterscheidet Kommunikation von scheinbar abstrakteren und alltagsferneren Phänomenen wie beispielsweise Gravitation oder Lichtbrechung. Die Alltagsvorstellungen von Kommunikation sind keineswegs einheitlich, sondern unterscheiden sich von Person zu Person, aber auch von Situation zu Situation. Allerdings ist die Vielfalt solcher Alltagstheorien begrenzt, insbesondere durch die in der Sprache vorgesehenen Möglichkeiten, sich auf Kommunikation zu beziehen. Denn Kommunikation bleibt trotz aller Vertrautheit des Wortes ein abstrakter Begriff. Die Funktionsweise abstrakter Begriffe aber konstruiert die Alltagssprache in der Regel durch die Anlehnung an konkrete Vorgänge: Die Alltagsvorstellungen von Kommunikation sind daher in Metaphern gefasst.

Metaphern lassen sich verstehen als „Übertragung der Reflexion über einen Gegenstand der Anschauung auf einen ganz anderen Begriff, dem vielleicht nie eine Anschauung direkt korrespondieren kann“ (Blumenberg 1998, S.12, mit Bezug auf Kant), oder amerikanisch-pragmatisch ausgedrückt: „Das Wesen der Metapher besteht darin, dass wir durch sie eine Sache oder einen Vorgang in Begriffen einer anderen Sache bzw. eines anderen Vorgangs verstehen und erfahren können“ (Lakoff/Johnson 1998, S.13). Beide Zitate unterstreichen, dass es sich bei Metaphern keineswegs um bloße rhetorische Mittel zur besseren Darstellung von Argumenten handelt, sondern Metaphern sind auch gedankliche Konzepte, die ein

• Metapher in Verbindung des Begriffs „Kommunikation“ ermöglicht das Begreifen eines abstrakten Sachverhalts

Begreifen eines vielleicht ansonsten nicht fassbaren Sachverhalts ermöglichen. Damit unterscheiden sich Metaphern von Vergleichen, weil beim Vergleich die Unterschiedlichkeit der beiden Sachverhalte sprachlich erkennbar ist, während diese Unterschiedlichkeit bei der Metapher eher in den Hintergrund tritt.

Bereits die antiken Redner wussten um diese Besonderheit der Metapher: „Im Ganzen ist die Metapher ein kürzeres Gleichnis und unterscheidet sich dadurch, dass das Gleichnis einen Vergleich mit dem Sachverhalt bietet, den wir darstellen wollen, während die Metapher für die Sache selbst steht" (Marcus Fabius Quintilian, zit. nach Ueding/Steinbrink 1986, S.273). Jede Kommunikationsmetapher ist demzufolge ein „Modell in pragmatischer Funktion" (Blumenberg 1998, S.12). Allerdings haben wir uns so sehr an den Gebrauch von Metaphern zur Beschreibung der Wirkweise von Kommunikation gewöhnt, dass es oftmals gar nicht mehr so leicht zu erkennen ist, worin denn eigentlich das Metaphorische dieser Sprechweise liegt. Ein grundlegender Aufsatz zu diesem Thema stammt von Klaus Krippendorff (1994), auf dem die folgenden Ausführungen über Kommunikationsmetaphern fußen. Allerdings habe ich eine andere Sortierung der Metaphern vorgenommen und sie mit bestimmten Kommunikationsmodellen in Verbindung gebracht. Damit versuche ich, Beziehungen zwischen den Metaphern als Modellen in pragmatischer Anwendung und Modellen wissenschaftlicher Herkunft herzustellen. Es ist natürlich reizvoll, vor diesem Hintergrund Rückschlüsse auf das implizite Kommunikationsverständnis von Menschen anzustellen, die in Metaphern über Kommunikation sprechen: Wenn jemand sagt, dass er in der Kommunikation etwas „rüberbringen" will, dann hat er sicherlich andere Kriterien für das Gelingen oder Misslingen solcher Kommunikation als eine andere Person, die etwas „mitteilen" will: einer bringt, der andere teilt. Solche Rückschlüsse sind, wenn überhaupt, jedoch nur auf der Ebene der Metakommunikation möglich, und nicht – obwohl dieses Missverständnis nahe liegt – auf der inhaltlichen Ebene der Kommunikation. Hier muss für jedes Modell gelten, dass es unabhängig von konkreten Inhalten der Kommunikation eine Beschreibung ihres Ablaufs anleiten kann, ähnlich wie ein Radiogerät jede Art von Musik wiedergeben muss – wenn es auch möglicherweise für bestimmte Formen von Musik besser geeignet sein kann als für andere.

(1) KOMMUNIKATION ALS TRANSPORT VON SACHEN Kommunikationsmetaphern des Transports von Sachen sind nahezu allgegenwärtig. Einen Sachverhalt in Worte fassen, ihn festhalten, rüberbringen, obwohl der Inhalt eigentlich hohl ist, die Idee in der Pipeline lassen oder mit seinen Vorschlägen nicht ankommen, weil man an der falschen Adresse ist... Diese Liste von Beispielen, bei denen Kommunikation in Metaphern des Transportierens gefasst ist, ließe sich problemlos über Seiten fortschreiben. Heute bilden sie im englischsprachigen Raum, aber wohl auch in den davon maßgeblich beeinflussten Sprach-Regionen die dominierenden Kommunikationsmetaphern (vgl. Lakoff/Johnson 1998, S.19). Die Transport-Metaphorik der Kommunikation ist in sich wiederum vielfältig differenziert, man kann im Einzelnen nochmals in Übertragungsmetaphern im engeren Sinne (z.B. „Die Werbung soll unserer Angebot zum Verbraucher transportieren."), Containermetaphern (z.B. „Was beinhaltet das Schreiben?") und Kanal-Metaphern (z.B. „Auf welchem Weg erreichen wir den Verbraucher?") aufgliedern (vgl. Krippendorff 1994, S.85ff). Die zugrunde liegende Vorstellung von Kommunikation bleibt dabei jedoch stets gleich: Wie kann eine Botschaft oder Nachricht von einem (Ort) zu einem anderen übertragen werden und dabei möglichst wenig an (Informations-)gehalt verlieren?

Es wäre interessant zu überprüfen, ob die Transportmetaphern des Kommunizierens bereits vor der Formulierung des Shannon`schen Kommunikationsmodells so verbreitet waren. 1948 veröffentlichte der als Forscher bei der Bell Telefongesellschaft angestellte Mathematiker Claude E. Shannon einen Aufsatz mit dem Titel „A Mathematical Theory of Communication". Ein Jahr später, 1949, wurde dieser Aufsatz leicht verändert und mit einer umfänglichen, interpretierenden Einleitung des Mathematikprofessors Warren Weaver versehen als Buch veröffentlicht. Der Titel hatte sich leicht, aber doch bedeutsam verändert und unterstrich die Bedeutung, die der Schrift beigemessen wurde: der Titel lautete nun „The Mathematical Theory of Communication" (vgl. Shannon/Weaver 1998, S.VII).

Shannons Veröffentlichung ist im Grunde ein Informatik-Fachbuch, das beispielsweise grundlegende Erkenntnisse über die Kapazität von Datenübertragungssystemen liefert. Bis heute ist der Rang dieses Werkes und damit verbunden die Rechtfertigung des selbstbewussten Titels in der Informatik-Fachwelt – trotz einiger mittlerweile zu berücksichtigender technischer Neuerungen – wohl unbestritten. Weit über den Kreis der beruflich an Datenübertragung interessierten Menschen hinaus hat das Buch jedoch gewirkt durch das grundsätzliche Modell, das Shannon als Ausgangspunkt seiner mathematischen Analysen wählte und als Kommunikationsmodell bezeichnete. Warren Weaver formuliert in seinem Beitrag ein sehr einfaches und einleuchtendes Beispiel, wie sich Shannons Kommunikationsmodell auf eine konkrete Situation beziehen lässt: „When I talk to you, my brain is the information source, yours the destination; my vocal system is the transmitter, and your ear and the associated eighth nerve is the receiver" (Shannon/Weaver 1998, S.7). Dieses Beispiel veranschaulicht nicht nur das Grundmodell von Shannon, es zeigt gleichzeitig die beeindruckende Klarheit und Übertragbarkeit dieses Modells. Es wird nämlich als lineares Modell auf einen Vorgang bezogen, den sich Menschen ihrem Erleben zumindest bis dahin nicht als lineare Abfolge gleichgewichtiger und qualitativ gleichwertiger Schritte vorgestellt haben dürften. Das Modell von Shannon hat so die Vorstellung, die wir uns von Kommunikation machen, ganz wesentlich beeinflusst, denn es ermöglicht, viele unterschiedliche Problemstellungen aus dem Gebiet der Kommunikation genauer zu lokalisieren, zum Beispiel die Frage der Genauigkeit der Datenübertragung, die Frage der Auswahl der Nachricht, die Frage der Unterscheidung von Empfänger und Datensenke (ich benutze die Übersetzung der Grundbegriffe des Modells wie sie Kittler 2002 wiedergibt).

Shannons Arbeit war nicht aus dem Nichts gewachsen, sie bezog wichtige Impulse von den Protagonisten der frühen Kybernetik, namentlich von Ludwig Boltzmann, John von Neumann und Norbert Wiener. Offenbar gelang es aber Shannon, jenen neuen und einfachen Ausgangspunkt der Betrachtung von Kommunikation zu finden, der sich zur Popularisierung eignete, und bis heute in den Schulbüchern unterschiedlichster Fächer, die sich mit Kommunikation beschäftigen, anzutreffen ist: die Aufgliederung von Kommunikation in einzelne, technischsprachig benannte Elemente. Shannons Theorie wirkt so bis heute modern und sachlich, clean sozusagen, und bezieht darüber hinaus zusätzliche Seriosität aus ihrer mathematischen Fundierung. Dabei handelt es sich gar nicht um ein Kommunikationsmodell im umfassenden Sinn des Wortes, und wenn es im Rahmen der Kommunikationswissenschaft als „vergleichsweise strukturarm" (Schmidt/Zurstiege 2001, S.63) bezeichnet wird, ist das freundlich untertrieben, sofern es tatsächlich darum gehen soll, Kommunikation im Ganzen abzubilden. Diese Absicht liegt dem Modell nach der Auskunft von Shannon und Weaver selbst auch gar nicht zugrunde. Denn Shannon ging es um ein Modell der Informationsübertragung im Rahmen technischer Kommunikationssysteme – schließlich arbeitete er für eine Telefon-Gesellschaft. Für Telefone ist bezeichnend, dass sie funktionieren, unabhängig von der Bedeutung der Botschaft, für die sie genutzt werden. Shannon brauchte demzufolge gar nicht den Anspruch zu hegen, die semantischen, wirkungsbezogenen oder gar philosophischen Probleme der Kommunikation inhaltlich zu bearbeiten. Indem Shannon die sehr umstrittenen Dimensionen der Bedeutsamkeit und Wirksamkeit aus seinem Kommunikationsmodell ausklammerte, gelang es ihm, ein grundsätzliches Modell zu schaffen, das zwar in der Tiefe der Erklärungskraft eingeschränkt ist, dafür aber in der Breite nahezu universelle Gültigkeit beanspruchen kann. Konkret könnte Shannon demnach formulieren: Was immer du sagen willst, welches Ziel du auch immer damit erreichen möchtest, wie immer du es formulierst – stets ist es, wenn es sich dabei um Kommunikation handeln soll, mindestens erforderlich, eine Datenquelle zu haben, deren Nachricht durch einen Sender in Signale umgewandelt wird, um an anderer Stelle von einem Empfänger entschlüsselt und an eine Datensenke weitergeleitet zu werden. Dieser eingeschränkte, aber universalistische Anspruch des Modells macht es bis heute so attraktiv.

Die Transportmetaphorik entspricht auf den ersten Blick durchaus dem Kommunikationsmodell von Shannon/Weaver – allerdings mit dem entscheidenden Unterschied, dass auch der Transport von Botschaften und nicht nur – wie bei Shannon – der Transport von Signalen in Betracht gezogen wird. Beim Beispielsatz „Die Werbung soll unser Angebot zum Verbraucher transportieren" würde niemand an Signale, Datenströme oder Wellen denken, die es zu transportieren gilt, sondern an die Bedeutung der Werbung. Aber genau das, den Transport von Bedeutungen, schließt das Shannon/Weaver-Modell aus. Die Begrenzung der Transportmetaphorik liegt demnach darin, dass sie nicht berücksichtigt, dass Botschaften zunächst in Signale codiert werden müssen, bevor sie übertragen werden können, und dass ein Empfänger zunächst diese Signale wieder decodieren muss, bevor sie wieder mit Bedeutung gefüllt werden können.

Trotz dieser in ihr liegenden gedanklichen Limitation bewährt sich die Transportmetaphorik durchaus in der Praxis – nämlich immer dann, wenn Datenquelle und Datensenke sich im gleichen Kontext befinden, etwa als Mitarbeiter desselben Unternehmens oder als Zulieferer und Abnehmer gleicher industrieller Halbfertiggüter. Dann ist die Wahrscheinlichkeit der sinngleichen Interpretation von übermittelten Signalen besonders hoch. Wenn sich die Kontexte von Datenquelle und Datensenke jedoch unterscheiden, wie das zum Beispiel bei Marketingverantwortlichen und Verbrauchern üblich ist, schwindet diese Wahrscheinlichkeit. Dennoch folgt auch die Betriebswirtschaftslehre gern der Transportmetaphorik der Kommunikation: „Kommunikation bedeutet die Übermittlung von Informationen und Bedeutungsinhalten zum Zweck der Steuerung von Meinungen, Einstellungen, Erwartungen und Verhaltensweisen bestimmter Adressaten gemäß spezifischer Zielsetzungen" (Bruhn 2005, S.3). Der Betriebswirtschafts-Professor Manfred Bruhn bezieht sich hier wie auch schon 2003 (S.1) auf Meffert (2000), in der vorangegangenen Auflage (Bruhn 1997) findet sich das nahezu wortgleiche Zitat mit Bezug auf Meffert (1986). Hier kann also von einer durchdachten und dauerhaften Vorstellung ausgegangen werden.

(2) KOMMUNIKATION ALS ANPASSUNG Mit der Metapher des Anpassens wird eine ganz andere Sicht auf Kommunikation eingenommen. Beispiele für den Gebrauch dieses metaphorischen Sprechens wären: Die Kommunikation richtet sich am Markt aus, sie wandelt sich mit den Bedürfnissen, folgt den Entwicklungen, die Zeitung orientiert sich an der Pressemitteilung des Unternehmens, die Kunden lassen sich von den Angeboten leiten. Hier ist eine Metapher von Kommunikation zu erkennen, die zwar meist einem der Beteiligten die Initiative zuschreibt, aber die Kooperation beider an Kommunikation beteiligten Seiten für das Gelingen unterstellt: leiten, orientieren, abstimmen, annähern, ausrichten – alles Vorstellungen, die einen freiwilligen Bezug der Beteiligten aufeinander voraussetzen, aber gleichzeitig die weiterhin unterschiedlichen Positionen akzeptieren.

Die Metapher des Anpassens ermöglicht und setzt Grenzerhalt voraus. Kommunikation wird hier als ein Abstimmen von Verhalten aufgefasst, bei dem aber die Autonomie der Beteiligten ebenso erhalten bleibt wie die Einheit der Botschaft. Anpassung stellt in Rechnung, dass ein Bezug herzustellen ist, dass aber die inneren Interessen von zum Beispiel Wirtschaft – Geld – und Menschen – Werten – verschieden bleiben. Anders als „Transport“, was eher männlich-heldenhafte Vorstellungen erzeugt, erscheint „Anpassung“ zunächst als wenig heldenhaft-ehrenträchtiges Verhalten (vgl. Baecker 1994), nicht durchsetzungsstark, und deshalb vielleicht in der noch immer männlich dominierten Wirtschaft wenig angesehen. Dabei kann Anpassung – wenn man denn Wert darauf legt – durchaus aggressiv sein, dann nämlich, wenn die Situation aggressives Handeln Erfolg versprechend erscheinen lässt. Es geht demzufolge bei der Anpassung nicht nur um eine Anpassung an den Willen anderer Leute, etwa der Konsumenten, sondern um eine Anpassung an die umgebende Situation. Die zur Anpassung notwendigen Mittel und Wege sind damit keinesfalls vorgegeben.

Der chilenische Biologe Humberto Maturana definiert Kommunikation als das „gegenseitige Auslösen von koordinierten Verhaltensweisen unter den Mitgliedern einer sozialen Einheit“ (Maturana/Varela 1987, S.210), oder kürzer als konsensuelle Verhaltensabstimmung (vgl. Maturana/Varela 1982). Wichtig ist dabei, dass sich das Attribut „konsensuell" auf ein gleiches Verständnis, aber nicht auf eine gleiche Zwecksetzung bezieht. Der an Maturana und Varela anschließende Neurobiologe Gerhard Roth (2001, S.364f) benennt Bereiche, in denen bei Menschen Konsensualität erwartet werden kann: Zunächst der Bereich des Menschseins im Unterschied zum Tiersein, der es erlaubt, ein grundsätzliches Verständnis für Gestik, Mimik und Handlungsabläufe zu entwickeln, so dass wir normalerweise nur menschliche Mimik einzuordnen wissen, und uns begegnende tierische Mimik bei Hunden, Affen oder Delfinen nach menschlichen Maßstäben interpretieren. Ein weiterer Bereich ist Roth zufolge der kulturelle Bereich der Verhaltensweisen und Denkvorstellungen, die die soziale Einheit prägen, in die wir hineingeboren werden bzw. in der wir aufwachsen. Schließlich ist ein weiterer konsensueller Bereich denkbar, der sich aus gemeinsamen Erfahrungen auf der Basis von allgemeinen menschlichen und kulturellen Konsensualitäten bildet. Bei Ehepaaren ist das am deutlichsten zu erkennen, aber es ist auch nicht auszuschließen, dass sich dergleichen in Arbeitsteams oder sonstigen kleineren, länger verbunden Gruppen ausbildet. Wenn Kommunikation als konsensuelle Verhaltensabstimmung begriffen wird, dann ist von entscheidender Bedeutung, dass nicht das Verstehen, sondern der Effekt für das Gelingen von Kommunikation ausschlaggebend ist. Der Effekt wiederum besteht maßgeblich im Erhalt oder Aufbau sozialer Einheiten: Funktion geht vor Verstehen. Mit diesem Verständnis von Kommunikation wird zum einen der biologischen Entwicklung von Kommunikationsfähigkeit insbesondere durch Imitation und Simulation (vgl. Gallese 2003) Rechnung getragen, zum anderen bezieht diese Auffassung mit ein, dass man sich in komplexen Systemen erfolgreich verhalten kann, ohne in einem erkenntnistheoretischen Sinn zu verstehen.

Konsensualität

(3) KOMMUNIKATION ALS TEILEN VON GEMEINSAMKEITEN Eine dritte Ausprägung von Kommunikationsmetaphern klingt gleichermaßen vertraut, unterscheidet sich aber inhaltlich erheblich von der Transport- und der Anpassungsmetaphorik: Etwas mitteilen, am Gespräch teilnehmen, ein Beispiel beitragen oder einbringen, den Kreis der Argumente öffnen, das Gesagte ausweiten, verbreiten und viele andere sprachliche Wendungen sind zwar eindeutig metaphorisch, lassen sich aber weder mit dem Gedanken des Transports noch mit dem der Anpassung zufriedenstellend erklären. Die hier erkennbare, dritte einflussreiche Leitvorstellung von Kommunikation ist in der Metapher des Teilens aufgehoben. Auch hier lassen sich verschiedene Untervorstellungen aufzeigen, etwa die Vorstellung einer Schnittmenge und die Vorstellung einer Vereinigungsmenge. Mit der Schnittmenge ist gemeint, dass Kommunikation ein Feld gemeinsamen Bezugs schafft, zu dessen Erhalt oder Ausweitung die an Kommunikation Teilnehmenden beitragen (z.B. „In die Lösung flossen alle Beiträge ein"). Im Fall der Vereinigungsmenge wird Kommunikation sogar sehr umfassend als das Teilhaben am Sozialen insgesamt vorgestellt (z.B. „Wir waren im Gespräch vereint."). Der Kommunikationswissenschaftler Klaus Krippendorff verweist in diesem Zusammenhang auf die englische Wendung des (cognitive) sharing (vgl. Krippendorff 1994, S.88, der diese Metaphorik im Übrigen jedoch anders auffasst). Anzufügen wäre ebenfalls die im Englischen verbreitete Ausdrucksweise des „sharing" für die – im Deutschen so behäbig klingende – „Teilhabe" an Ereignissen, Informationen oder Wissen: etwa knowledge sharing.

Anders als bei den Transportmetaphern ist bei den Metaphern des Teilens mindestens implizit mitgedacht, dass sich auch der Urheber der Kommunikation verändert, in dem er kommuniziert: Wenn etwas geteilt wird, ändern sich die Zugriffsmöglichkeiten aller Beteiligten, teilen heißt auch abgeben und teilhaben lassen. Diese Besetzung unterstützt auch die lateinisch-deutsche Wortgeschichte: „Kommunizieren" ist etwa seit dem 15. Jahrhundert ein Lehnwort aus dem Lateinischen, es bezieht sich auf „communicare", was bedeutet: „etwas gemeinsam, gemeinschaftlich machen, besprechen" (Etymologisches Wörterbuch, S.697). Schließlich ist hier auch die kirchliche Bedeutung des Exkommunizierens, des aus der Kirche ausgeschlossen Werdens anzufügen. Ohne dies im einzelnen geprüft zu haben, kann die These gewagt werden, dass in der Metaphorik des Teilens eine Vorstellung von Kommunikation aufgehoben ist, die aus einer Zeit stammt, die mit wesentlich weniger technischen Kommunikationsmitteln lebte, es handelt sich vermutlich um die vormoderne, traditionelle Auffassung von Kommunikation.

Von den Kommunikationstheorien steht insbesondere das Selektionsmodell der Kommunikation von Niklas Luhmann der Metaphorik des Teilens nahe. Das mag vielleicht zunächst verwundern, da Luhmann vielen eher als Technokrat des Sozialen erscheint. Dennoch: Luhmann fasst Kommunikation als eine dreiteilige Prozesseinheit aus Information, Mitteilung und Verstehen auf (vgl. allgemein Luhmann 1984, S.191-241). Obwohl alle drei Elemente einzeln zu bestimmen sind, bilden sie Luhmann zufolge erst zusammen dasjenige, was sinnvoll als Kommunikation bezeichnet werden kann. „Information“ ist dabei derjenige Aspekt, den eine Person, Organisation oder sonstiger kommunikativer Akteur aus der unendlichen Vielfalt des Kommunizierbaren – aus welchen Gründen auch immer – herausformen und veräußerlichen möchte: Ich will dieses und nicht jenes zum Ausdruck bringen. Die Information beinhaltet somit eine Auswahl (dieses) und eine Intention (zum Ausdruck bringen wollen). Zum Beispiel will jemand mitteilen, dass er die bisherige Unterhaltung in absehbarer Zeit beenden möchte. Wenn dies die Information ist: Was ist dann die Mitteilung?

„Mitteilung“ bezeichnet in der dreielementigen Begriffsbestimmung die Art und Weise, mit der ein solcher Ausdruckswunsch realisiert wird. In unserem Beispiel fortfahrend könnte ich sagen: „Es ist schon spät.“ Oder: „Ich muss morgen früh raus.“ Oder, etwa als Gastgeber: „Wollt ihr noch eine Tasse Kaffee?“ Selbstverständlich könnte ich auch sagen: „Ich möchte diese Unterhaltung bald beenden.“ Aber interessanterweise tun wir das selten in dieser Direktheit, weil eine derartige Direktheit bereits nahe legt, dass mir die Unterhaltung nicht gefallen hat. Damit bedeutet die vermeintliche Eindeutigkeit doch wieder mehr als das, was sie an scheinbar eindeutiger „Information“, an Sachinhalt enthält.

Die Unterscheidung von Information und Mitteilung beruht auf der Beobachtung, dass sich eine Information stets sowohl auf mich als auch auf meine sonstigen Möglichkeiten bezieht, mich also im Horizont meiner Selbstwahrnehmung thematisiert. Dieses beides zusammen kann aber nicht nach außen getragen werden – wenn man einmal von so komplexen und künstlichen Situationen wie Psychoanalysen absieht, bei denen dies zumindest im Nachhinein für einzelne Situationen der Kindheit versucht wird. Ein gleichzeitiges Mitteilen dessen, was man mitteilen will, im Horizont dessen, was man ist, überfordert sofort jeden kommunikativen Prozess.

Luhmann sieht diese Unterscheidung von Information und Mitteilung als konstitutiv dafür, dass etwas überhaupt als Kommunikation qualifizierbar ist. Gerade an Beispielen für das einseitige Misslingen dieser Unterscheidung von Information und Mitteilung lässt sich zeigen, was gemeint ist. Zum einen kann jemand etwas als Kommunikation einschätzen, was als solche gar nicht gemeint war: Ich sehe einen Bekannten auf der Straße nicht, während dieser meint, ich hätte ihn absichtlich nicht gegrüßt. Hier wird bloßes Verhalten als Kommunikation interpretiert. Oder der andere Fall, der oft in Komödien Anwendung findet: Eine Person ist, ohne es zu wissen, dabei, etwas zu erzählen, was für einen dritten, ebenfalls Anwesenden kompromittierend ist. Dieser Dritte versucht die Person durch Zeichen zum Schweigen zu bringen, die diese aber nicht als Kommunikation, sondern lediglich als sonderbares Verhalten interpretiert: „Was ist mit dir, Onkel Gustav, versuchst du, Fliegen zu fangen?“

Daher ist gelungene Kommunikation – von Mensch, Organisation, was immer – angewiesen auf Mitteilungen, aus denen auf eine Informationsabsicht erst geschlossen werden muss. Dieses Schließen findet im „Verstehen“ statt – oder eben auch nicht. Denn Verstehen beinhaltet sowohl das Beobachten der Mitteilung als auch die Konfrontation dieser Information mit dem eigenen Möglichkeitshorizont. „Verstehen“ bedeutet hier also nicht das Verstehen von etwas, sondern das Aktualisieren eines eigenen Zustandes: So muss ich, um das Angebot der Tasse Kaffee richtig zu verstehen, wissen, dass das Angebot einer Tasse Kaffee im geselligen Rahmen eines privaten Hausbesuchs bedeutet, dass der Gastgeber zu Bett möchte – egal, ob ich den Kaffee verlange oder nicht. Verstehen meint also dasjenige, was aus Information und beobachtetem Mitteilungshandeln vor dem Hintergrund der eigenen Möglichkeiten ausgemacht wird.

Davon zu unterscheiden ist noch einmal, ob man dieses Verstehen annimmt oder nicht annimmt – ob man also die Aufforderung, nun bald zu gehen einmal versteht, und dann auch befolgt oder ignoriert. Kommunikation kommt demzufolge also auch bei Missverstehen zustande, und das richtige Verstehen bedeutet noch nicht, dass man auch nach dem Verständnis handelt: Ich verstehe zwar, dass ich gehen soll, aber ich bleibe trotzdem, weil ich erst in einer Stunde abgeholt werde. Oder: Ich verstehe, dass ich gehen soll, aber ich glaube nicht, dass es so gemeint ist, sondern es sich um eine Geste der Rücksichtnahme mir gegenüber handelt, weil ich gegähnt habe. Annehmen und Ablehnen kann also auf sehr unterschiedlichen Ebenen erfolgen, zum Beispiel allein kognitiv oder als Orientierung von Handlungen.

Luhmanns Kommunikationsmodell ist stark an vormodernen Vorstellungen von Kommunikation orientiert und distanziert sich ausdrücklich von Transportvorstellungen. Der Teilen-Metaphorik ist es deshalb verbunden, weil Kommunikation als eine eigenständige Einheit gesehen wird, die nur durch das Zusammenwirken beider Kommunikationsteilnehmer entsteht und die keinem von beiden alleinige Verfügung erlaubt – auch wenn in der Praxis dem Mitteilenden die Urheberschaft allein aus Übersichtsgründen zugeschrieben werden muss. Luhmann spricht von Annehmen oder Ablehnen der Verstehensinhalte als Prämisse für künftiges Verstehen und Handeln, dieses Annehmen oder Ablehnen bezieht sich aber auf ein gemeinsam in der Kommunikation konstruiertes Verständnis. Möglicherweise ist daher sinnvoll, als Ergebnis gelungener Kommunikation nicht das zu enge (richtige) Verstehen oder das zu weitreichende Handeln ins Auge zu fassen, sondern eine andere Vorstellung, die in letzter Zeit von dem Philosophen Peter Sloterdijk in ihrer grundbegrifflichen Kraft wieder ins

Gedächtnis gerufen wurde: gelungene Kommunikation erzeugt Resonanz (vgl. Sloterdijk 2004). Im Gedanken der Resonanz ist das Teilen in sofern aufgehoben, weil Resonanz ein Teilen von Frequenzen und Schwingungen meint und damit ein vorinhaltliches Gemeinsames thematisiert.

Sollte man ein zentrales wirtschaftliches Praxisfeld benennen, in dem die teilenden Kommunikationsmetaphern Verwendung finden, ist es zum Beispiel der Bereich der Markenführung. Marken werden oft auch von der BWL als Vorstellungsbilder im Kopf der Konsumenten erklärt, an deren Konstruktion Unternehmen beteiligt sind, die aber nicht völlig ihrem Einfluss unterliegen. Marken lassen sich zudem als Symbole auffassen, die in unterschiedlichen Kontexten der Wirtschaftskommunikation, in der internen, der externen und der systemübergreifenden Kommunikation von Bedeutung sind. Auch in betriebswirtschaftlichen Lehrbüchern kann Kommunikation zentral unter dem Gesichtspunkt des Teilens auftreten: „Wenn wir kommunizieren, versuchen wir, \`eine Gemeinsamkeit mit jemanden herzustellen´. Wir versuchen also, eine Information, eine Idee oder eine Einstellung mitzuteilen, um sie dann mit anderen zu teilen" (Schweiger/Schrattenecker 2001, S.6). Mit dem hier nur angedeuteten Resonanzbegriff gäbe es zudem ein Vorstellungsbild, dass die polysensuelle Wirkweise von Events einzuschätzen erlaubte – bei aller Schwierigkeit entsprechender, natürlich sofort einzufordernder „Resonanzmessungen".

(4) KOMMUNIKATIONSLOGIK UND PRODUKTIONSLOGIK Transportieren, Anpassen oder Teilen – das sind drei ganz unterschiedliche Handlungstypen, die zu ihrer erfolgreichen Bewältigung unterschiedliche Anforderungen an ihre Akteure stellen, und doch laufen sie auf einen gemeinsamen Fluchtpunkt zu, der im Begriff Akzeptanz zu fassen ist. Erst Akzeptanz vervollständigt den Transport in der Zielerreichung, ist in der Anpassung und im Teilen notwendig mitgedacht. Akzeptanz ist – anders als Verstehen – nur durch Mitwirkung des anderen Teils der Kommunikation zu erreichen, sie ist nicht vom Mitteilenden zu erzwingen. Politische Diskussionen im Fernsehen liefern für diesen Sachverhalt tagtäglich Illust-

rationen. Solche Diskussionen beruhen darauf, dass Akzeptanz weitestgehend vermieden wird, dass der Angehörige einer Partei nicht die Positionen einer anderen übernimmt, weil er sie verstanden hat. Natürlich findet dort dennoch Kommunikation statt, aber sie scheint irgendwie nicht zu gelingen – ich komme später auf dieses Beispiel zurück. Ein weiterer Punkt: Trotz Akzeptanz kann es zwar immer noch zu Missverständnissen kommen, wenn auch schwieriger zur Ablehnung. Kommunikation lässt sich nicht am richtigen Verstehen festmachen, aber ebenso wenig am Verstehen des Richtigen: Würden alle die Wahrheit kennen, gäbe es dann nur noch Schweigen. Gerade die Ungewissheit regt die Kommunikation an. Je mehr Wissen, desto mehr Nichtwissen und damit umso mehr Anlass, sich Dinge zu erzählen.

Oft wird Kommunikation gerade in wirtschaftlichen Kontexten als Informationsübermittlung interpretiert, doch ist es sinnvoll, zwischen Wirtschaftsinformatik und Wirtschaftskommunikation zu unterscheiden. Information wird physikalisch als eine dritte Größe neben Materie und Energie, neben Subjekt und Objekt verstanden (Weizsäcker 1959, S.33ff.). Es handelte sich um eine Formung, „das Bringen der Form in die Materie“ (Weizsäcker 1959, S.45). So begriffene Information ist kommunikativ unabhängig von der Akzeptanz der an Kommunikation Beteiligten. Vor diesem Hintergrund kann Flusser provokant formulieren: „Wer kommunizieren will, darf wenig informieren“ (Flusser 1996, S.8) – denn wer viel informiert, kommuniziert wenig – lässt also den eigenen Anteil an der Auswahl der Mitteilung, der Formung der Information, dem erwarteten Verstehen nicht deutlich werden. Der bloßen Information fehlt die Kontingenz der Kommunikation. Diese Kontingenz scheint aber bekanntermaßen von besonderer Bedeutung für das Gelingen von beispielsweise Wirtschaftswerbung, weshalb auch aus der soziologischen Analyse die Erkenntnis hervortritt: „Ökonomische Werbung tendiert zur Minimierung der Information“ (Clausen 1964, S.27).

Transportieren, Anpassen und Teilen lassen sich auch als physikalische Begriffe innerhalb eines Produktionsablaufs auffassen. Sie beziehen sich dann auf Gegenstände und ihre Formung. Innerhalb eines Produktionsprozesses werden diese Vorgänge jedoch soweit wie möglich jeder Kontingenz beraubt und logistisch optimiert. Wenn es eine Logik der industriellen Produktion gibt, dann beruht sie auf Information und nicht auf Kommunikation. Sie vermeidet die Orientierung an Akzeptanz zugunsten der möglichst exakten Darstellung der Sachverhalte, nach Möglichkeit mit Hilfe von mathematisiert objektivierten Beobachtungsmethoden. In den meisten Unternehmen ist es deshalb verpönt, in der werbenden Sprache über die eigenen Produkte zu reden, mit der die Produkte selbst nach außen kommuniziert werden. Andererseits gibt es sehr marketingorientierte Unternehmen, deren gesamtes Geschäft auf der treffenden Formulierung von Produkten, z.B. Turnschuhen beruht. Hier ist eine gedankliche Trennung der werbenden Ansprache von den Produktionsparametern nur schwer durchzuhalten. Oft trennen sich solche Unternehmen von den Produktionsstätten und konzentrieren sich ausschließlich auf die Vermarktung. Aber auch dort ist der betriebswirtschaftlich beobachtbare Teil der Unternehmen nicht auf den Umgang mit akzeptanzorientierter Kommunikation eingestellt. Im Gegenteil muss hier die Kommunikation der Sache dienen und nicht die Sache der Kommunikation. Nicht die positive Verbrämung der eigenen Produktivität, sondern ihre möglichst realistische Einschätzung wird unterstellt. Auf dieser informationsorientierten Ehrlichkeitsvermutung basiert zum Beispiel das gesamte innerbetriebliche Berichtssystem, aber auch die Strukturen der informellen Unternehmenskommunikation, die auf langfristigem Vertrauensaufbau basieren. Werbung basiert dagegen auf einer bereits einkalkulierten Unehrlichkeitsvermutung, auf der Kunst geschickten Übertreibens, dem Auslösen impulsgetriebener Handlungen und vielen anderen, nichtrationalen Momenten, die aus der Sicht einer rationalen Organisation nicht toleriert werden können. Dieser hier abstrakt hergeleitete Konflikt zwischen Produktionslogik und Kommunikationslogik lässt sich im alltäglichen wirtschaftlichen Umgang mit Werbung gut beobachten.

Auf der Ebene der Erarbeitung von Werbung sind eine Vielzahl unterschiedlicher Personen mit unterschiedlichen Hintergründen und betrieblichen Interessen beteiligt. Sie vereinigt das produktionslogische Ziel, „bei gegebenem Gütereinsatz ... eine größtmögliche Güterausbringung" (Eichhorn 2000, S.15) zu erzielen, also einen gegebenen Etat möglichst effektiv zur Werbung zu nutzen. Das zu diesem Zweck unterstellte Mitteilungsinteresse des Unternehmens fällt jedoch oftmals nicht mit dem Mitteilungsbedürfnis der einzelnen Mitarbeiter zusammen. Zwar einigt man sich auf eine einheitliche Kommunikationsaussage, diese Kommunikationsaussage ist aber vielfach nicht dasjenige, was die meisten Beteiligten eigentlich gewollt haben. Aus der so vereinheitlichten Mitteilungsabsicht mag sich sogar eine latente Opposition gegen die Kommunikation ergeben: Man hofft möglicherweise heimlich auf das Scheitern der Kampagne, weil man ja selbst eigentlich etwas ganz anderes gesagt hätte. Dieser potenzielle Konflikt ist deshalb besonders gefährlich, weil er an jedem Werbemittel neu aufbrechen kann.

Auf der Ebene der Verbreitung von Werbung zeigt sich, dass einzelne Werbemittel kommunikationslogisch folgenreich sind, ohne dass daraus Zahlungen resultieren. Die Werbung liefert unzählige Beispiele amüsanter Spots, deren Geschichten sich gut einprägen, allerdings ohne zu Verkäufen zu führen. Der Grund dafür liegt gar nicht im gut oder schlecht gemachten Spot, sondern in einigen erheblich grundsätzlicheren Umständen, von denen hier nur drei genannt werden: Zunächst (a) können Menschen, wie schon erwähnt, normalerweise erheblich mehr kommunikativ akzeptieren als tatsächlich bezahlen. Dann (b) ist die Akzeptanz nicht sachlich, sondern nur zeitlich begrenzt: Im Prinzip könnte jeder zwar alles kommunikativ akzeptieren, aber nicht alles faktisch besitzen. Schließlich (c) vermehren sich die Inhalte der Kommunikation in der Kommunikation. Teilt man jemandem die PIN seiner Kreditkarte mit, dann wissen sie anschließend beide. Die Gegenstände der Wirtschaft dagegen vermehren sich nicht, wenn sie vom einen zum anderen übergehen. Verkauft eine Zahlungssystemgesellschaft den Zugriff auf ein Kreditkartenkonto an einen anderen Nutzer, dann geht der Käufer zu recht davon aus, dass es sich nun um sein Konto handelt und seine erworbenen Zugriffsrechte als solche nicht nochmals existiert (vgl. Luhmann 1984, S.193ff). Auch hier sind also erhebliche Konflikte zwischen Produktionslogik und Kommunikationslogik zu erkennen.

Auf der Ebene der Konsolidierung von Kommunikation ist es demzufolge den Unternehmen nicht mehr möglich, die Differenz von Produkt und Abfall (vgl. Bardmann 1994), die es in der Produktion autonom handhabt, weiter zu kontrollieren. So wie bei der Verbreitung Vermehrungseffekte auftreten, so ist bei der Konsolidierung sowohl das Vergessen als auch die aus Unternehmenssicht falsche Wiedergabe oder Interpretation der Kommunikationsinhalte ein erhebliches Risiko. Diese Kontingenz der Kommunikation ermöglicht sie überhaupt erst: Denn wenn jede kommunikative Zumutung gleich zu Handlung führte, könnte fast nichts mehr gesagt werden. Gerade weil die Kommunikation probeweise besteht, weil man sie auf sich beruhen lassen kann, schafft sie es, so viele Möglichkeiten zu produzieren. Kommunikation ist viel eher konjunktiv als imperativ und existiert nur durch Überschuss, während Produktion Überschuss zu vermeiden hat.

3.2 PERFORMATIVE KOMMUNIKATION

Kommunikation ist einer der großen Universalbegriffe der zweiten Hälfte des 20. Jahrhunderts. Einen großen Aufschwung nahm die Beschäftigung mit Kommunikation während des Zweiten Weltkriegs, der als erster Propagandakrieg gelten kann. Nach dessen Ende verstärkte sich das Interesse an Kommunikation noch erheblich, zum einen, weil der technische Fortschritt der Massenmedien ihnen eine gesellschaftliche Präsenz verlieh, die zunächst befremdet und dann nach begrifflicher Aufklärung verlangte, zum anderen aber auch, weil Kommunikation versprach, eine neue Integrationsvorstellung bereit zu halten. Am deutlichsten kommt diese Hoffnung wohl im Versuch Niklas Luhmanns zum tragen, die gesamte Gesellschaft als Kommunikationszusammenhang aufzufassen und Kommunikation damit zum Elementargeschehen des Gesellschaftssystems zu erklären.

Kommunikation ist heute der Schlüsselbegriff einer eigenen Wissenschaftsrichtung, eben der Kommunikationswissenschaft, Kommunikation wird zudem von unterschiedlichen anderen gesellschaftlichen Systemen als wichtiges strategisches Element gesehen und entsprechend in den Spezialdisziplinen Politische Kommunikation, Wirtschaftskommunikation, Gesundheitskommunikation usw. neu gefasst. Kommunikation gilt als soziales Allheilmittel, aber auch als Kern vieler Probleme, Kommunikation ist ein Lieblingsbegriff der illustrierten Presse, sie ist etwas, für das jeder irgendwie Kompetenz beanspruchen kann und sie beinhaltet sogar ihre eigene Reflektion: nur kommunikativ lässt sich etwas über Kommunikation sagen.

Die im vorangegangenen Abschnitt besprochenen Modelle und Metaphern von Kommunikation bilden nur einen kleinen Ausschnitt aus dem Angebot, und es ist sicher nicht möglich, den Kommunikationsbegriff hier abschließend zu klären. Ich möchte deshalb zum Verständnis von Wirtschaftskommunikation, um das es hier geht, diese Diskussion im Weiteren nicht vertiefen, sondern verlassen. Dazu erkläre ich „Kommunikation" fortan wieder zu einem übergeordneten und selbstevidenten Begriff und beziehe mich auf eine Differenz, die begrifflich eine Stufe tiefer liegt: die Differenz von diskursiver und performativer Kommunikation.

Als „diskursiv" sollen Kommunikationsformen verstanden werden, bei der alle Teilnehmenden an den Ausdrucksformen anderer Teilnehmender insofern interessiert sind, als dass sie im Grundsatz bereit sind, ihre Auffassungen oder ihr Handeln aufgrund dieser Ausdrucksformen unmittelbar zu ändern. „Performativ" meint dagegen jene Kommunikationsformen, bei denen mindestens einer der Teilnehmenden die unmittelbare Änderung seines Handelns aufgrund der Reaktionen anderer Teilnehmender im Grundsatz ausschließt. Diskussion bedeutet Veränderungsoffenheit, Performanz bedeutet Veränderungsverschlossenheit. Mit einer echten Veränderung ist eine Veränderung gemeint, die nicht bloß die vorgefertigte Reaktion auf einen bestimmten Reiz meint. Eine echte Veränderung kann daher auf der Auffassungsseite mit Lernen gleichgesetzt werden.

Zunächst ist wichtig, darauf hinzuweisen, dass diese Differenz, die in gewisser Hinsicht an die Kommunikationstheorie von Jürgen Habermas (1987) angelehnt ist, keine moralische Unterscheidung ist. Weder Diskussion noch Performanz sind als moralisch geladene Begriffe gemeint. Eine solche Einschätzung könnte nahe liegen, weil Offenheit im Zusammenhang mit Kommunikation gern als positiver Wert interpretiert wird, Verschlossenheit dagegen einen negativen Beiklang haben kann. Damit ist nicht ausgeschlossen, dass Kommunikationsformen moralisch bewertet werden, diese Bewertung muss sich jedoch auf die jeweiligen Anwendungssituationen beziehen, nicht auf die Form an sich. Das zeigen andere Beispiele performativer Kommunikation: Rituale, aber auch allgemein Lesungen von Texten oder Aufführungen von Theaterstücken. Die gesamte Breite der Anwendungsmöglichkeiten stellt Wirth (2002) dar. Die Aufführung eines Theaterstücks vor Publikum als moralisch verwerflich zu betrachten ist absurd. Ebenso absurd ist es, aus moralischen Gründen die Möglichkeit zur Diskussion mit den Schauspieler während der Vorstellung einzufordern. Diese Vorstellungswelt möchte ich präsent halten, darum werde ich synonym zu Performanz auch immer wieder den Ausdruck Aufführung verwenden, der zumindest für meine Ohren einen eher sympathischen Klang hat.

Die Idee, mit Differenzen zu arbeiten, um Kommunikation zu charakterisieren, ist selbstverständlich nicht neu. Bruhn (2005, S.12ff) nennt „vier jeweils eigenständige Bipolarisierungen", die er als „Kommunikationsformen" bezeichnet, ohne ihnen allerdings grundbegriffliche Bedeutung zu geben. Um die Besonderheit und die eigentümliche Erklärungsbreite der Unterscheidung von diskursiver und performativer bzw. aufführender Kommunikation aufzuzeigen, möchte ich im Folgenden eine nähere Betrachtung dieser von Bruhn so genannten Bipolarisierungen vornehmen. Es handelt sich dabei um (a) die Unterscheidung von einseitiger und zweiseitiger Kommunikation, von (b) persönlicher und unpersönlicher Kommunikation, (c) physischer und Kommunikation mittels Schrift- und anderen Zeichen und (d) personen- und organisationsspezifischer Kommunikation. Es geht mir dabei nicht darum, diese vier Unterscheidung als unzutreffend zu denunzieren, sondern deutlich zu machen, dass die Unterscheidung diskursive und performative Kommunikation einen anders zugeschnittenen und instruktiven Horizont eröffnet.

(a) Vordergründig mag die Unterscheidung von Diskussion und Aufführung am ehesten der Bipolarisierung von zweiseitiger und einseitiger Kommunikation entsprechen: „Zweiseitige Kommunikation ist durch sofortige Rückkoppelungsmöglichkeit (Interaktion) der am Kommunikationsprozess Beteiligten gekennzeichnet. Es besteht die Möglichkeit, die Rollen des Kommunikators und des Adressaten unmittelbar zu vertauschen [...]. Einseitige Kommunikation ist durch lediglich einen Kommunikator charakterisiert. Bei dieser Kommunikationsform hat der Adressat keine Möglichkeit, über einen Rückkanal seinerseits zum Kommunikator zu werden, um beispielsweise Fragen zu stellen, Beschwerden zu äußern oder Verbesserungsvorschläge zu unterbreiten.“ (Bruhn 2005, S.13).

Der wesentliche Unterschied zwischen zweiseitiger und einseitiger Kommunikation liegt in einer technischen Voraussetzung, nämlich des Vorhandenseins einer Rückkoppelungsmöglichkeit. Es wird jedoch bei Bruhn keine Aussage darüber gemacht, ob die Inanspruchnahme der Rückkoppelungsmöglichkeit tatsächlich zu inhaltlichen Veränderungen führen kann. Als illustrierendes Beispiel soll ein Konflikt mit einer Luftfahrtgesellschaft dienen: Ein Fluggast ist über die Verspätung eines Flugzeugs verärgert und versucht, sich an die Fluggesellschaft zu wenden. Technisch gesehen gibt es reichliche Möglichkeiten zu zweiseitiger Kommunikation. Der Fluggast kann einen Mitarbeiter am Flughafen ansprechen, er kann telefonieren oder eine E-mail schreiben. In sofern kann er tatsächlich die „Rolle“ des Kommunikators einnehmen – bleibt aber dennoch mit hoher Wahrscheinlichkeit Teil einer kommunikativen Aufführung. Denn die Reaktionsmöglichkeiten der Mitarbeiter der Fluggesellschaft sind zuvor detailliert festgelegt worden. Denn die Mitarbeiter haben einzig die Aufgabe festzustellen, welcher Kommunikationsfall gerade vorliegt und entsprechend zu reagieren. Selbst wenn es dem Fluggast gelingen sollte, einen Mitarbeiter zu überzeugen, dass die vorgesehene Kommunikationsstrategie des Unternehmens in seinem Fall nicht angemessen ist, kann sich der Mitarbeiter nur entweder gegen die Regeln verhalten oder sich für die Regeln entscheiden und bedauern; Rückkanäle sind zwar vorhanden, aber sie haben nur eine technische Funktion, sie dienen nicht dazu, tatsächliche Verhaltensänderungen unmittelbar zuzulassen. Natürlich sind die so gewonnen Informationen über die Reaktionen von Fluggästen von großem Interesse für das Unternehmen. Welche Bedeutung diesen Informationen beigemessen wird, und ob sie zu Auffassungs- oder Verhaltensänderungen führen, wird in Diskussionen entschieden – diese werden allerdings in den regelgebenden Kreisen des Unternehmens und nicht direkt mit den betroffenen Fluggästen geführt.

Dass einseitige Kommunikation im Bruhn`schen Sinne performativer Kommunikation in unserer Definition entspricht, steht außer Frage. Aber Wirtschaftskommunikation kann auch dann, wenn sie im technischen Sinn zweiseitige Kommunikation ist, aufgeführte Kommunikation sein. Das Beispiel der Luftfahrtgesellschaft lässt sich problemlos auf Telefongesellschaften, auf Tankstellen, auf Supermärkte übertragen. Insofern ist die Unterscheidung von Diskussion und Aufführung anders zugeschnitten als diejenige von zweiseitiger und einseitiger Kommunikation. Sie fasst nicht allein die technischen Möglichkeiten, sondern darüber hinaus auch die inhaltliche Dimension von Kommunikation ins Auge. Dabei ist nochmals hervorzuheben, dass Diskussion nicht automatisch der Aufführung vorzuziehen ist, auch wenn man aus der Sicht des Beschwerde führenden Fluggastes leicht dieser Auffassung sein könnte. Aufführende Kommunikation wird von Unternehmen eingesetzt – und zwar zunehmend –, um sich vor der subversiven Wirkung diskursiver Kommunikation zu schützen.

(b) Auch die Bipolarisierung von persönlicher und unpersönlicher Kommunikation zeigt auf den ersten Blick gewisse Ähnlichkeiten mit der Unterscheidung von Diskussion und Aufführung, zumal wenn man sich das eingangs formulierte Beispiel der Theateraufführung und der Diskussion mit den Schauspielern ins Gedächtnis ruft. Bruhn schreibt dazu: „Persönliche Kommunikation findet im unmittelbaren zwischenmenschlichen Kontakt [...] statt. Sie erfolgt daher immer live und bietet stets die Möglichkeit zur zweiseitigen Kommunikation [...]. Unpersönliche Kommunikation hingegen ist durch eine raum-zeitliche Trennung zwischen Kommunikationssender und -empfänger gekennzeichnet" (Bruhn 2005, S.12f). In Anwendung dieser Unterscheidung zeigt sich, dass weder Diskussionen persönliche Kommunikation erfordern, noch Aufführungen nur in raumzeitlicher Trennung erfolgen können. Eine Diskussion kann brieflich oder per E-mail erfolgen, die direkte Lernbereitschaft muss nur gegeben sein. Beispielsweise kann man sich per Rundmail nach Lösungsvorschlägen für ein bestimmtes Problem erkundigen, interessante eintreffende Antworten berücksichtigen oder hinterfragen und dann entsprechend handeln. Damit wären die Anforderungen an diskursive Kommunikation erfüllt. Auf der anderen Seite ist ein Podiumsgespräch zwischen einem Unternehmensvorstand und einem Betriebsrat trotz persönlicher Anwesenheit und Live-Charakters in der Regel so gestaltet, dass alle Beteiligten daran interessiert sind, ihre Auffassungen nicht zu verändern. Es ist kaum vorstellbar, dass der Betriebsrat dem Unternehmensvorstand schließlich Recht gibt und das Gespräch für beendet erklärt, weil alle Unstimmigkeiten ausgeräumt sind. Hier verhindert der Aufführungscharakter Veränderungen, obwohl es sich um persönliche Kommunikation handelt.

Dennoch ist in der von Bruhn bezeichneten Dimension persönlicher vs. unpersönlicher Kommunikation ein definitorisches Element enthalten, das auch für die Differenz von Diskussion und Aufführung von unterscheidender Bedeutung ist: Es handelt sich um den Live-Charakter, der jedoch nicht für die mediale Rahmensituation, sondern für die inhaltliche Kommunikationssituation erhellend ist. Während eine Aufführung im hier verfolgten Sinn die Folge irgendeiner Ausprägung von Inszenierung ist, ist eine Diskussion zwar möglicherweise an Ablaufregeln, aber nicht an Regeln über die inhaltliche Abfolge von Beiträgen gebunden. Eine Diskussion entsteht erst dadurch, dass sie inhaltlich ablaufoffen ist und sie unterscheidet sich so vom Dialog, der ja bekanntlich auch Teil einer Aufführung sein und eingeübt werden kann. Eine Aufführung ist die Wiederholung gedanklich oder sogar physisch vorprobierter Formen mit dem Ziel der Nachahmung, während eine Diskussion zwar auch auf vorgefertigte Argumente zugreifen kann, aber die Offenheit der Änderung voraussetzt.

(c) Auch die dritte von Bruhn angeführte Bipolarisierung kann die Differenz von Diskussion und Aufführung nicht in sich aufnehmen. Bruhn unterscheidet hier zwischen physischer Kommunikation und solcher „mittels Wort-, Schrift-, Bild- und/oder Tonzeichen“ (Bruhn 2005, S.14), wohl um die ihm möglicherweise überholt erscheinende Gegenüberstellung von verbaler und non-verbaler Kommunikation zu vermeiden. Es muss an dieser Stelle nicht erörtert werden, inwieweit Gesten oder vorgefertigte Zeichen in diskursiver Hinsicht eingesetzt werden können. Dies ist sicher nicht auszuschließen, kann aber auch nicht für alle derartigen Elemente als Normalfall proklamiert werden. Es ist aber möglicherweise nicht uninteressant, hier hervorzuheben, dass Aufführungen nicht zwangsläufig durch Menschen erfolgen müssen, ja, dass dies sogar nicht einmal der Regelfall ist. Anzeigen, Kataloge, Prospekte und dergleichen fallen in Normalfall nach unserer Definition unter die Kategorie Aufführungen. Ein Ausnahmefall wäre denkbar, wenn ein Prospekt als Beispiel oder Argument genutzt wird. Damit wird er aber gleichzeitig seiner intentionalen Funktion beraubt. Auch ein Verkehrsschild ist in dieser Sicht eine kommunikative Aufführung, so wie alle Signale und Symbole, es sei denn, sie werden in einen diskursiven Zusammenhang gehoben.

(d) Bruhn unterscheidet als vierte Bipolarisierung „personen- und/oder organisationsspezifische Kommunikation“ von „Kommunikation an ein anonymes beziehungsweise disperses Publikum“ (Bruhn 2005, S.14), spezifizierte gegen adressatenunspezifizierte Kommunikation. Auch diese Unterscheidung ist weder deckungsgleich noch widersprechend zu derjenigen von Diskussion und Aufführung, weil es sich um eine äußerlich-formale und nicht um eine kommunikationsintern-formale Unterscheidung handelt. Es ist eine Frage der Etikettierung, nicht des Prozesses. Durch die Internet-Kommunikation ist erneut klar geworden, dass Diskussionen sehr wohl mit Unbekannten möglich sind, was auch Theaterexperimente der 70er Jahre des 20. Jahrhunderts bereits gezeigt haben. Hier wurden durch Diskussionen mit dem Publikum der weitere Ablauf des Stücks bestimmt, und zwar anders als in heutigen Fernsehformaten ohne Richtungsvorgaben, zwischen denen gewählt werden musste. Möglicherweise noch relevanter ist die Feststellung, dass personen- oder organisationsspezifische Kommunikation ebenfalls Aufführungscharakter tragen kann. Beispiele sind Unternehmensphilosophien oder Rundschreiben.

• Organisiert und nicht organisierte Kommunikation

Organisierte Kommunikation kann sich durchaus naturwüchsig ergeben: Gruppen finden zu einer gemeinsamen Sprache, die sich dann zur „offiziellen" Sprachregelung von Unternehmen ausbildet; die Arbeitsweise und der Stil herausragender Führungspersönlichkeiten wird imitiert und schließlich als normales Vorgehen wahrgenommen. Andererseits kann auch nichtorganisierte Kommunikation geplant und gestaltet sein: Man orientiert sich in Ratgebern über Stil und Persönlichkeit, verpflichtet sich auf Vor- und Grundsätze, sucht einen Stilberater auf oder folgt den Ratschlägen seines Friseurs – in aller Regel ist man jedoch selbst beteiligt. Die Unterscheidung von organisierten und nichtorganisierten Kommunikationsteilnehmern führt jedoch zu einer sehr weitreichenden strukturellen Unterscheidung: Nichtorganisierten Kommunikationsteilnehmern wird unterstellt, dass sie für sich sprechen, organisierten Kommunikationsteilnehmern dagegen, dass sie im Sinne der Organisation kommunizieren. Wenn dem so ist, dann wird auch im Bereich der Wirtschaft eine sozusagen doppelte Kommunikation unterstellt: Personen können einmal für sich und zum anderen stellvertretend oder „im Auftrage" ihrer Organisation kommunizieren. Unter diesem Gesichtspunkt wäre unternehmensinterne Kommunikation die Kommunikation der Organisation mit ihrer internen Umwelt, einmal mit sich selbst, dann aber auch mit den persönlichen Anteilen der Organisationsmitglieder, die sich nicht der Mitgliedschaft verpflichtet sehen. Man spricht dann von der menschlichen Seite der Organisation, die von Klatsch bis unbezahlte Mehrarbeit reicht.

Bis hierher zusammengefasst lässt sich einerseits festhalten, dass die Unterscheidung von Diskussion und Aufführung eine ungewohnte Perspektive auf Wirtschaftskommunikation erlaubt, dass diese Unterscheidung auch hinreichend weitreichend zu sein scheint, also kein erhebliches Gebiet der Kommunikation ins Auge fällt, das weder unter die Definition von Diskussion noch unter die von Aufführung fällt. Andererseits ist diese Unterscheidung nicht gänzlich neu, sie hat zum einen Wurzeln in der Sprechakttheorie von Searle und in der Diskurstheorie von Habermas, Apel und anderen, unterscheidet sich aber auch erheblich davon, insbesondere, was den Differenzierungsgrad angeht. Weiterhin ist die Unterscheidung zwar in der Wirtschaft bekannt, wurde aber bislang als ein Effekt anderer, vermeintlich grundlegender Differenzen betrachtet, zum Beispiel der Differenz von massenmedialer und persönlicher Kommunikation. Demgegenüber konnte gezeigt werden, dass gängige Unterscheidungen die Unterscheidung von Diskussion und Aufführung nicht subsumieren.

Trotz vieler Modellüberlegungen bleibt es schwer zu entscheiden, ob Wirtschaftskommunikation in allen ihren Facetten und Ausprägungen, vom einzelnen Werbemittel bis zur CI-Programmatik, vollständig als Kommunikation zu begreifen ist. Diese Frage ist bislang am häufigsten im Hinblick auf Werbung diskutiert worden. Für die Betriebswirtschaftslehre steht zwar außer Frage, dass Werbung ein Element der Kommunikationspolitik des Unternehmens darstellt, aber die Breite der mit dem Wort Werbung zusammengefassten sozialen Phänomene, die Vielzahl unterschiedlicher Kommunikationsbegriffe und schließlich auch die Interpretationsmöglichkeiten, die die beobachtbaren Gegebenheiten zulassen, machen eine endgültige Festlegung nahezu unmöglich. Der Soziologe Gerhard Schulze erachtet es beispielsweise „als ebenso nahe liegend wie nichtssagend, Werbung als Kommunikation aufzufassen“ (Schulze 2002, S.976), während der Kommunikationswissenschaftler Manfred Faßler spekuliert, ob Werbung eben nicht Kommunikation, sondern bloßes Spektakel sei: „Spektakulär ist das, was einmalig, demonstrativ ist: es ist Schau. In jedem Fall hat es keinen Rückkanal, keine Beteiligung, keine Veränderung im Verlauf der Darstellung. Das Spektakel ist `geschlossen´, unzugehbar“ (Faßler 2002, S.124). Dem würde Schulze wiederum mit anderer Bewertung der gleichen inhaltlichen Beobachtung entgegenhalten, dass es sich bei Werbung „um eine besondere Form der Kommunikation handelt: um eine Inszenierung“ (Schulze 2002, S.976) – und damit an den Gedanken der performativen Kommunikation anschließen. Was immer Werbung letztlich „ist“, sie ist in jedem Fall stark an Kommunikation gebunden: Werbung entsteht aus Kommunikation, indem eine Vielzahl von Beteiligten ihre Ansprüche und Ideen in Meetings und Arbeitssitzungen zusammentragen, Werbung erscheint im Umfeld öffentlicher Kommunikation, insbesondere in den Massenmedien, und die Wirkung von Werbung konsolidiert sich zumindest teilweise durch Kommunikation, in dem über Werbung selbst und über beworbene Produkte gesprochen, nach ihnen verlangt wird oder eben auch nicht. Werbung, die keine Kommunikation auslöst, wird schwerlich als wirksam bezeichnet werden können.

Schulze liefert zudem eine nähere Bestimmung dessen, was inszenierte Kommunikation ausmacht: „Die Akteure wollen Einfluss auf das Innenleben des Publikums nehmen, komplementär will das Publikum innerlich bewegt werden.“ Diese innerliche Bewegung wird durch Zeichen erzeugt. Das – so Schulze – trifft zwar auf jede Form der Kommunikation zu, „im Spezialfall von Inszenierungen besitzt das Zurschaustellen der Zeichen jedoch größere Nachdrücklichkeit“ (Schulze 2002, S.976). Nachdrückliches zur Schau stellen von Zeichen zur Erzeugung innerer Bewegung beim Zuschauenden – das sind zusammengefasst die Merkmale inszenierender Kommunikation. Innerhalb der inszenierenden Kommunikation erhält Werbung wiederum einen eigenen Zuschnitt: „Die Inszenierungen der Werbung werden davon geprägt, gefühlsbezogene Selbstbeschreibungen und Erinnerungen vorzustrukturieren“ (Schulze 2002, S.978). Diesem Verständnis von Werbung zufolge gibt es keinen sachlichen und emotionalen Nutzen von Produkten in der Werbung, sondern nur Inszenierungen: Inszenierungen sachlicher Vorteile und Inszenierungen emotionaler Erlebniswelten.

3.3 BILDKOMMUNIKATION – szenische Aufführung / Performanz

Wie bei vielen Begriffen im Zusammenhang mit Wirtschaftskommunikation ist es auch bei dem Begriff der Bildkommunikation so, dass die Hinzufügung eines weiteren Elementes zum Ausgangsbegriff, also hier: Bild zu Kommunikation, das Untersuchungsfeld nicht vereinfacht, sondern kompliziert: „Denn wenn man die Frage Was soll als Bild bezeichnet werden? In aller Radikalität ernst nimmt, dann ist mit dem Vollzug dieser Fragestellung fraglich geworden, welche Gegenstände überhaupt als Bild anzusprechen sind [...] Anders gesagt: Wer über alle Bilder wissenschaftlich arbeiten will, arbeitet primär über die Frage, was aus welchen Gründen ein Bild ist“ (Wiesing 2005, S.14). Es ist nicht auszuschließen, dass Wirtschaftswissenschaftler, wenn sie in launiger Stimmung sind, die Kommunikationswissenschaften deshalb zu „Komplikationswissenschaften“ verballhornen, weil ihnen solche Problemstellungen nicht etwa nicht einleuchten, sondern völlig unergiebig erscheinen. Andererseits sind es ebenfalls oft Wirtschaftswissenschaftler, die bei jeder nicht definierten Äußerung über Gegenstände wie beispielsweise Bilder solange nachfragen, bis sie eine Ausnahme gefunden haben und sich dadurch berechtigt fühlen, jede sprachlich verallgemeinernde Aussage abzulehnen. Diese Form der Streitigkeit ist wenig zielführend, weil sie auf zwei unterschiedlichen Kulturen des Umgangs mit Wirklichkeit beruht, einer quantifizierend-nutzenorientierten und einer hermeneutisch-verstehenden. Vieles kann nützlich sein, ohne dass es verstanden wird, vieles kann verstanden werden, ohne dass es deshalb nützlich ist. Sicher scheint mir allerdings, dass die beiden Sichtweisen der Wirtschafts- und der Kommunikationswissenschaften einander nur dann sinnvoll ergänzen können, wenn sie sich gegenseitig zugestehen, sich voneinander zu unterscheiden und gerade deshalb überhaupt wechselseitig füreinander interessant sind. Das wiederum bedeutet, dass es um der Sache willen sinnvoll ist, die vollen kritischen Möglichkeiten der einen oder anderen Disziplin nicht immer auszuschöpfen.

Das besondere Interesse an Bildkommunikation ist im Hinblick auf Wirtschaftskommunikation natürlich zunächst einmal durch die auffällige Dominanz von Bildern gerade im Bereich der Publikumsansprache gegeben. Darüber hinaus liegt allerdings die Vermutung nahe, dass Bildkommunikation quasi ein Inbegriff performativer Kommunikation ist – ist doch jedes Bild eine statische Aufführung.

Wenn hier von Bildkommunikation die Rede ist, ist damit pragmatisch gemeint, dass Bilder im Unterschied zu Wörtern für kommunikative Zwecke eingesetzt werden bzw. als solche wahrgenommen werden. Das typische an Bildkommunikation in diesem Verständnis scheint mir, dass Bilder als Gestalt wahrgenommen werden. Ich kann ein Foto einer Landschaft in eine Zeitung drucken lassen und dieses Foto mit einem Bier in Verbindung bringen: Sein Felsquellwasser hat es berühmt gemacht. Wenn man beginnt, eine solche Anzeige zu analysieren, wird man unter Umständen erkennen, dass das Foto mit Grafikprogrammen bearbeitet wurde, dass es perspektivische Verschiebungen gibt, die Landschaft vielleicht sogar vollständig konstruiert ist: dass es sich also nicht um eine Abbildung einer Realität handelt. Man wird auch ein Layout, eine Rasterung und andere technische Elemente erkennen können, kurz: Man kann eine solche Anzeige dekonstruieren. Aber, und darauf kommt es mir an, damit nimmt man eine besondere und unübliche Haltung zu einem Bild an, man fragt: Wie ist es gemacht, nicht: was stellt es dar. Eine solche kritische Haltung ist allein aus Zeitgründen nur bei sehr wenigen Bildern durchführbar. Jeder Mensch muss die weit überwiegende Zahl der Bilder, die ihm begegnen, hinnehmen, ohne im Normalfall ihre Konstruiertheit hinterfragen zu können.

Am Beispiel des Landschaftsbildes, dass im Zusammenhang mit einer Biermarke gebracht wird, ist auch festzustellen, dass Bilder fast immer im Zusammenhang mit einem Text, mit Sprache, erscheinen. Durch Sprache wird in eine Richtung der Deutung gewiesen: Beim Anschauen der fremden Urlaubsfotos ebenso wie bei Bildern im Museum, bei Dokumentarfilmen ebenso wie bei Anzeigen. In Filmen werden die Bilder durch eine Story gedeutet.

Nur in wenigen experimentellen Filmformen versucht man, ausschließlich die Bilder sprechen zu lassen. Bei Videoclips haben die Schnitte eine rhythmische Bedeutung, die den Gehalt der Bilder oft in den Hintergrund drängt, aber es gibt eine hohe Bereitschaft, auch hier deutende Verbindungen zwischen Bildern und der Musik oder dem Text des jeweiligen Songs zu konstruieren. Auffällig ist genau diese Bereitschaft, die entsprechende Deutung, die einem Bild durch einen Text gegeben wird, auch anzunehmen, selbst wenn es gar keinen Sinn zu machen scheint, wie bei Marcel Prousts berühmtem Beispiel des Bildnisses einer jungen Frau mit der Katalogerläuterung „Ruhendes Dromedar" (vgl. Proust 2004a, S.381). Auch in der Wirtschaftskommunikation kommen nur sehr selten Bilder ohne Text (Print) oder Sprache (Film) vor, weil Bilder allein erheblich mehrdeutiger sind als Text/Sprache. Gerade weil ein Bild mehr als tausend Worte sagt, empfiehlt es sich, seine Bedeutung durch zehn Wörter einzugrenzen. Zudem steigert sinnliche Mehrdimensionalität einer Botschaft ihre Einprägsamkeit.

Es ist hier schon stillschweigend vorausgesetzt worden, dass es sich bei den Bildern, von denen hier die Rede ist, auch tatsächlich um Kommunikation handelt. Das ist vermutlich nicht für alle Bilder und unter allen Umständen zutreffend, sicherlich hängt es auch von der jeweils in Anwendung stehenden Kommunikationstheorie ab, ob Bildern der Status von Kommunikation zuerkannt wird. Mit Luhmann kann als Kriterium gelten, dass Information und Mitteilung unterscheidbar sind, das bedeutet konkret, dass mit den Bilder etwas anderes zum Ausdruck gebracht werden soll, Bilder also ein Mittel sind. Das ist ein Umstand, der im Zusammenhang mit Wirtschaftskommunikation stets unterstellt werden kann.

Bildkommunikation, sagt man, ist voraussetzungsärmer und bequemer aufzunehmen, schafft schneller Orientierung, löst leichter Emotionen aus, wird unkritischer hingenommen und besser behalten. Es liegt auf der Hand, dass diese Art des Umgangs nicht immer gewünscht ist. Ein Beispiel aus einer anderen als der christlichen Kultur macht das deutlich: Islamische Heiratsvermittler zeigen ihrer Klientel erst in einem recht späten

Stadium Bilder der möglichen Partner. „If we give them the photograph, they stop reading the forms and concentrate solely on that" (Sulawesi Post, 24.08.2003). Bilder haben eine sehr viel größere Unmittelbarkeit als Texte. Sagen kann man viel, aber was man sieht, ist wahr. So zumindest unsere evolutionäre Ausstattung, die lange vor dem Bildbearbeitungsprogramm Photoshop ausgebildet wurde.

• Bilder als performative Kommunikation

Das Beispiel illustriert eine weitere kommunikative Eigenart von Bildern, die sie zum Inbegriff performativer Kommunikation machen: Bildern kann man kaum widersprechen und sie sind per se nicht diskursiv. Dafür sind zwei Gründe besonders bedeutsam. Zum einen verfügen Menschen nur über ein sehr begrenztes Vermögen, spontan oder auch nur relativ schnell Bilder zu erzeugen. Zwar lässt sich am Beispiel der Gebärdensprache argumentieren, dass auch im Rahmen der zwischenmenschlichen Kommunikation Wörter eine untergeordnete Rolle spielen könnten. Aber dennoch lässt sich auch mit der Gebärdensprache kein Bild erzeugen, dass eine gleiche Qualität hat wie beispielsweise eine Werbeanzeige. Die Qualität von Bildern entspricht aber der Schlüssigkeit des Arguments in der Wortsprache: Das qualitativ höherwertige Bild – in welcher Dimension auch immer – überzeugt ebenso wie das bessere Argument – mit welchem sprachlichen Mittel es auch immer geführt wird. Neben der fehlenden schnellen Bilderzeugungskapazität von Menschen liegt der zweite gewichtige Grund, aus dem heraus Bilder zumeist performativen Charakter haben, in ihrer Komplexität.

• Bilder als Manipulation

Diese Komplexität konkretisiert sich in der Frage, welchem Aspekt eines Bildes man widersprechen soll. Dem Fluss, dem Wald, dem abgebildeten Wasser, der Zusammenstellung aller drei Elemente? Der damit einhergehenden Assoziation zu bestimmten Gefühlen? Durch Werbeanzeigen werden einem Produkte buchstäblich „untergejubelt" – man sagt zur gesamten Szenerie ja, in der das Produkt nur eine geringe Rolle spielt und deshalb akzeptiert wird. Der Medienwissenschaftler Siegfried J. Schmidt bezeichnet insbesondere Werbefotos deshalb als „imperative Bilder. Sie sagen nicht, wie die Dinge sind, sondern wie sie sein sollen – und eben auch unverzüglich sein können, wenn man nur das angepriesene tut, kauft, fühlt und so weiter" (Schmidt 2000, S.236). Diese Nutzung imperativer Bilder hat eine lange Tradition, wie an einem Beispiel kurz dargestellt werden soll, um zu illustrieren, welche spezifischen Gefahren wiederum der Text für die imperative Kraft der Bilder in sich trägt. Das Mittelalter war eine Zeit mündlicher oder bildlicher Überlieferungen, während lesen und schreiben als Ausnahmefähigkeiten angesehen wurden. Biblische wie sonstige Geschichten wurden dementsprechend entweder erzählt bzw. vorgelesen oder als Bilder illustriert dargeboten. Seit dem 11. Jahrhundert zogen Sänger, Gaukler und Troubadore durch die Lande und trugen Geschichten aus dem Gedächtnis vor. Ebenso wurde öffentlich vorgelesen. Die Bibel wurde popularisiert, in dem Bilderausgaben erstellt wurden. Solche Bilderbibeln, die seit dem 14. Jahrhundert zirkulierten und heutigen Comics nicht unähnlich waren, können als das Programm der etablierten Kirche zur Verbreitung des Glaubens gesehen werden, dessen Gegenprogramm dann die Bibelübersetzung Luthers bildete. Die damals etablierte Kirche verwendete dagegen viel Energie darauf, selbständiges Lesen zu verhindern, denn dieses galt als gefährlich und das Ketzertum fördernd. 1519, zwei Jahre nach Luthers Thesenanschlag, „hatte der römische Theologe Silvester Prierias verkündet, das Buch, auf dem die Kirche gründe, müsse ein Geheimnis bleiben und dürfe nur vom Papst kraft seiner einzigartigen Autorität und Macht ausgelegt werden. Die Ketzer hingegen behaupteten, dass die Menschen das Recht hätten, Gottes Wort selbst zu lesen, ohne Zeugen und Vermittler" (Manguel 1998, S.68f).

In Deutschland ist die Erforschung der Möglichkeiten von Bildkommunikation für wirtschaftliche Zwecke nach wie vor mit dem 1995 verstorbenen Werner Kroeber-Riel verbunden, der für Wirtschaftskommunikation generell mehr Bilder, größere Bilder, farbigere Bilder forderte. Darüber hinaus schloss er an das Modell der schemabezogenen Medienwirkung an. „Schöne und glatte Bilder reichen nicht aus. Es kommt auf ihre psychologische Stärke an, auf das emotionale Schema, das vom Bild getroffen wird" (Kroeber-Riel 1996, S.164).

• assimilative & kontrastive Effekte von Bildern

Zur Möglichkeit der Schemawirkung, die etwa durch Kindergesichter oder rote Lippen ausgelöst wird, kommt als weitere Dimension die Wirkung der Zusammenstellung der einzelnen Bildelemente. Hier kommen zunächst assimilative bzw. kontrastive Effekte zum tragen. Assimilativ bedeutet, dass die bekannte Ausstrahlung sich auf das unbekannte Objekt überträgt: Das Auto profitiert von der Schönheit der Frau. Kontrastiv bedeutet, dass deutlich wird, dass das eine Objekt die Qualitäten des anderen gerade nicht hat: Side by Side oder hübsch und hässlich. Zu unterscheiden sind ferner zwei Arten von Sinnbezügen: solche „die den einzelnen Elementen immanent sind" und solche, „die sich zwischen den Elementen ... entfalten" (Sonderegger 2000, S.251). Mit anderen Worten: Was wird gezeigt und in welcher Konstellation wird es gezeigt? Das Produkt ist dabei dasjenige Objekt, das von der Kenntnis der Bedeutung anderer Objekte profitiert. Das Produkt ist zunächst eine Leerstelle, die dann in die Gesamtbedeutung einer Szene integriert wird. Je bilderreicher die Kommunikation, desto konsumentenorientierter ist sie. Doch auch in der internen Kommunikation oder in der Kommunikation zwischen Unternehmen oder von Verbänden zu Politik sind Bilder von Bedeutung, z.B. als „Leitbilder", deren Zweck in der Orientierung und nicht in der Diskussion liegt.

Auch der Bereich der Marken geht über die Konsumentenansprache hinaus. Marken sind Leitorientierungen für sämtliche Aktivitäten von Unternehmen. Im Zusammenhang mit Marken ist die Rede vom inneren Bild, der Gesamtheit der Assoziation etc. längst vertraut. Leider wird immer noch fast durchgängig vom Markenbild geredet. Der Markenfilm wäre angemessener, weil mit dieser Metapher viel mehr Sinndimensionen berücksichtigt werden könnten und die Statik zugunsten von Dynamik ersetzt würde. „Für die akuten Massenkulturen ist es typisch, dass die bewegten Bilder um vieles lebendiger geworden sind als die meisten unter ihren Betrachtern" (Sloterdijk 1998, S.74).

• Image-Begriff: Sehen + Vorstellen (psychologischer Vorgang)

An Bildkommunikation wird der Mechanismus von Kommunikation insgesamt besonders deutlich: Ein großer Teil der Bedeutung wird im Kopf addiert. Die Psychologie drückt das so aus: „Die Verarbeitung von Informationen aus externen Quellen bezeichnet man als datengetrieben (data driven bzw. bottom up processing), die aus internen Quellen als konzept- beziehungsweise schemagetrieben [...] Die Einflüsse beider Quellen wirken gemeinsam" (Mattenklott 2004, S.624). Schriftsteller formulieren anders: „Selbst der so einfache, `jemanden sehen, den wir kennen´ genannte Vorgang bedeutet zum Teil eine geistige Aktivität. Wir statten die physische Erscheinung des Menschen, den wir sehen, mit all den Vorstellungen aus, die wir von ihm haben, und in dem Gesamtbild, das wir uns machen, spielen diese Vorstellungen sicherlich die Hauptrolle" bemerkt Marcel Proust 1913 (Proust 2004, S.29). Dieses Zusammenspielen von Vorstellung und Gegenstand oder Person wird im Image-Begriff zusammengefasst: „Image ist ein psychologischer Begriff. Man versteht darunter die dynamische Ganzheit der Vorstellungen von etwas – von einem Menschen, einer Ware, einer Firma, einer Institution, einer Kultur oder [...] von der sozialen Wirklichkeit. Images entstehen durch die Verschmelzung von Einflüssen aus zweierlei Quellen: Wirkungen, die aus der Persönlichkeit desjenigen stammen, der sich ein Image bildet (verschiedene Personen sehen dieselbe Sache verschieden), und Wirkungen des Reizes, von dem sich ein Image bildet (dieselbe Person sieht verschiedene Gegebenheiten verschieden)" (Clausen 1964, S.67f).

Damit ist aber lediglich die Wahrnehmungsseite thematisiert. Doch auch die Ausdrucksseite ist von interner Vorverarbeitung abhängig. Die anthropologische Theorie der Bildproduktion stellt heraus: „Nur ein Subjekt mit Vorstellungen kann auch Darstellungen erzeugen; zum Herstellen von Bildern bedarf es der Fähigkeit zur mentalen Bildlichkeit: der Einbildungskraft" (Wiesing 2005, S.19).

Nicht zufällig erläutert auch der Kommunikationsphilosoph Vilem Flusser den Zusammenhang von Fantasie und Subjektivität am Bildermachen. Fantasie gründet sich auf die Einbildungskraft, die „eigenartige Fähigkeit des Menschen, für sich selbst und für andere Menschen Bilder zu machen"

(Flusser 1990, S.141). Philosophiegeschichtlich geht diese privilegierte Beziehung zwischen Bildern und Fantasie auf Platon zurück, der das Bildermachen als „poietike techne" schlechthin bezeichnete (vgl. Ränsch-Trill 1996, S.48). Sofern es um das Erzeugen von Vorstellungen geht, die im Augenblick ihrer Aktualität in jenem von Flusser so bezeichneten Unort der Subjektivität keine sensorischen Entsprechungen aufweisen, sind Fantasien aller sinnlichen Modalitäten denkbar. Der taub weiterkomponierende Beethoven ist das Sinnbild der akustischen Fantasie, auch Gerüche und Geschmacksempfindungen, ebenso wie Tastreize lassen sich vorstellen, ohne dass sie aktuelle Entsprechungen in der Außenwelt haben. Aber offenbar nehmen diese Modalitäten der Fantasie neben der Dominanz der Bilder ein derartig nebensächliches Gebiet ein, dass sie nur in speziellen Studien zum Mittelpunkt des Interesses gemacht werden. So wie das Sehen unser Leitsinn ist, so sind die bildhaften Fantasien unsere Leitfantasien.

Diese Dominanz des Sehsinns in und über fantastischem Erleben erklärt gleichzeitig die Schwierigkeit, in Begriffen oder auch nur Wörtern zu fantasieren. Ob Denken ausschließlich auf Sprache beruht, ist nach wie vor umstritten, aber eine von vielen Forschern vertretene Position. Der Unterschied zwischen Verstand und Fantasie, wie er in der klassischen Philosophie gemacht wird, lässt sich jedenfalls auch verstehen als der Unterschied zwischen begrifflichem und bildhaftem Denken. Die verbindende Funktion der Fantasie, die dem Verstand die Welt zugänglich macht, liegt demzufolge in den Metaphern, jenen Sprachbildern, die einen Zugang zu noch nicht Verstandenem bieten (vgl. Blumenberg 1960). Der Kunstphilosoph Ernesto Grassi sieht sogar das Wesen der gesamten Fantasietätigkeit im Bilden von Metaphern (vgl. Grassi 1979).

Begehren orientiert sich leichter am bereits Sichtbaren als am noch zu Konstruierenden. Glanz ist nur schwer vorstellbar, aber viele Menschen sind sehr empfindlich für fehlenden Glanz als Indiz fehlender Qualität. Das liegt natürlich auch an zunehmend fehlender Sachkenntnis und Erfahrung. Nicht glänzende Äpfel lassen sich kaum verkaufen. Ein gesäuberter Zigarettenautomat, frei von Aufklebern und Graffiti, erreicht im Durchschnitt 6 % mehr Umsatz gegenüber dem schmutzigen Modell. Einen schmutzigen Wagen zu verkaufen ist viel schwerer als einen aufpolierten, Glanz lockt an. Kaum jemand kann sich vorstellen, wie eine jetzt schmutzig und altmodisch gekleidete Person aussähe, wenn sie aufgeputzt wäre. Konsumtive Fantasie dagegen ist allgemein verbreitet: Wie es wäre, diese aufgeputzte Person für sich zu haben, das ist leicht vorstellbar.

Vielleicht verblüfft es, nach allem hier zu Bildkommunikation Gesagtem zu hören, dass die Einbildungskraft durch Verbreitung der Lesefähigkeit wächst. Um ein letztes Mal Proust zu zitieren: „der geniale Einfall des ersten Romanschriftstellers bestand in der Entdeckung, dass in unserem Gefühlsapparat das Bild das einzige wesentliche Element ist…“ (Proust 2004, S.125f). Das Lesen, der Text, erfordert Einbildungskraft, um die Wörter in Bilder umzuformen. Und das ist auch Übungssache. Vorgefertigte Bilder erfordern diesen Schritt nicht. Vorgefertigte Bilder müssen nur aufgenommen und als Identifikationsbilder (so will ich sein) oder Erbauungsbilder (wie schön das ist) klassifiziert werden.

3.4 EINZELASPEKTE

Wie bereits im vorangegangenen Kapitel folgen auch hier einige Einzeldarstellungen ausgewählter Gesichtpunkte und Problemstellungen, deren jeweilige Zuspitzung in einem zusammenhängenden Text vermutlich verloren gegangen wären.

(1) KOMMUNIKATION UND INFORMATION Verpackte Produkte für Endverbraucher sind oftmals kleine kommunikative Meisterleistungen. Zum Beispiel Mineralwasserflaschen: Immer häufiger handelt es sich dabei um dynamisch gestaltete Gebilde mit aufwärts strebenden Linien, ihre Etiketten verbinden unterschiedliche Bedeutung tragende Elemente. Bilder von Gebirgslandschaften zielen ebenso auf Wirkung ab wie der Farbton der Flaschen, weiß, grün oder leicht bläulich. Kalte Farben – die natürlich nicht kalt sind, sondern kalt wirken, also: Assoziationen zu Kühle auslö-

sen. Im Idealfall, der zum Normalfall geworden ist, bleibt an einer solchen Verpackung nichts ohne Absicht. Fast alles, was an der Verpackung sichtbar ist, soll für Konsumenten verstehbare Botschaften tragen – nicht das Mineralwasser, sondern das Wasser und die jeweilige Verpackung bilden zusammen das Produkt, das gekauft und konsumiert wird.

Neben den genannten, offensichtlich werbenden Elementen finden sich scheinbar neutrale Information über die chemische Zusammensetzung, über den Inhalt und die Haltbarkeit. Es ließe sich versuchsweise argumentieren, dass es sich dabei um den informativen, objektiven und somit nicht werbenden Teil der Verpackungsinformation handelt. Normalerweise sind diese Angaben in der Tat zuverlässig und nachmessbar – aber dennoch in kommunikativer Absicht gestaltet. Denn sie sind in der Regel absichtsvoll platziert und je nach besonderem Interesse des Unternehmens ausführlich oder reduziert gehalten, um für das Produkt einzunehmen. Zum Beispiel befinden sich auf Grund gesetzlicher Vorschriften Füllmengenangaben auf jeder Verpackung – aber diese Angaben sind ebenso wie auch Preise gestalterischer Präsentation unterworfen. Wenn eine Packung 500g enthielt, wird die Reduktion auf 400g anders präsentiert werden als die Erhöhung auf 600g.

Auf jeder Verpackung findet sich allerdings auch eine dritte Art von Informationen, die in Regel für den Konsumenten unlesbare, teils sogar verborgen bleibt. Dazu gehört der Bar-Code, der quasi das Fenster in eine ganz anders strukturierte Welt der Zahlen, der logistischen Abläufe und der Verrechnungen darstellt. Der Bar-Code bezieht sich auf das jeweilige Produkt, aber nicht auf das Einzelstück. Jede einzelne Flasche ist zudem mit einer Produktionsnummer versehen. Eine weitere kleine Zahl mag angeben, aus welcher Form die Flasche gespritzt wurde, das Etikett trägt Hinweise zu Beschnitt und Farben, die nur für die Druckerei von Bedeutung sind. Selbst an der Innenseite des Schraubverschlusses verbirgt sich eine Nummer. Diese Zahlen, Ziffern und Striche produzieren die um Eindeutigkeit bemühte, nicht kommunikative Tiefenstruktur wirtschaftlicher

Informationsflüsse. Mit ihrer Hilfe ermitteln Händler, wie viel sie verkauft haben, kontrollieren Produzenten ihre Lager, kann auch nach Jahren der genaue Produktionszeitpunkt einer weggeworfenen Flasche rekonstruiert werden. Wenn es so etwas wie eine reine Wirtschaft gibt, dann wird sie durch diese Zahlencodes auf den Verpackungen symbolisiert. Diese andere Seite der Verpackungen macht klar, dass sich eine äußerliche kommunikative Hülle der Wirtschaft beschreiben lässt, die einerseits untrennbar mit den Waren verbunden zu sein scheint, die aber andererseits erst in der Vorstellungswelt der Adressaten Relevanz entfaltet. Denn es ist zu vermuten, dass diese äußere kommunikative Hülle der Wirtschaft, die Bilder und die Rhetorik, die Serviervorschläge und Anpreisungen, für den betriebswirtschaftlichen Ablauf in den Unternehmen eher verwirrend ist. So erklärt sich, weshalb viele Menschen, die in Unternehmen verantwortliche Positionen einnehmen, eine Abneigung gegen werbende Aussagen hegen. Ein Unternehmen darf nicht an seine eigene Werbung glauben. Und diejenigen, die Produkte gestalten, müssen sich vom Anblick lösen, den die Produktionsstätten tatsächlich bilden: Mit einer Abfüllanlage in Buxtehude lässt sich nicht für einen rumbasierten Szene-Drink werben, und eine Abbildung der Quelle von San Pellegrino wird auf der Flasche mit gutem Grund vermieden.

(2) LAPIDAR, AUFWÄNDIG, TEUER In fast allen konkreten Arbeitsfeldern der Werbung lässt sich die gleiche Beobachtung machen: Auf die Gestaltung relativ simpler, scheinbar intellektuell wenig herausfordernder Gegenstände wie Werbeanzeigen, Pressemitteilungen oder Produktverpackungen wird viel Zeit, Geld und Energie verwendet. Trotz der Verbreitung der Marketingterminologie auch über betriebswirtschaftliche Kontexte hinaus bis in die Schönheitstipps von Illustrierten bleibt die professionelle Entwicklung und Steuerung der Kommunikation von Unternehmen oder anderen größeren Organisationen ein schwieriges und verblüffend zeitraubendes Geschäft.

Hinter jedem einzelnen Werbespot steht ein beträchtliches Investitionsvolumen, eine Vielzahl verworfener Vorschläge, komplexe Abstimmungsprozesse in Unternehmen, Markt- und Konkurrenzanalysen sowie aufwendige kreative, technische und logistische Prozesse. Ein Werbespot für Margarine, 30 Sekunden Ausstrahlungszeit, Produktionskosten günstig, geschätzt 300.000 Euro, Vorbereitungszeit von der Entscheidung, einen neuen Spot zu machen bis zu Erstausstrahlung sechs Monate, Laufzeit zwei, drei Jahre. Ein „Stück Wirtschaftskommunikation", das für ein Unternehmen mit beträchtlichen Kosten verbunden ist. Um den Gesamtaufwand einzuschätzen, der rund um einen solchen Spot entsteht, muss einiges an Geld zu den reinen Produktionskosten gerechnet werden, die entstehen, wenn aus einem zur Verwirklichung beschlossenen Treatment ein echter Werbefilm wird. Als große Posten sind zu nennen: Das interne Personal, Agenturhonorare und vor allem die Schaltkosten, die für die Ausstrahlung an die jeweiligen Sender zu zahlen sind. Ein relevanter Etat, mit dem in ganz Deutschland Fernsehwerbung betrieben werden soll, liegt bei 10 Mio. Euro, unter 3 Mio. Euro sollte man eigentlich gar nicht anfangen, besagt eine Faustregel. Demzufolge wohnt ein Zuschauer oder eine Zuschauerin während der 30 Sekunden bei SAT 1, in denen die kleinen Geschichten zum Beispiel um die Marke Rama ausgestrahlt werden, der Investition von vielleicht 10.000 Euro, also gut und gern vier durchschnittlichen Netto-Monatsgehältern bei. Und dies circa 16 Mal in sieben Minuten.

(3) ZIELGRUPPEN UND ALLE ANDEREN Als typisch für Marketing und Werbung ist die gemeinsame „Orientierung an segmentierten Käufermärkten [...] Dies entspricht einer strategischen, das heißt einer planvollen Grundorientierung und Handlungsausrichtung an sozial distinktiven Großgruppen" (Hölscher 2002, S.482). Märkte, das Orientierungsfeld der Produktion, sind jedoch keine Gruppen.

Die Gestaltung von Werbung berücksichtigt in der Regel, dass sie sich an ein bestimmtes mediales Teilpublikum richtet, das idealerweise mit der Gruppe von Personen übereinstimmen sollte, die für ein bestimmtes Produkt als Käufer oder Verwender in Frage kommt. Auch an dieser Stelle zeigt sich, dass Werbung als Kommunikation nicht ohne weiteres mit den Mitteln und Begriffen des Marketings zu erfassen ist. Dort spricht man in der Regel (vgl. etwa Meffert 2000) von Zielmärkten und nicht von Zielgruppen, denn im Marketing gilt es viel stärker, ein Angebot im Zusammenhang mit den konkurrierenden, sachlichen Angeboten zu sehen und dann auf den Markt abgestimmt zu präsentieren, während es bei Kommunikation um ganz andere Angebotsstrukturen geht und hier das Wissen um die Personen und ihre sozialen Bezüge von großer Bedeutung für die Gestaltung ist. Unter den Bedingungen eines Käufermarktes und eines immer größer werdenden Angebots an Werbung spätestens seit der Einführung des Privatfernsehens in den frühen 80er Jahren des 20.Jahrhunderts ist die These populär geworden, dass der „Produktwettbewerb immer stärker zum Kommunikationswettbewerb werde“ (Schmidt/Spieß 1996, S.51). Um in einem solchen Wettbewerb die eigenen Position zu verbessern, schränkt sich Werbung in ihrem Wirkanspruch von vornherein auf eine nach Möglichkeit gut eingrenzbare und in ihren Erwartungen, Vorlieben und Lebensstilen homogene Gruppe ein (vgl. Hölscher 2002, S.482f). Zwar ist es auch für der Werbung ähnliche Kommunikationsformen typisch, dass sie sich an bestimmte Rezeptionsgruppen richten. Das trifft zum Beispiel auf die Kunst allgemein zu, sicherlich auch auf den Journalismus oder, um ein typisches Beispiel aus der Wirtschaft zu nehmen, auf das interne Berichtswesen. Aber keine dieser Kommunikationsformen ist bereits in ihrer Selbstdefinition davon bestimmt, für eine bestimmte Gruppe gemäß deren Erwartung zu kommunizieren. Insofern ist die Zielgruppenorientierung der Werbung ebenfalls eines ihrer herausragenden Charakteristika. Die Kommunikationsempfänger sind unterschiedlich und zudem meist nicht alle gemeint. Als medialen Streuverlust bezeichnet man den Umstand, dass Werbung auch von denen empfangen wird, an die sie sich nicht richtet. Möglicherweise ist ein entscheidender Grund für das allgemeine Ressentiment gegen Werbung auch darin zu suchen, dass wir mit so viel Werbung konfrontiert werden, die gar nicht für uns gedacht war.

(4) KONFRONTATION, PRODUKTION, REFLEKTION Idealtypisch können drei Weisen des Verhältnisses zu Wirtschaftskommunikation unterschieden werden: Konfrontation, Produktion und Reflektion. Im Verhältnis der Konfrontation ist eine Person einem irgendwie ausgeformten Wirkungskalkül gegenübergestellt und kann auf die Wirkungsabsichten nicht zugreifen. Konfrontation entspricht dem Beiwohnen einer Aufführung, wie unter 3.2. erläutert. Die idealtypische Situation der Produktion ist anders strukturiert. Bei der Produktion geht es darum, solche Strategien, Taktiken und daraus folgend Maßnahmen zu gestalten und zu realisieren, die dann bei der Konfrontation im Hinblick auf eine bestimmte Zielgruppe gewisse, in der Regel vorher festgelegte Wirkungen erzielen sollen. Auch hier können natürlich Fehler und falsche Vorstellung beobachtet werden, es können Irrtümer und Annahmen auftreten, die sich dann als nicht richtig erweisen. Aber das ändert nichts an der Grundsituation.

Diese Unterscheidung ist vergleichbar mit der Unterscheidung zwischen Proben und Vorstellungen eines Theaterstücks, mit der Produktion und der Vorführung von Filmen, vielleicht auch mit dem Training und dem Wettkampf. In beiden Phasen wird mit dem gleichen Material gearbeitet, aber immer hat die erste Phase einen hohen Freiheitsgrad, die zweite einen geringen Freiheitsgrad: Die Proben sind frei, die Vorstellung ist immer gleich, aber es geht beide Male um Darstellung.

Schließlich die Ebene der Reflektion. Der herausragende Aspekt ist hier die wirtschaftliche Reflektion, die auch den Alltag der Wirtschaftskommunikation bestimmt. Die Entwicklung und Veröffentlichung von Werbung wird weit überwiegend von Wirtschaftsunternehmen bezahlt, sie steht „im Dienst kommerzieller Absichten“ (Bruhn 2005, S.3). Natürlich gibt es auch Beobachter, die aus anderen als der wirtschaftlichen Perspektive auf die Wirtschaftskommunikation schauen: Germanisten, die Untersuchungen über die Werbesprache durchführen, Kunsthistoriker, die eine Geschichte des Werbeplakats schreiben, kritische Psychologen, die auf krankmachendes Mobbing oder auf negative Einflüsse des Konsumterrors hinweisen. In den Handlungskalkülen von Unternehmen und damit im Entstehungsfeld der Wirtschaftskommunikation schlagen sich diese Erkenntnisse allerdings nur dann nieder, wenn ihnen plausibel wirtschaftliche Relevanz beigelegt wird. Denn die Wirtschaft hat kein Interesse an der Weiterentwicklung der Germanistik, der Kunstgeschichte, der Psychologie an sich, sondern nur, sofern sich davon wirtschaftlich profitieren lässt. Kommunikationstheoretisches Wissen findet unter der Voraussetzung funktionaler Differenzierung in wirtschaftlichen Kontexten nur dann Berücksichtigung, wenn es so formuliert werden kann, dass seine mögliche wirtschaftliche Relevanz erkennbar wird. Sofern zum Beispiel Werbung wirkt oder nicht wirkt und daraufhin ersetzt wird, ist auch das betriebswirtschaftliche Interesse daran erloschen.

Man sagt zwar, dass der Erfolg jemandem Recht geben kann. Aber selbstverständlich ist nicht etwas allein deshalb „rechtens", also ethisch vertretbar, weil es wirtschaftlich erfolgreich ist. Ansonsten hätte die italienische Mafia sehr Recht. Es bedarf also zur Reflektion der Wirtschaftskommunikation – wie auch aller anderer systemischer Abläufe – einer Beobachtungsebene, die sowohl das System als auch seine Umwelten in den Blick nehmen kann. Diese Perspektive ist traditionell die Ethik.

• Ethik vs. wirtschaftlich richtiges Handeln

Nimmt man diese beiden Aspekte ernst, ergeben sich zwei zueinander in Spannung stehende Fragerichtungen. Zum einen die ethische Fragerichtung: Ist dieses oder jenes gut oder nicht gut bzw. böse? Was sollen wir – und die anderen – tun, um nicht böse zu handeln? Hier ist natürlich das große Problem die Frage, was als gut und böse zu sehen ist, welches Anspruchsniveau anzulegen ist, und wie dieses Anspruchsniveau sich verändert, je nach dem, wer als Referenz in den Blick genommen wird: Für mich gut, für alle gut – wobei die guten Absichten für gute Effekte nicht notwendig sind und nicht für sie garantieren, wie bereits Bernard Mandeville 1723 mit seiner Bienenfabel gezeigt hat (vgl. Mandeville 1988). Zum anderen gibt es die strategisch-managementorientierte Metaebene. Hier stellt sich die zunächst sehr viel klarer erscheinende Frage: Wie machen wir Gewinn?

Also: Wie treffen wir richtige Entscheidungen? Wer allerdings selbst in wirtschaftlichen Entscheidungssituationen steht weiß, dass es tatsächlich gar nicht so viel leichter ist, richtige Entscheidungen zu treffen als gute Entscheidungen durchzusetzen. Die Beobachtungsaufgabe für das eigene Handeln richtet sich also auf die Frage nach dem wirtschaftlich richtigen und ethisch guten Handeln, mit all den Schwierigkeiten, die darin liegen. Selbstverständlich ist diese Metaanforderung der Reflektion belastend – aber sie ist unvermeidbar, will man nicht Zynismus zum Normalfall erklären.

(5) WIRKUNG UND MITWIRKUNG Man darf sich die Wirkung von Kommunikation nicht als direkte Wirkung im Sinne eines Befehl-Ausführens vorstellen. Es wäre verheerend, wenn Kommunikation so direkt wirksam sein könnte. Sie ist es auch bei den Befehlen nicht, die doch nur wegen der sozialen Situation und nicht wegen der Kommunikation an sich befolgt werden; direkte Wirkung haben vermutlich nur Befehle unter Hypnose – und das zeigt die Einschränkung der Kommunikationswirkung: Normalerweise muss ich zustimmen, wenn Wirkung erzeugt werden soll. Kommunikation muss durch Annahme und Ablehnung gefiltert werden, um nicht wie ein Gift zu wirken. Auch Wirtschaftskommunikation ist demzufolge in hohem Maße auf das freiwillige Mitwirken der Rezipienten angewiesen. Diese Mitwirkung kann in vier Stufen dargestellt werden, die von weitem an die Folge der AIDA-Formel erinnern, aber im Hinblick auf Kommunikation und Freiwilligkeit spezifiziert werden. Folgendes Beispiel soll die Darstellung einführen:

Bsp: Nicht sofortige Wirkung der Kommunikation führt doch zur Annahme

Ein Obst- und Gemüsestand. Der südländische Händler schreit laut und preist scheinbar seine Ware an, man versteht jedoch irgendwie nur „Kirschen“, aber nicht genau was und wie. Auf meinen professoralen Hinweis, dass er doch deutlicher sprechen solle, man versteh ja gar nicht, was er da genau anbiete, sagt er mir in leiser, klarer Stimme: „Das ist ja der Trick. Wenn die Leute gleich verstehen, gehen sie weiter. Wenn sie nur etwas, aber nicht alles mitbekommen, bleiben sie stehen und überlegen. Und dann kriege ich sie“.

(a) Menschen müssen zunächst einmal überhaupt wahrnehmen, dass kommuniziert wird. Dazu können sie zwar noch am ehesten gezwungen werden. Aber schon hier gibt es auch Widerstände: Vor der Reklame, dem lauten Schreien, kann man zwar die Ohren nicht immer verschließen, aber durch die Lautstärke ist man auch gewarnt, man kann die Kommunikation deshalb eher kritisch betrachten oder gar ablehnen. Das trifft ebenso auf andere schwer zu ignorierende Reize zu, Schlüsselreize, nackte Menschen, Babys: Man wird leicht hinsehen, aber nicht unbedingt angenehm berührt sein. Begreift man Aufmerksamkeit so, denkt man kurz: Es ist die berühmte „Zeigt-doch-einfach-Titten"–Aufmerksamkeit. Aufmerksamkeit soll der Wirtschaftskommunikation dazu dienen, Verhalten zu verändern oder ein unerwünschtes Verhalten zu verhindern. In der Regel heißt das: es sollen neue Verwender gewonnen und bisherige Verwender am Abwandern gehindert werden. Es ist stets eine selektive Aufmerksamkeit, die die Aufmerksamkeit auf das beworbene Produkt, in der Regel sogar nur auf bestimmte Elemente dieses Produktes, lenken und von anderen Produkten ablenken soll. „Wir Menschen können Routinehandlungen ohne Aufmerksamkeitsbewusstsein ausführen, aber für das Umschalten auf neue Verhaltensweisen benötigen wir Bewusstsein" (Roth 2003, S.53). Aufmerksamkeit als attention-getting reicht jedoch nicht für eine erwünschte Wirkung, wenn kein Interest folgt: Ich bemerke das Wechselplakat, es ist neu und bewegt, aber es interessiert mich nicht, dass es ein neues Waschmittel gibt – weil ich nicht wasche.

„Werbung wirkt ja heute als solche eher als Degenerator von Aufmerksamkeit" (Willems 2002, S.79). Dennoch bleibt Aufmerksamkeit eine der elementaren Voraussetzungen für die Wirkung von Werbung. Wie auch immer Aufmerksamkeit ausgeprägt ist, ob als attention, dem sinnlichen Aufmerksamwerden, etwa durch Knall oder Bewegung, Farben oder Formen, oder als awareness, dem interessegeleiteten Aufmerksamsein (vgl. Franck 1998) – Kommunikation, die nicht bemerkt wird, kann kaum im gewünschten Sinn wirken – abgesehen vielleicht von der sehr umstrittenen subliminaren Werbewirkung. Oft werden Dinge übersehen, die direkt vor

Augen liegen. Was gesehen wird, ist abhängig von der Aufmerksamkeit, „weil Auffälligkeit keine absolute Eigenschaft eines Reizes ist“ (Mattenklott 2004, S.624). „Affektive Gestimmtheiten beeinflussen zudem ständig den Fokus der Aufmerksamkeit“ (Ciompi 2004, S.31).

· attention and awareness / Verstehen

(b) In der zweiten Stufe müssen Menschen etwas verstehen, das heißt, sie müssen bemerken, dass der Reiz eine Bedeutung für sie haben kann, dass es einen Unterschied zwischen Information und Mitteilung gibt. Dabei besteht natürlich zum einen die Gefahr des Missverständnisses, was aus Sicht des Unternehmens ein solches Verständnis ist, dass nicht ihrer Intention folgt. Aber am Kirschenbeispiel zeigt sich, dass zwar z.B. das mögliche Missverständnis „der Mann ist aggressiv und schreit mich an“ vermieden werden muss, aber es gar nicht sofort nötig ist, dass das genaue Angebot verstanden wird: „Da wird was billig angeboten“ reicht in diesem Fall schon. So wird attention mit awareness in Beziehung gebracht. Auch dieses kann und soll durch Wirtschaftskommunikation stimuliert, kann aber nicht erzwungen werden.

· Annahme oder Ablehnung der Kommunikation

(c) Die dritte Stufe ist die kommunikative positive Annahme der Bedeutung: Ja, ich finde das gut, was ich verstanden habe. Ich habe eine Präferenz etc. Auch dieses muss der Konsument von sich aus tun. Ich kann ihn nicht zwingen, das Angebot gut zu finden, selbst wenn es das rationalste denkbare Angebot ist. Er kann immer ablehnen, weil er mich nicht mag, oder einfach, weil er ablehnen will. Jesus wurde von den einen gekreuzigt und von den anderen angebetet, obwohl beide Gruppen das Gleiche von ihm gehört haben. Es gibt nichts und niemanden, das von allen angenommen wird. Annahme ist immer relational zu sehen, nie absolut. Wirtschaft versucht das durch den Gedanken der Zielgruppe zu berücksichtigen. Bei manchen Werbemaßnahmen reicht es, diese dritte Stufe auszulösen (nicht: zu erzeugen). Zum Beispiel müssen viel mehr Menschen einen Porsche für ein tolles Auto halten als letztlich einen Porsche kaufen sollen.

• Umwandlung in Handlung

(d) Die vierte Stufe schließlich ist die Umwandlung der Annahme in eine Handlung, zumeist den Kauf. Auch dies geschieht letztlich freiwillig. Niemand kann unter normalen Umständen zum Kauf gezwungen werden. Bei Einkaufen geschieht hier ein Kategoriensprung: Vom Kommunikativen zum Sachlich-Finanziellen, also von der Anpreisung zum Kauf der Kirschen. Aber die Umwandlung in Handlung kann auch innerhalb des kommunikativen Geschehens bleiben, zum Beispiel, wenn es sich um mediale Angebote handelt.

• Anerkennung durch Kunden

Sendungen, die keine hinreichende Zuschauerzahl an sich ziehen und dies auch für die nahe Zukunft nicht erwarten lassen, werden auf schlechte Sendeplätze verschoben oder ganz aus dem Programm entfernt: „Der Kampf um Anerkennung wandelt sich unter Bedingungen des Marktsystems zur Konkurrenz um einen Dritten, nämlich den Kunden“ (Bolz 2002, S.15).

• Kritik an Massenmedien

Viel Kritik hat sich in diesem Zusammenhang an dem vermeintlichen Warencharakter der Massenmedien entzündet, doch „ihre Auswirkungen auf Gesellschaft, Kultur und Persönlichkeit werden nicht weiter untersucht, weil sie schon von vornherein gesetzt sind: als Manipulation, als Entfremdung [...] zwei entscheidende medientheoretischen Einsichten bleiben [...] ungenutzt: erstens die Einsicht, dass massenmediale Kommunikation einer verdeckten Eigenlogik der Medien folgt, zweitens die Einsicht, dass massenmediale Kommunikation die praktische, aktive Teilhabe der Medienrezipienten impliziert“ (Wenzel 2001, S.76).

Das Programm funktioniert als Angebot des Senders, aber die Zuschauer folgen diesem Angebot stets nur fragmentarisch. Der Fernsehabend folgt nicht einem Sender, sondern dem selbstkonstruierten Fluss, dem flow, durch die Angebote aller Sender. So gleicht kein Fernsehabend dem anderen, jeder Zuschauer baut sich seinen eigenen Fernsehabend.

a) 1. Wahrnehmung
b) 2. Vestellen
c) 3. Annehmen
d) 4. Handeln -> Kauf

(6) KOMMUNIKATIVES HANDELN In seiner „Theorie kommunikativen Handelns" stellt der Philosoph und Soziologe Jürgen Habermas zwei unterschiedliche Ausprägungen eines (an der gleich zitierten Stelle ausschließlich auf die Verwendung deskriptiven Wissens bezogenen) Rationalitätsbegriffs gegeneinander, zum einen den Begriff einer „kognitiv-instrumentelle Rationalität [...] Er führt die Konnotationen erfolgreicher Selbstbehauptung mit sich, welche durch informierte Verfügung über, und intelligente Anpassung an Bedingungen einer kontingenten Umwelt ermöglicht wird", zum anderen kann vom „Begriff kommunikativer Rationalität" gesagt werden, dass er Konnotationen mit sich führt, „die letztlich zurückgehen auf die zentrale Erfahrung der zwanglos einigenden, konsensstiftenden Kraft argumentativer Rede" (Habermas 1987, S.28). Habermas kann sich in der zitierten Stelle und auch in ihrem Umfeld nicht genug tun mit Einschränkungen, Vorbehalten und Absicherungen, streicht man jedoch all diese ins Eventuelle zielenden Vorbehalte, so erscheint die Vermutung, dass sich ein strategisch-instrumentelles und ein kommunikatives Handeln voneinander unterscheiden lassen. Natürlich weiß Habermas, dass auch strategisches Handeln auf Elementen beruhen kann, die im allgemeinen Verständnis kommunikativer Art sind, letztlich ist seine Auffassung von kommunikativem Handeln aber durch die Konsenssuche freier, vernünftiger und gutmeinender Diskursteilnehmer bestimmt. Strategische Kommunikation dient dagegen der Handlungsabstimmung, ohne dabei auf Verständigung oder Sinnverstehen zu zielen – genau darin liegt ihre besondere Leistungsfähigkeit (vgl. Habermas 1987, S.156). Werbung ist demzufolge für Habermas strategisch-instrumentelles Handeln mit kommunikativen Mitteln. Werbung ist auf Selbstbehauptung, nicht auf Konsens ausgelegt. Dabei muss zweierlei unterstrichen werden: Zum einen ist bedeutsam, dass bei derartiger strategischer Kommunikation beide Kommunikationspartner einem Durchsetzungskalkül folgen: sowohl der werbende Teil als auch der beworbene Teil der Kommunikation wollen profitieren. Zum anderen kann davon ausgegangen werden, dass das Prinzip strategischen Handelns allgemein bekannt und vertraut ist: „Jeder sozial Handelnde weiß in der Tat im Alltag genau, ob sein Interaktionspartner sich `strategisch´ oder `kommunikativ´ verhält und es gehört zur sozialen Kompetenzausstattung von Erwachsenen, zu wissen, welchem sozialen Ort welche Handlungsorientierung angemessen ist“ (Dubiel 2001, S.105). Habermas selbst geht sogar soweit, in dieser Hinsicht Werbung für in gewisser Weise ehrlicher zu halten, als etwa PR: „Private Werbung wendet sich jeweils an andere Privatleute, soweit sie als Verbraucher in frage kommen; der Adressat der Public Relations ist die `öffentliche Meinung´, sind die Privatleute als Publikum und nicht als Konsumenten unmittelbar. Der Absender kaschiert, in der Rolle eines am öffentlichen Wohl Interessierten, seine geschäftlichen Absichten“ (Habermas 1962, S.212).

(7) EMOTIONALE KOMMUNIKATION Gewöhnlich werden zwei Arten der Gestaltung emotionaler Werbung unterschieden, die auf zwei unterschiedliche Wirkmechanismen zielen. Die erste dieser Arten ist die transformelle Werbung, die charakterisiert ist durch „die Darstellung angenehmer Gefühle durch den Besitz oder die Nutzung von beworbenen Produkten“ (Mattenklott 2004, S.631): Weil ich etwas habe oder benutze, geht es mir gut. Damit diese Form der Werbung wirkt, muss sie den Betrachter dazu bringen, Fantasien zu entwickeln. Wie wird es sein, wenn ich – an Stelle der dargestellten Person – dieses Produkt habe? Diese Fantasien äußern sich in positiven Emotionen, die allerdings dann abklingen, wenn sie durch äußere Erlebnisse gestützt werden müssen. Mit anderen Worten: Der Besitz des Produktes fordert den Realitätstest. Die durch die Realität erzeugten Emotionen sind allerdings andere, nämlich datengestützte Emotionen, als diejenigen, die rein konzeptuell-imaginativ entwickelt wurden. Sie können deshalb nicht dieselben Emotionen sein, obwohl sie, im glücklichsten Fall, gleichwertig sind. „Wer etwas fühlt, muss es eben noch nicht wissen. Und wer es weiß, fühlt es dann möglicherweise schon nicht mehr“ (Baecker 2004, S.15). Werbung könnte demzufolge aufgefasst werden als die Vorführung eines generativen Mechanismus für Gefühle: Tue dies und Du fühlst das (dies ist aber nicht hinreichend, denn zum Tun muss die Imagination hinzutreten, damit überhaupt Emotionen entstehen). Dennoch scheint zu gelten, dass transformationelle Werbung dauerhaft nur dann

wirkt, „wenn der Kunde den von der Werbung versprochenen Vorteil im wirklichen Leben auch erfährt“ (Mattenklott 2004a, S.123).

• 2.: positive Gefühle durch Vorstellung

Die zweite Art der Emotionalisierung zielt nicht primär auf die Übertragung von Gefühlen, die bei der Nutzung des Produktes beobachtet wurden, sondern viel weitergehender auf positive Gefühle gegenüber der Inszenierung der Werbung im Ganzen. Dabei ist natürlich nicht ausgeschlossen, dass auch die emotionale Nutzung des Produktes in die Szene eingebettet erscheint, die aber insgesamt gemocht werden soll. „Wenn der Rezipient/die Rezipientin eine Werbeanzeige oder einen Werbespot mag, wirkt sich das direkt auf die Einstellung zur Marke aus“ (Mattenklott 2004, S.633).

• 3.: emotionale Ansteckung

Sehr griffig werden die hier benannten und auch andere Formen der Emotionalisierung von Ciompi auf die Wirksamkeit des „biologischen Grundphänomens der emotionalen Ansteckung“ (Ciompi 2004, S.29) zurückgeführt.

Wirtschaftskommunikation im beschriebenen Sinn ist in hohem Maße asymmetrische Kommunikation, denn sie ist sachlich von der produzierenden Wirtschaft dominiert und nicht an Antworten, sondern an Reaktionen interessiert. Das bedeutet nicht, dass die Rezipientenseite ohne Bedeutung, Aktivität oder gar ohne Macht ist. Im Gegenteil: In der Überflussgesellschaft kann niemand gezwungen werden zu kaufen. Konsumenten und andere Empfänger wirtschaftlicher Angebote haben immer die Möglichkeit, diese einfach abzulehnen. Das geschieht im Einzelfall viel häufiger, als das Gegenteil, die Annahme eines Kommunikations- oder Kaufangebots. Bei jedem Einkaufsbummel wird viel mehr nicht gekauft als gekauft. Der Erfolgsfall der Wirtschaftskommunikation ist also der Ausnahmefall. Erst in der Summe werden diese Ausnahmefälle zu einem Unternehmenserfolg.

Die Wirtschaftskommunikation heutiger Prägung hat in vormassenmedialer Zeit zwei Anknüpfungspunkte. Ein Verhalten, das Aufmerksamkeitsgewinnung und Zielorientierung verband, fand man außerhalb rein wirtschaftlicher Zusammenhänge etwa durch das Läuten von Kirchenglocken und die Gepflogenheiten der Brautwerbung, innerwirtschaftlich in der Anpreisung von Waren zum Kauf. Beide Formen vor Augen wird gern behauptet, Werbung habe es schon immer gegeben: „Wo immer Waren im Überfluss vorhanden waren, wurde geworben" (Bendel 1998, S.32), für den außerwirtschaftlichen Bereich wird sogar gern bis auf die biblische Verführungsgeschichte Evas durch die Schlange zurückgegangen. Selbst bis ins Tierreich hinein lässt sich die werbende Haltung verfolgen: Das Balzen der Vogelmännchen, der Rad schlagende Pfau, der rote Pavianhintern. Definiert man Werbung ganz allgemein als „zweckbezogene Beeinflussung mit zwanglosen Mitteln" (Schwalbe 1999, S.9), so fallen alle hier genannten Beispiele tatsächlich darunter, egal ob in inner- oder in außerwirtschaftlicher Ausprägung. Und doch werden sie dem nicht gerecht, was heute unter Wirtschaftskommunikation zu verstehen ist. Wirtschaftskommunikation heutiger Prägung unterscheidet sich von seinen Vorläufern durch zwei charakteristische Unterschiede: sie ist zum einen massenmedial geprägt und zum anderen systemisch vernetzt.

In Deutschland setzt diese neue, massenmedial getragene Entwicklung in der Wirtschaftskommunikation, verglichen mit Großbritannien, erst relativ spät im 19. Jahrhundert ein. In den Münchener Neuesten Nachrichten wurden im Jahre 1848 rund 14.000 Inserate aufgegeben, im Jahre 1899 waren es bereits knapp 300.000 (Schwalbe 1999, S.15). Zweifellos hatten daran die Werbeagenturen und die von ihnen unterstützte Kommunikationskonkurrenz einen maßgeblichen Anteil. Hinzu kam das Aufkommen erklärungsbedürftiger Produkte: „Sie mussten für sich werben, weil sich ihr Nutzen nicht mehr von selbst ergab" (Borscheid 1995, S.33). Dennoch lässt sich so allein nicht das so rasante Wachstum der Werbung erklären. Borscheid deutet eine andere Erklärung an: „Der Rückzug des Staates gab der Fantasie den Weg frei, und aus der öffentlichen Anzeige wurde die Reklame" (Borscheid 1995, S. 34). Aber: Woher kam diese Fantasie? Die Marketing- und Kommunikationswissenschaftlerin Karin Kirchner formuliert die „Überlegung, dass soziale Wirklichkeit zunehmend durch Kommunikationsprozesse, bzw. durch die Beschaffung von Wissens- und Glaubensstrukturen auf fiktionaler Basis konstruiert werden muss" (Kirchner 2001, S. 114). Der Philosoph Norbert Bolz schließlich geht so weit zu behaupten: „Wenn eine bestimmte Schwelle zivilisatorischer Sättigung überschritten ist, spielt sich alles Entscheidende nur noch im Kopf ab" (Bolz 2002, S.107).

Geschichtliches Interesse ist in der Welt der Wirtschaft bestenfalls im Zusammenhang mit Jubiläen oder als Bestandteil des Sponsorings akzeptiert. Viel zu sehr muss man gegen das permanente Veralten aller Leistungen ankämpfen, Innovation ist auf die Zukunft, nicht auf die Vergangenheit gerichtet. Was für die gesamte Wirtschaft gilt, ist für die kommerzielle Kommunikation noch viel wahrer. Was ist uninteressanter als die abgelöste Kampagne, der alte Geschäftsbericht, die Prospekte vom vergangenen Jahr? Marken mit Geschichte? Sicher, gibt es sie – aber auch von ihnen wird verlangt, sich permanent neu zu erfinden und nicht etwa nach hinten zu blicken und sich wohlmöglich auf den Lorbeeren auszuruhen: „Wer morgen kommuniziert wie heute, der ist übermorgen von vorgestern“ – sagt man.

Ein Ende dieser Fixierung der Wirtschaft auf das Neue, auf Veränderung und Innovation ist vorerst nicht in Sicht. Daran ändert weder die Ernüchterung nach dem Internet-Boom der Jahrtausendwende etwas, noch die aus der Reflexion dieser Erfahrung abgeleiteten Szenarien des Ankommens (vgl. Schulze 2002) oder – negativ formuliert – des Stillstands. Unser Wirtschaftssystem beruht auf Konkurrenz, Konkurrenz beruht auf Erneuerung. Eine Insel der Seligen, die sich nur noch kontemplativ der Erforschung der eigenen Geschichte widmet, wird sehr schnell von den Flotten der umliegenden Nationen eingenommen werden. Wirtschaft und kommerzielle Kommunikation haben keine Zeit für Geschichte, beide müssen sich permanent erneuern – das ist und das bleibt richtig. Sofern es die Oberflächen, also die einzelnen Kampagnen und Strategien, Bildauffassungen und Logos, Texte und Corporate Wordings betrifft. Eine umfassende Geschichte dieser Oberflächenveränderungen zu schreiben ist vermutlich genauso unmöglich wie unsinnig – ebenso wie die Kenntnis aller Phänomene der kommerziellen Kommunikation wohl direkt in den Wahnsinn führen würde.

Anders sieht es aus, wenn man durch diese Oberflächen auf tiefer liegende Strukturen schaut. Hinter den andauernd veraltenden Bildern, Typographien und Corporate Designs werden schnell einige wenige, wiederkehrende Methoden der kommerziellen Kommunikation erkennbar: Personalisierung, Emotionalisierung, Überhöhung und Ästhetisierung sind Beispiele für solche immer wieder neu und zeitgemäß anzuwendenden Grundmechanismen. Aber auch diese Methoden bilden noch eine recht unüberschaubare und verwirrende Vielfalt, zumal sie in ihren Benennungen nicht feststehen und als Methoden selber verkommerzialisiert werden. Jede ernstzunehmende Werbeagentur verfügt über einen Satz eigener Methoden, deren Namen zumeist mit Copyright geschützt sind: Brand Scan, Umbrella Performance, Copy Audit.

Die im Folgenden gewählte Betrachtungsebene ist noch unterhalb dieser Methoden angesiedelt. Ausgangspunkt ist die Vermutung, dass die verwirrende Vielfalt der heute möglichen Ausformungen kommerzieller Kommunikation auf einigen wenigen gesellschaftlichen Weichenstellungen basiert, die näher zu untersuchen bis heute interessante Aufschlüsse bietet, weil diese Richtungsänderungen zur Bildung relevanter Erwartungen und Institutionen beigetragen haben. Auf der Rezipientenseite hat sich das Erleben (4.2) so gewandelt, dass von jedem Produkt und jedem Angebot stimulierende, imaginative Avancen erwartet werden, während das Verhalten (4.6) zwar imitativ geprägt ist, aber stets auch den Nicht-Kauf und die Abwanderung als Option im Auge hat. Quasi co-evolutionär hat sich die Wirtschaftskommunikation immer stärker an Literatur angenähert und dabei von ihrer Besonderheit, nämlich ein kaufbares Angebot zu machen, profitiert (4.3). Als Gegenausprägung zur Abwanderungsoption wird dem Kunden (4.7) im Unterschied zum bloßen Käufer besondere Aufmerksamkeit zuteil.

Diese systemischen Effekte werden getragen von einer Reihe technisch-symbolischer Optionen, von denen die Wirtschaftskommunikation teils nur Gebrauch macht: Hier ist die gesamte mediale Entwicklung zu nennen (4.4), die sie zu anderen Teilen selbst erfindet und perfektioniert. Letzteres wird beispielhaft an Markenartikeln und Warenhäusern (4.5), insbesondere aber an Werbeagenturen (4.8) dargestellt.

Bevor diese Linien jedoch ausgezogen werden, muss zuvor – endlich – noch eine andere Frage geklärt werden. In den vorangegangenen Kapiteln ist zwar betont worden, dass Wirtschaftskommunikation der Verbindung der Wirtschaft mit ihren relevanten Umwelten dient, und als performative Kommunikation an unterschiedlichsten Stellen und in allen kommunikativen Mitteln auftauchen kann. Dennoch hat nicht nur bei den Beispielen Werbung eine herausragende Rolle gespielt, ja ist bisweilen sogar synonym mit Wirtschaftskommunikation verwendet worden. Werbung wird hier aufgefasst als ein Paradigma der Wirtschaftskommunikation. Was damit gemeint ist, erläutert der folgende Abschnitt 4.1.

4.1 WERBUNG ALS PARADIGMA DER WIRTSCHAFTSKOMMUNIKATION

Der Ausdruck Werbung wird gerade in solchen Kontexten wenig gebraucht, die sich intensiv mit Werbung beschäftigen. Was zunächst wie ein Widerspruch klingt, lässt sich so erklären: Es gibt eine Neigung, „fleißig neue Wortkreationen für Disziplinen auszurufen, die die sieche alte Werbung ablösen sollen [...] Die Zukunft gehört dem Mobile Marketing, dem Permission Marketing, dem Fast, Turbo und Lateral Marketing, dem Programming und Targeting, manchmal auch dem Virale oder dem Guerilla-Marketing, besonders aber dem Database-Marketing“ (Bäuchle 2004, S.120). Differenzierungen dieser Art können ohne Zweifel sinnvoll sein, sie tragen allerdings auch einige typische Risiken in sich. Zu diesen Risiken zählt die Möglichkeit, vor lauter Bäumen den Wald aus den Augen zu verlieren – also die möglichen übergeordneten, kategorisierenden Qualitätsausprägungen all dieser Maßnahmen und Strategien nicht mehr zu erkennen und dadurch in die Irre geleitet zu werden. Wenn beispielsweise darauf hingewiesen wird, dass die Rolle der Werbung beim Markenaufbau eher abnehmen als an Bedeutung gewinnen wird, aber „mit Product Placement bröckelnde Werbeerlöse“ aufgefangen werden können (Financial Times Deutschland, 03.06.2005), ist es nützlich, mit übergeordneten, orientierenden Begriffen die daraus resultierende Lage einschätzen zu können: Äpfel lassen sich dann gut mit Birnen vergleichen, wenn bekannt ist, dass es sich bei beiden um Obst handelt. Als ein solcher übergeordneter Gesichtpunkt bietet sich die Unterscheidung in werbende und nicht-werbende Kommunikation an. Dazu wiederum ist es sinnvoll, einen kurzen Überblick zu unterschiedlichen Verwendungsweisen des Wortes Werbung zu geben.

Der Terminus Werbung, zu dessen Ablösung die vielen Bezeichnungen am Anfang dieses Abschnittes bestimmt zu sein scheinen, hat natürlich seine Geschichte. Im heutigen Sinne hat sich das Wort „erst zu Beginn des 20. Jahrhunderts in der deutschen Sprache etabliert; und auch sein Vorgänger `Reklame´ lässt sich erst ab zirka 1840 belegen“ (Bendel 1998, S. 23). Heute wird Reklame meist als abwertender Begriff für Werbung benutzt, war aber zunächst nicht so gemeint. Reklame – ebenso wie Reklamation – leitet sich vom altfranzösischen Wort reclamer ab, was locken, anrufen, beanspruchen bedeutet. Die Bezeichnung Reklame unterstreicht damit einen bis heute relevanten Aspekt von Werbung, nämlich das Erwecken von Aufmerksamkeit, oft durch Lautstärke. Ein anderer, seit dem 19. Jahrhundert genutzter Begriff für kommerzielle Werbung war Propaganda. Anklänge daran finden sich noch in der Bezeichnung für die von Unternehmen bezahlten, werbenden Personen in Kaufhäusern, die Propagandisten genannt werden. Hieße Werbung heute noch Propaganda, wäre sofort erkennbar: Werbung bezieht sich nicht nur auf Produkte, sondern ist immer auch Werbung für eine bestimmte Lebensform. Glücklicherweise ist jedoch der mit „Propaganda" in Deutschland vornehmlich assoziierte Lebensstil nicht akzeptabel – und darum ist das Wort Propaganda nur noch abwertend gebräuchlich. Auch wenn die beiden Ausdrücke Reklame und Propaganda aus der Mode gekommen sind, Lautstärke und Ideologie spielen noch immer eine wichtige Rolle in der Wirtschaftswerbung. Beide Komponenten können in einzelnen Werbemaßnahmen übrigens genau deshalb auch ausdrücklich verneint werden. In Verneinung der Reklame-Lautstärke wird Aufmerksamkeit durch Dezenz zu erzeugen versucht, in Verneinung der ideologischen Propaganda wird der Fokus auf das Produkt allein gerichtet. Beispielhaft für beide Strategien sind die berühmten „Sonst nichts"-Werbungen, in Deutschland am engsten verbunden mit der Zigaretten-Marke Lucky Strike, aber durchaus auch an den Fenstern türkischer Imbisse zu sehen: „Döner – sonst nichts". Nicht selten findet sich dann die erneute Spiegelung dieser Strategie an der nächsten Ecke, wo das eigentliche Wesen der Werbung wieder in Worte gekleidet wird: „Fischbrötchen – und mehr".

In der betriebswirtschaftlichen Terminologie hatte der Ausdruck Werbung nach dem Zweiten Weltkrieg bis in die 90er Jahre als Begriff festen Bestand. Noch 1994 konnte man schreiben: „Werbung ist – ausgehend von der klassischen Betrachtungsweise – [...] eines von vier Kommunikationsinstrumenten des modernen Marketing-Mix" (Pickert 1994, S.13). Zum Ende der 90er Jahre verlor sich dann die reine Bezeichnung „Werbung" in der Marketingliteratur immer mehr. Stattdessen sprach man von „Klassischer Werbung“ (Meffert 1998) oder auch von „Mediawerbung“ (Bruhn 1997), und die Anzahl der Kommunikationsinstrumente war auf acht (Meffert 1998) bis zehn (Bruhn 1997) gewachsen. Der Ausdruck Werbung allein war im differenzierenden Wissenschaftskontext nicht mehr trennscharf genug.

Eine weitere Bedeutungsvariante von Werbung beruht auf der umgangssprachlichen Verkürzung von „Werbebranche“ zu „die Werbung“. Wenn jemand „in der Werbung arbeitet“, dann erweckt das oft die Vorstellungen, er sei irgendwie in den Spots und Anzeigen tätig, in der begehrenswerten, durch die Mediawerbung verkörperten Welt. Solche Vorstellungen beruhen auf dem „Image vom Werber als einem `kreativen Lebenskünstler´ der weitgehend autonom im gestalterischen Beruf Erfüllung und Selbstverwirklichung findet“ (Hölscher 2002a, S.497). Bemerkenswert ist allerdings, dass diese Branchenbezeichnung – „die Werbung“ – Produkte und ihre Entstehung zu einer Einheit verschmilzt. Werbung entsteht aus einem Wechselspiel typischer Anforderungen an eine Dienstleistung und typischer Verhältnisse in Bezug auf den sozialen Kontext der Erbringung dieser Leistung. Kürzer: Anzeigen und Spots werden durch bestimmte Arbeits- und Interpretationszusammenhänge geprägt, die durch die Produktion von Anzeigen und Spots geprägt sind. Werbung ist in sofern auch die Bezeichnung eines bestimmten selbstbezüglichen Sozialsystems. Bei den tatsächlich beruflich an diesem Sozialsystem Beteiligten ist jedoch nach wie vor Unbehagen verbreitet. Nicht jeder ist sich sicher, dass er wirklich sozial wertvolle Arbeit tut, wenn er an der Gestaltung von Werbung mitwirkt, und nicht wenige müssen sich für ihre Tätigkeit im privaten Umfeld rechtfertigen. Auch dieses ist eine typische mit Werbung einhergehende Ambivalenz mit langer Tradition. 1964 schrieb der Soziologe Lars Clausen, dass Wirtschaftswerbung deshalb ein soziologisch, und nicht nur ein ökonomisch oder psychologisch interessantes Phänomen ist, weil “...sie in nahezu allen zeitgenössischen Gesellschaften auftaucht und trotzdem nicht selbstverständlich hingenommen wird“ (Clausen 1964, S. 9). Diese Einschätzung ist auch nach über 40 Jahren weiterhin zutreffend. Werbung muss auffallen und provozieren, deshalb wurde Wirtschaftswerbung zu Beginn des 20. und zu Beginn des 21. Jahrhunderts kontrovers diskutiert. Schon aus logischen Gründen ist die Gegenthese wenig plausibel, dass die „Wirkung der einzelnen Werbungen [...] umso schwächer [wird], je massenhafter die Werbung die Lebenswelt durchsetzt" (Willems 2002, S.66), denn dann wäre die Wirkung unabhängig von den sonstigen Umweltbedingungen. Dass der Slogan „Geiz ist geil" so heftig diskutiert wurde, liegt nicht nur an seiner häufigen Schaltung. Bis in die zweite Hälfte der 90er Jahre des 20.Jahrhunderts hinein erschienen immer wieder Bücher, die sich breitenwirksam und sozialkritisch mit Werbung auseinandersetzten. Epochetypische Beispiele sind Packard (1957), Haug (1971), Toscani (1996) oder Beigbeder (2000).

In den 50er und frühen 60er Jahren hatte die kritische Haltung der Werbung gegenüber mindestens in Deutschland mit den nicht verarbeiteten Kriegserlebnissen zu tun: „Konsum, Genuss und Lebensfreude waren mit einem schlechten Gewissen verbunden, und dies entlud sich in Attacken gegen die Werbung, die ihrem Wesen nach für eben diese Prinzipien steht" (Reinhardt 1995, S.58). In den späten 60er und den 70er Jahren beruhte die Kritik an Werbung auf der allgemeinen Konsumkritik der so genannten 68er-Generation. Die 80er und 90er Jahre schließlich feierten die Werbung auf der einen Seite, produzierten so aber andererseits eine verstärkte Sorge vor ihrer Übermacht. Mit dem neuen Jahrtausend hat sich die Bedeutung des Wortes Werbekritik deutlich verschoben. Während man sich lange Zeit Sorgen über die vermutlich schlimmen Auswirkungen der Werbung auf die Gesellschaft oder die Konsumenten machte, sorgt man sich heute darüber, dass Werbung viel zu oft hinausgeworfenes Geld zu sein scheint (Tangermann 2003). Für den akademischen Kontext stellt der Wirtschaftspsychologe Klaus Moser fest: „Eine kritische Diskussion über Werbung findet kaum noch statt" (w&v 10/2004, S.91). Die heutige Sorge um den Wirkungsverlust der Werbung steht dabei in reizvoller Spannung mit der Forderung des Branchendoyen Jacques Séguéla: „Wenn sich Werbung ihre Berechtigung erhalten will, muss sie das Bild von einer anderen Welt zeichnen, von einer anderen Moral und von anderen ethischen Werten. Sie muss mithelfen, dass eine humane Gesellschaft entsteht" (Séguéla 2004, S.43). Es scheint eine Tendenz zu bestehen, der Werbung entweder alles oder nichts zuzutrauen, sowohl im erwünschten, wie im unerwünschten Sinn.

Die Werbung als Kommunikationsinstrument ist ihrerseits weiter differenzierbar. Die Betriebswirtschaftslehre hat dafür eine Reihe ausgefeilter Systeme entwickelt, die sich sehr genau mit den einzelnen Elementen und Ebenen auseinandersetzen. Diese Terminologien sind nützlich und handhabbar und sollen hier nicht in Frage gestellt, sondern um einige Gesichtpunkte ergänzt werden. Es ist nahe liegend, Spots, Anzeigen, Plakate oder andere Werbemittel als Grundelement der Werbung zu interpretieren. Verkürzt lässt sich sagen, dass das zeitliche, inhaltliche und formale Zusammenwirken solcher Werbemittel, die als Maßnahmen zumeist im Rahmen einer Strategie zum Einsatz kommen, als Integrierte Kommunikation ein bestimmtes übergeordnetes Ziele erreichen will (vgl. Bruhn 2005). Früher sprach man gern von Werbekampagnen. Die kleinste Kampagne ist die Wiederholung eines Spots oder einer Anzeige. Die Kampagne ist ein Begriff aus der Kriegstechnik. Gemeint ist auch hier die Aufbringung unterschiedlicher Ressourcen für ein Ziel. Der Unterschied zur „Integrierten Kommunikation" liegt darin, dass Kampagnen nicht unbedingt auf ein längerfristiges Ziel ausgerichtet sein müssen: Sie können taktischer Natur sein, können allein dem Abverkauf eines bestimmten Produktes oder auch dem Auflösungsverkauf eines Unternehmens dienen. Integrierte Kommunikation ist dagegen stets auch an einem Effekt interessiert, der über ein bestimmtes aktuelles Kampagnenziel hinausgeht. Problematisch bleibt, dass die Effekte Integrierter Kommunikation ebenso wenig standardisiert messbar sind wie die vieler anderer nichtklassischer Werbeformen. Was den Mehrwert für die Marke angeht, geben auch Media-Direktoren großer Konzerne zu: „Auch wir sind trotz zahlreicher Forschungsanstrengungen noch nicht so weit, diesen herausarbeiten zu können" (Uwe Becker von Unilever, w&v 28/2004, S.27).

Marken sind das Gedächtnis der Werbung. Einerseits sind sie in konkreten Zeichen greifbar: Als Logo und/oder Claim. Andererseits bilden sie ein Assoziationsgeflecht eigenen Rechts. Damit ist gemeint, dass weder Unternehmen noch andere Interessengruppen allein über die mit Marken verbundenen Vorstellungen verfügen. Deshalb kann man aus kommunikativer Sicht gelegentlich hören, dass für die Wirtschaft vielleicht der Kunde König sein könne, für die Kommunikation sei es die Marke. Dabei ist allerdings zu bedenken, dass durchaus Werbung ohne Markenbezug, nicht aber Verkauf ohne Kunden denkbar ist. Mit dem Markenartikel beginnt zudem die Aufgabe der Entschlüsselung von Werbung. Seine Entwicklung beginnt etwa 1870. Bis dahin gab es „noch keine Reklamebotschaft zu entschlüsseln, hier wurden größtenteils Produkte ohne Umschweife angeboten, so wie eine Behörde eine Fundsache meldet“ (Borscheid 1995, S.36).

Werbemittel, Kampagne und Marke sind die Ebenen, die für Unternehmen besonders interessant und in Grenzen auch steuerbar sind. Zu diesem organisationsaffinen Mesobereich kommen eine Mikro- und eine Makroebene der Werbung, die aus Unternehmenssicht als Ressourcenquelle oder Umweltbedingung interpretiert wird. Die Mikroebene der Werbung besteht aus Symbolen, Stimmungen, Assoziationsauslösern und vielen anderen Elementen, die ihren konkreten Sinn in der Wirtschaftskommunikation nur durch ihre Komposition im Rahmen von Werbemitteln erhalten, die aber darüber hinaus auch außerhalb des wirtschaftlichen Bezugs Bedeutung haben. „Werbeanzeigen sind (...) hochartifizielle Gebilde, in denen bewusst und absichtlich die neusten gesellschaftlichen Trends aufgegriffen, die jüngsten wissenschaftlichen Erkenntnisse (zum Beispiel aus der Psychologie) eingesetzt und die modernsten technischen Möglichkeiten (...) ausgenutzt werden“ (Bendel 1998, S.8).

Die Makroebene ist die Gesamtheit der Werbung, die gesellschaftlich vorhanden ist. Über sie ist einerseits kaum verbindliches zu sagen: „Für jede Aussage findet sich mindestens ein Vertreter im Material, welcher dieser Aussage widerspricht“ (Ayaß 2002, S.155). Der Grund dafür liegt darin, dass Werbung nicht von einer zentralen Instanz koordiniert wird, sondern sich evolutionär und wildwüchsig entwickelt. Dennoch kann auch diese Makroebene bestimmt werden, wenn man Relevanzkriterien anlegt. Dies könnte zum Beispiel die Umsatzstärke des werbetreibenden Unternehmens sein, denn Kommunikation, hinter der mehr Geld und mehr Menschen stehen, ist in der Regel bedeutsamer als solche, hinter der weniger Menschen und weniger Geld stehen. Relevant in diesem Sinne wäre dann die Werbung der 500 umsatzstärksten Unternehmen der Welt, denn in den Kommunikationsabteilungen dieser Unternehmen wird zusammen mit etwa 100 unterschiedlichen Werbeagenturen der Hauptteil dessen produziert, was an Werbung zu erleben ist. Hierbei ist zu unterstreichen: Relevant heißt selbstverständlich nicht erfolgreich. Aber diese Unternehmen und Agenturen sind die stilbildenden Instanzen, an denen sich alle anderen Werbetreibenden mehr oder weniger orientieren.

Werbung in diesem hier dargestellten, umfassenden Sinn mit aller Breite der Wortbedeutung und aller Differenzierung der Ebenen kann als ein Paradigma von Wirtschaftskommunikation überhaupt gesehen werden. Damit ist gemeint, dass die Verbindung der Wirtschaft mit ihren relevanten Umwelten an werblichen Vorgehensweisen ausgerichtet wird, selbst wenn es sich nicht um Werbung im engeren Sinn handelt, also bei interner Kommunikation oder auch in der PR. Werbung ist sicherlich nicht das einzige denkbare und Anwendung findende Paradigma, eine Beziehungsorientierung, eine Designorientierung oder auch eine Führungsorientierung werden sich ebenfalls nachweisen lassen und sie bilden eigene Stränge in der Darstellung von kommunikativer Unternehmensausrichtung. Nach meiner Auffassung sind diese Paradigmen als solche konkurrierend in dem Sinne, dass natürlich jedes Unternehmen Aspekte von Werbung, Beziehung, Design oder auch Führung kommunikativ nutzen kann, aber stets eine dieser Ausprägungen die anderen dominieren wird. Sollte dies zutreffen, scheint mir außer Frage zu stehen, dass die Wirtschaftskommunikation insgesamt zumindest bislang vom werbenden Paradigma dominiert ist.

4.2 ERLEBEN DER REZIPIENTEN: IMAGINATION UND EMOTION

> „... in der realen Welt ist der Reiz einer Aussage wichtiger als ihre Wahrheit. Die Bedeutung der Wahrheit besteht darin, dass sie noch zur Interessantheit hinzukommt“ (Whitehead 1987, S.472).

Menschen müssen seit jeher mit ihren Mitteln auskommen und insofern mehr oder weniger ausgeprägt haushalten. Sie haben unterschiedliche sachliche Bedürfnisse wie Nahrung, Kleidung, Behausung, Mobilität, Sicherheit, die zunächst einmal technisch gewährleistet sein müssen: Die Türen und Fenster müssen schließen, die Heizung tatsächlich wärmen, Kleidung muss der Körperform entsprechen, Orte müssen erreicht werden, das Essen muss hinreichend nahrhaft sein. In der amerikanisch-europäisch-japanischen Welt sind solche Grundbedürfnisse zwar auch weiterhin von wirtschaftlicher Bedeutung, aber Wachstum kann in diesen Bereichen kaum noch erzielt werden. Das Wachstum der Wirtschaft entwickelt sich nicht aus dem Bereich der Befriedigung von Notwendigkeiten, sondern aus der Platzierung von Wünschen.

Der englische Soziologe Colin Campbell hat dieser Unterscheidung von „needs and wants“ (Campbell 1987, S.40), Notwendigkeiten und Wünschen, in ihren Konsequenzen eine zentrale Bedeutung für die Entwicklung der modernen Konsumgesellschaft zugeschrieben und sie detailliert untersucht. Er ergänzt damit das auch in den Wirtschaftswissenschaften vorhandene, aber wenig ausgearbeitete Wissen um diese beiden unterschiedlichen Komponenten des modernen Konsums. Zum Beispiel erwähnt Kotler (2003, S.11) diese Unterscheidung an einleitender Stelle, nimmt sie aber nicht wieder auf. Das moderne Konsumentenverhalten zeichnet sich nach Campbells Darstellung idealtypisch dadurch aus, dass es nicht mehr vordringlich auf eine Befriedigung von Notwendigkeiten, sondern auf die Entstehung immer neuer Wünsche ausgerichtet ist. Campbell unterscheidet dabei die natürlich notwendige Befriedigung zumeist biologisch fundierter körperlicher Bedürfnisse wie Hunger, Durst oder Wärme von der

Befriedigung von Wünschen, die als solche darauf gerichtet sind, unterschiedliche Ausformungen von Freude – Campbell spricht von satisfaction oder pleasure – zu erleben. Mit der Unterscheidung von needs und wants und deren Ausrichtung auf pleasure erklärt Campbell zwei unterschiedliche Dynamiken wirtschaftlichen Verhaltens: Das „alte", auf den Zugriff auf Substanz ausgerichtete und das neue, am besonderen Geschmack orientierte Konsumverhalten.

Worin gründet dieses sich im 18. Jahrhundert neu entwickelnde Interesse an ästhetischen Qualitäten von Produkten? Warum sind seit dem immer mehr Menschen bereit, sich zum Beispiel auf die Periodisierung der Moden einzulassen und neue Kleidung zu begehren, obwohl ihnen genügend noch gut tragbare zur Verfügung steht? Und warum versprechen sich Menschen von dieser Kleidung der neusten Mode überhaupt einen Zugewinn an Freude? Es sind eigentlich zwei unterschiedliche Fragen, die sich so herauskristallisieren: Zum einen die Frage danach, warum überhaupt ein Interesse an Gütern besteht, die über das Lebensnotwenige hinausgehen, und zum anderen die Frage, wie es dazu kommt, dass Emotionen mit Produkten in Verbindung gebracht werden. Campbells Antwort auf beide Fragen ist das Modell des imaginativen Konsums.

In vorindustrieller Zeit waren die Menschen, sofern sie nicht dem Adel oder dem Klerus angehörten, fast durchgängig damit beschäftigt, den Lebensunterhalt zu sichern, das Notwendige zu erwirtschaften. Man hatte zwar arbeitsintensivere und weniger arbeitsintensive Zeiten im Jahr, aber wenn wenig zu tun war, ruhte man sich in der Regel einfach aus oder feierte, bis man wieder arbeiten musste. Die Veränderung, die sich durch die Anforderungen und die Möglichkeiten der Industrialisierung in diesem natürlichen Gefüge ergaben, lassen sich am besten in solchen Situationen erkennen, in denen bereits industrialisierte Prozesse auf eine nicht industrialisierte Umwelt treffen. In solchen Zusammenhängen, etwa beim Eisenbahnbau oder bei der Industrialisierung abgelegener Gebiete, ereignete sich immer wieder die gleiche Situation: Die ansässigen Menschen bewarben sich um

Arbeit in einer neuen Fabrik oder bei der Bahngesellschaft, schufteten vielleicht sechs Wochen, bis sie genug Geld zum Leben für eine gewisse Zeit hatten und verließen dann die Arbeitsstellen, um nach ein, zwei Monaten wiederzukommen und wieder arbeiten zu wollen. Arbeitplatz und Verdienstumfeld wurden nicht als ständige Lebenswelt gesehen, sondern als Möglichkeit, mehr oder weniger lange nichts zu tun, weil mit dem erarbeiteten Geld alle Bedürfnisse auf gewisse Zeit befriedigt werden konnten.

Die Einbindung der Arbeiter in die industrielle Produktionsweise war jedoch von entscheidender Bedeutung für das Funktionieren von Fabriken und anderer technischer Prozesse, für die Industrialisierung insgesamt. Um die Arbeiter daher zur Stetigkeit zu bewegen, kamen im Wesentlichen zwei Methoden zum Einsatz: Zum einen wurden die Löhne reduziert, Verschuldung provoziert oder die Bezahlungen erst am Ende des Kontraktes realisiert, mit anderen Worten: Die Bindung erfolgte direkt über die Abhängigkeit von Geld. Zum anderen aber wurde versucht, die Bedürfnisse der Arbeiter zu erhöhen. Der Unternehmer Werner von Siemens zum Beispiel soll den Frauen seiner unzuverlässigen Fabrikarbeiter Spiegel geschenkt haben, um ihre Sensibilität für ihr Aussehen und damit ihr Bedürfnis nach Kleidung und Kosmetik zu erhöhen.

Wenn heute mit Hoffen und mit Bangen „die Unersättlichkeit der Güterwünsche“ (Scherhorn 1998, S.5) festgestellt wird, ist das kein naturwüchsiger, sondern ein im Zuge der Industrialisierung produzierter Effekt, der unter anderem auch zur Folge hatte, dass moderne Menschen ihren Antrieb zur Arbeit nicht mehr allein in der Aktualität der zu stillenden Bedürfnisse finden, sondern sich in einem andauernden Konsumprozess ohne Ruhepausen befinden.

Von Unersättlichkeit kann nur die Rede sein, wenn es sich entweder um eine maßlose Übertreibung oder aber um ein Phänomen handelt, das tatsächliche keine faktische Begrenztheit aufweist. Die Unersättlichkeit bezieht sich nicht auf Güter, etwa auf Nahrungsmittel, sondern auf Güterwünsche, also auf Appetit. Damit geht es nicht mehr um bloße Quantitäten, die in Relation zu Menschen immer begrenzt sind, sondern um Qualitäten, die ganz andere Steigerungsmöglichkeiten zur Verfügung stellen als bloße Mengen. Gewöhnlich heißt es im Hinblick auf Wünsche, dass sie erfüllbar oder eben unerfüllbar sind, nicht aber, dass sie zu sättigen wären. Was hier also gemeint ist, ist eher die Unstillbarkeit eines Verlangens, das aus Wünschen und nicht aus Notwendigkeiten entsteht, sich aber gleichwohl auf Güter richtet. Es handelt sich dabei um ein Verlangen nicht nach Gegenständen, sondern nach Emotionen.

Dass der Appetit der modernen Konsumenten sich nicht auf Gegenstände, sondern auf Emotionen bezieht, erklärt sich aus dem Wesen von Emotionen. Es ist hilfreich, im Bereich der Gefühle zunächst Affekte und Emotionen voneinander zu unterscheiden. Neurobiologen (vgl. Roth 2003, S.154ff) treffen eine solche Unterscheidung folgendermaßen: Als Affekte im engeren Sinn gelten Aggressivität, Wut, Ärger und dergleichen. Als Emotionen werden dagegen Furcht, Freude, Glück, Verachtung, Ekel, Neugierde, Hoffnung, Enttäuschung und Erwartung bezeichnet. Was ist die Grundlage dieser Aufteilung? Als Affekte werden solche Gefühle bezeichnet, die normalerweise mit standardisierten Auslösesituationen verbunden sind. Diese Auslösesituationen sind entweder genetisch vorgegeben oder durch Prägung erworben. Emotionen sind demgegenüber nicht starr, sondern flexibel an Auslösemomente gebunden.

Im Bereich der Sexualität wird diese Unterscheidung von Affekten und Emotionen besonders augenfällig: Was in einem Menschen sexuelles Begehren auslöst, ist zum einen seiner Willenskontrolle weitgehend entzogen, zum anderen lässt es sich nicht verändern. Es besteht zwar die Möglichkeit, durch lange therapeutische Maßnahmen entsprechende Prägungen buchstäblich zu umgehen, ebenso lässt sich durch diszipliniertes Verhalten erreichen, dass den sexuelles Begehren auslösenden Reizen nicht nachgegeben wird. Sie aber inhaltlich zu verändern, sich etwa von einer heterosexuellen auf eine homosexuelle Ausrichtung umzuorientieren, ist wohl ausgeschlossen. Die von Norbert Elias (vgl. Elias 2001) formulierte Zivilisationstheorie, der zufolge Zivilisation ein Effekt von Affektkontrolle ist, hebt genau diese Eigenart der Affekte hervor, die im Prozess der Zivilisation nur kontrolliert, aber nicht verändert werden können.

Während Affekte eher durch Wahrnehmungen ausgelöst werden, sind Emotionen in höchstem Maße von der persönlichen Imagination abhängig. Das lässt sich an jedem einzelnen Element der oben genannten Liste der Emotionen aufzeigen. Auf Anhieb einleuchtend ist diese inhaltliche Flexibilität der Emotionsauslöser wohl bei der Emotion „Erwartung" zu erkennen. Erwartungen beziehen sich per se auf etwas nicht Vorhandenes, das nur als Vorstellung Realität hat. Erwartungen verändern sich mit dem Eintreten der Ereignisse, vielleicht in Enttäuschung oder auch in Glück, beides wiederum in hoher Abhängigkeit von der vorgängigen Vorstellung: das Glück auslösende Erlebnis des einen ist für den anderen ohne Bedeutung oder gar ein Rückschritt, verglichen mit seinen Erwartungen oder Gewohnheiten. Auf der anderen Seite werden positive wie negative Vorstellungen nicht im Hinblick auf ihre Inhalte, sondern im Hinblick auf die durch sie ausgelösten Emotionen klassifiziert. Zwar werden bestimmte Vorstellungen in der Regel mit negativ erlebten Emotionen gekoppelt, zum Beispiel die Vorstellung, gefesselt in einer geschlossenen Kiste eingesperrt zu sein – andererseits gibt es Menschen, für die genau diese Vorstellung den Inbegriff der Freude darstellt. Ob und inwieweit einzelne Menschen Geschmack an dergleichen finden, sei dahingestellt, prinzipiell aber lassen sich alle Emotionen mit allen Vorstellungen verbinden, weil Emotionen, genau wie Werte, nicht an den Sachen, sondern am Beobachter hängen. Emotionen sind eingeübte Eigenzustände des Gehirns, in denen Vorstellungen mit Gefühlen gekoppelt erscheinen.

Natürlich ist dieses Repertoire der Verbindungsmöglichkeiten bei jedem einzelnen Menschen begrenzt und geht insbesondere mit dem Älterwerden zurück. Aber insgesamt lässt sich sagen: Der moderne Mensch unterscheidet sich vom vormodernen Menschen durch eine ausgeprägtere Fähigkeit zur Emotionalität. Diese Emotionalität befähigt ihn, zum einen, sich Vorstellungen von künftigen Gefühlen zu machen – während der vormoderne Mensch viel stärker von aktuell gegebenen Gefühlzuständen abhängig ist. Zum anderen ist der moderne Mensch geübt darin, Emotionen mit Dingen und Situationen zu verknüpfen. Das bedeutet konkret, dass zum Beispiel im Essverhalten die Fähigkeit zunimmt, Genuss an Geschmackserlebnissen zu gewinnen, also: Weinkenner oder sonstiger Genießer zu werden.

Nun ist zwar eine Zunahme von „Genussmenschen" in entwickelten und reichen Gesellschaften plausibel, andererseits kann ebenfalls mit guten Argumenten für ein Zurückgehen der Genussfähigkeit gerade im Nahrungsmittelbereich argumentiert werden. Zum Beispiel ist eine Reduzierung der Apfelsorten und deren unterschiedlicher Geschmacksausprägung festzustellen. Möglicherweise handelt es sich dabei um eine Folge der Überdominanz des Sehsinns im Konsumbereich. Nahrungsmittel werden vielfach in Verpackungen und im Selbstbedienungsangebot gekauft – und das bedeutet: nach Aussehen. Aber gerade der Sehsinn ist dazu prädestiniert, uns von den tatsächlichen Gegebenheiten der Erfahrungswelt wegzuleiten – mit positiv und mit negativ bewertbaren Konsequenzen. Die Ursache dafür liegt im hohen konstruktiven Anteil des Gehirns am Seherlebnis.

Der konstruktive Anteil des Gehirns ist für alle Arten der Verarbeitung sensorischer Wahrnehmungen von Bedeutung, aber für das Sehen wohl im höchsten Maße – und zudem am besten erforscht. Sehen bedeutet aus neurologischer Sicht, dass Retinaganglienzellen durch Erregungsmuster von Photorezeptoren aktiviert werden. „Das daraus entstehende neuronale Erregungsmuster läuft über den Sehnerv vor allem zum lateralen Kniehöcker im dorsalen Thalamus des Zwischenhirns und von dort zur primären Sehrinde im Hinterhauptscortex. Von dort werden auf komplizierte Weise zahlreiche sekundäre und assoziative Gehirnareale aktiviert, in denen Einzelmerkmale des Bildes verarbeitet, zusammengesetzt und mit Gedächtnisinhalten vermischt werden". (Roth 2003, S.37).
Diese konstruktive Mitarbeit des Gehirns an der Wahrnehmung erklärt

zum Beispiel, warum kein blinder Fleck an der Stelle auftaucht, wo der Sehnerv auf die Retina trifft, und auch, warum wir zwar ein wackelndes Bild sehen, wenn wir einen Augapfel von außen mit dem Finger bewegen, aber keine Verwackelungen oder Schlieren bei schnellen Kopfbewegungen: Unsere Wahrnehmung verwackelt dann nicht wie es ein Foto täte, weil das Gehirn selbst eine permanente Kontinuität der Wahrnehmung erzeugt. „Seheindrücke entstehen ja nicht direkt aus den Einwirkungen der Welt auf die Sinnesorgane, sondern aus den Erregungszuständen des Gehirns“ (Roth 2003, S.37), und zwar insbesondere in der Großhirnrinde, die das für bewusste Wahrnehmung zuständige Areal bildet. Die Ein- und Ausgänge des Großhirns sind relativ wenige im Vergleich zu der Menge der internen Verschaltung „der cortialen Zellen untereinander. Man schätzt dieses Verhältnis ganz grob auf rund Eins zu Hunderttausend, d.h. die Beschäftigung des Cortex mit sich selbst ist hunderttausendmal stärker als die Kommunikation mit dem, was außerhalb des Großhirns sonst noch passiert“ (Roth 2003, S.25). Roth zieht daraus, aus neurologischer Sicht, den Schluss: „Wir leben in einer imaginierten Welt, aber es ist für uns die einzige erlebbare Welt“ (Roth 2003, S.48). Damit bestätigt er eine Einsicht der phänomenologischen Philosophie, die insbesondere für die Kunsttheorie bis heute von grundlegender Bedeutung geblieben ist: Die „Welt der Erfahrung ist `eine Welt, und sie ist eine und selbe Welt für jeden Erfahrenden´. Demgegenüber `sind die Fantasiewelten unendlich viele´, sie sind `durchaus freie Welten´“ (Ränsch-Trill 1996, S.260, Edmund Husserl zitierend).

Der verbindlichen empirischen Welt der Erfahrungen kann kaum sinnvoll widersprochen werden, diskutiert wird im Allgemeinen lediglich, auf Grund welcher Gegebenheiten wir uns überhaupt in dieser Welt zurecht finden und warum sie für alle Erfahrenden die gleiche ist. Darum sind die häufig anzutreffenden pikierten Reaktionen der „Realisten“ gegenüber den „Konstruktivisten“ oder auch „Imaginisten“ dann verfehlt, wenn unterstellt wird, dass Konstruktivisten die Existenz und Verbindlichkeit der uns umgebenden Welt bestreiten wollten. Dies mag in einigen extremen

Ausnahmefällen tatsächlich der Fall sein. Für die Interessen der Wirtschaftskommunikation geht es aber nie um eine absolute Gegenüberstellung von Realität oder Imagination. Für die Wirtschaftskommunikation ist bedeutsam, wie durch die Mischung von realistischen und imaginativen Elementen Begehrlichkeit stimuliert werden kann.

Die Konstruktivität unserer Wahrnehmung, so die Einschätzung der Neurobiologie, bestehe „nicht im bewussten Konstruieren und Überprüfen von Weltmodellen. Vielmehr beruhen diese Konstrukte auf Mechanismen, die teils genetisch bedingt sind, teils frühkindlich erworben wurden und sich dann verfestigten oder im engeren Sinn erfahrungsbedingt sind. Sie laufen überwiegend unbewusst ab. Hieraus ergibt sich die große Verlässlichkeit und die weitgehende intersubjektive Einheitlichkeit vieler Wahrnehmungsprozesse" (Roth 2003, S.208). Wieso aber gibt es, im Unterschied zu dieser einheitlichen und verbindlichen Erfahrungswelt unendlich viele imaginierte oder Fantasiewelten und warum sind diese Welten „freie Welten", wie Husserl es ausdrückt?

Fantasiewelten sind ausgedachte Welten, die zwar mehr oder weniger überzeugend wirken, aber nicht konsistent sein müssen – weder in sich, noch untereinander. Diese These lässt sich am besten an solchen Fantasiewelten erläutern, die als Literatur allgemein zugänglich geworden sind. So wirkt das Schlaraffenland als eine Fantasiewelt zunächst konsistent, doch finden sich bei näherem Hinsehen zahlreiche Brüche: Zum Beispiel kann man dort nichts kaufen und bekommt doch Geld so viel man will. Die Konsistenzanmutung ist emotional, nicht logisch begründet: Wo es alles Gute im Übermaß gibt, muss es auch Geld im Übermaß geben – obwohl es völlig funktionslos ist. In vielen Science Fiction-Romanen werden Zeitreisen als möglich dargestellt und damit eine inkonsistente Welt aufgebaut. Deshalb müssen aber nicht in allen Science Fiction-Romanen Zeitreisen möglich sein. Auch können zwei Maler gleichzeitig Bilder von einem zerstörten und von einem neu gebauten Louvre malen. Die Welten, die sich Menschen ausdenken, sind insofern frei, als dass sie untereinander nicht stimmig sein müssen – während der tatsächliche Louvre zu einem gegebenen Zeitpunkt entweder zerstört oder nicht zerstört ist.

Diese Möglichkeit, künstliche, freie Welten zu konstruieren, die zwar einen Bezug zur Realität haben, aber diese nicht dokumentarisch abbilden, sondern mit ihr spielen und sie imaginativ anreichern, ist als Mittel zur Knappheitsproduktion erkannt worden: mehr von Agenturen und Beratern als von den Wirtschaftsunternehmen selbst. Denn analog zur Kunst, die viele neue Welten schafft, kann durch imaginative Anreicherung von Produktvorstellungen aus gleichartigen realen Produkten eine Vielzahl unterschiedlicher imaginativer Produkte entstehen, etwa bei Benzin unterschiedlicher Marken, oder auch bei Arzneimitteln und der Discounterware, bei der Produkte von Markenherstellern unter anderen Namen vertrieben werden. Allerdings hat die Wirtschaft selbst wenig Sinn für eine derartige imaginative Konstruktion. Dort geht es eben um Geld und Zahlungen, die eindeutig geleistet oder nicht geleistet sein müssen. Man bewegt sich hier gern im Hinblick auf Imagination in einer Art „Schiedsrichterwelt", wie auch in Rechtszusammenhängen oder insbesondere in der Wissenschaft, die eine zweite Erfahrungswelt bildet, „die genauer und standardisierter ist als die erste und zumindest anders aufgebaut und die wir `naturwissenschaftlich´ nennen. Diese beruht auf Messmethoden und Methoden der Hypothesen- und Theoriebildung und ihrer Überprüfung" (Roth 2003, S.74).

Aber auch das Projekt einer „fantasiefreien" reinen Wissenschaft ist eigentlich bereits mit der Scholastik aufgegeben worden: Gesichertes Wissen ist nur von Interesse, sofern es Ausgangspunkt neuer Forschung ist und damit veralten kann. Auch hier ist, sofern es sich nicht um reine mathematisierte Fakten handelt, vollständige Abwesenheit imaginativer Elemente kaum denkbar. Keine Wahrnehmung und keine Kommunikation kann ganz ohne faktische oder ohne imaginative Anteile auskommen, was erklärt, warum „Fühlen und Denken (bzw. Emotionen und Kognitionen, Affektivität und Logik) in sämtlichen psychischen Leistungen untrennbar zusammenwirken“ (Ciompi 2004, S.28). Das Zusammenwirken von Fühlen und Denken spiegelt sich im Zusammenwirken von Wahrnehmen und Imaginieren wider und ist die Voraussetzung für langfristigen, evolutionären Erfolg. Dabei wäre ein Verzicht auf ein basales Realitätsprinzip natürlich verheerend, weil es sehr schnell zu gravierenden Fehleinschätzungen führen würde. Wegen dieser schnellen, möglicherweise katastrophalen Wirkung ist der Verlust der Realitätswahrnehmung ein von „Imaginationskritikern“ stets befürchteter Effekt. Was aber passiert, wenn die Imaginationskomponente fehlt? Hier ist langfristig das planerische Kalkulieren nicht mehr möglich, wie ausführlich unter 5.1 dargestellt werden wird, kurzfristig aber kommt die Lustkomponente abhanden.

„Wir werden von positiven Gefühlen angetrieben, irgendetwas zu tun, das Lust, Belohnung, Bestätigung verspricht, und von negativen Gefühlen vor Dingen gewarnt, die materielle Nachteile bringen oder physisches und körperliches Leid erzeugen könnten“ (Roth 2003, S.155). Das ist die hirnphysiologisch begründete Reformulierung des von Sigmund Freud aus psychoanalytischen Erkenntnissen abgeleiteten, von Herbert Marcuse als Lustprinzip bekannt gemachten Mechanismus. Diesem Lustprinzip gegenüber steht das Realitätsprinzip: Die Notwendigkeit, sich in einer bestenfalls neutralen, oft aber konkurrierenden Umwelt durchzuschlagen, was bedeutet: physisch und sozial zu überleben. Während Freud die beiden Prinzipien für unvereinbar hielt, glaubte Marcuse, das nicht zuletzt durch die technischen Möglichkeiten der Gegenwart, der Antagonismus zu überwinden wäre: „Das Realitätsprinzip könnte durch das Lustprinzip getragen werden“ (Ränsch-Trill 1996, S.275).

Welche eigentümlichen Effekte das Lustprinzip erzeugt, wenn es allein zum Tragen kommt, zeigt zumindest in der Tierwelt der Ausgang eines neurologischen Experimentes: Ratten wurde die Möglichkeit gegeben, mittels einer Taste das eigene Belohnungssystem ihres Gehirns zu stimulieren. Immer, wenn sie auf die Taste drückten, löste eine in das mittlere Vorderhirnbündel der Ratte eingebrachte Elektrode einen schwachen elektrischen Schlag aus, der offenbar als lustvoll erlebt wurde. Gleichzeitig war die Ratte in ihrem Käfig mit Wasser, und Nahrung versorgt, doch wenn die Elektrode an der richtigen Stelle steckt, „reizt sich das Tier tagelang, ohne sich um Futter, Wasser oder Schlaf zu kümmern. Auch intelligente Tiere verhalten sich so" (Routtenberg 1986, S. 162). Dieses Experiment markiert zweifellos einen besonderen Fall, denn die Lust auslösenden Reize wirkten direkt im Gehirn, ohne durch Wahrnehmung, also das sensomotorische System des Körpers, an die Außenwelt zurück gebunden zu werden. Normalerweise werden im limbischen System, speziell in der basolateralen Amygdala „die sensorischen mit den affektiv-emotionalen Zuständen verknüpft und erhalten hierdurch eine emotionale Bewertung" (Roth 2003, S.148). Technisch lässt sich das Lust erzeugende Belohnungszentrum, das mittlerweile erheblich differenzierter untersucht wurde, demzufolge auch ohne Bezug zur Außenwelt aktivieren, durch die Verknüpfung mit Wahrnehmungen erhält es aber erst seine Bewertungsfunktion, die sich allerdings nicht in rationalen Urteilen, sondern in Gefühlen realisiert.

Auch wenn Freuds Kritik des Lustprinzips zumindest in Frage steht, hilft sie doch zu verstehen, unter welchen Bedingungen werbende Wirtschaftskommunikation erfolgreich zu sein verspricht: „Man darf sagen, der Glückliche fantasiert nie, nur der Unbefriedigte. Unbefriedigte Wünsche sind die Triebkräfte der Fantasien, und jede einzelne Fantasie ist eine Wunscherfüllung, eine Korrektur der unbefriedigten Wirklichkeit. Die treibenden Wünsche sind verschieden je nach Geschlecht, Charakter und Lebensverhältnissen der fantasierenden Persönlichkeit; sie lassen sich aber ohne Zwang nach zwei Hauptrichtungen gruppieren. Es sind entweder ehrgeizige Wünsche, welche der Erhöhung der Persönlichkeit dienen, oder erotische" (Freud 1955, S.216f). Pointiert lässt sich sagen: Es handelt sich stets um Lust, entweder um soziale Lust, also Prestige und Statuserhöhung, oder um private, körperliche Lust, die jede Form von Genuss beinhalten kann.

Tatsächlich scheint das tragende Element der Kommunikation mit Konsumenten in der Koppelung aller möglichen Alltagsereignisse und Handlungen mit Lustversprechen zu liegen: Essen, Trinken, Einkaufen, Waschen... all das soll und kann Lust bereiten – wenn es entsprechend imaginativ aufgeladen wird. Etwas übertrieben lässt sich behaupten, dass Werbung wie ein Verbrechen funktioniert: Nur was zu Leidenschaft anregt, zu einer Leidenschaft, die auch ein Verbrechen denkbar macht, führt auch als Versprechen von Lust zum Kauf. Es ließe sich argumentieren, dass Werbung durch diesen Mechanismus tatsächliche Verbrechen verhindert.

Auch sozialer Status, Prestige, lässt sich auf Lust zurückführen, aber es ist eine Form der Lust, die nicht selbst erzeugt werden kann, sondern auf soziale Bestätigung angewiesen ist. Prestige ist also in gewisser Weise soziale Lust. Darum ist diese soziale Lust zwar auch in der Kommunikation mit Konsumenten, fast ausschließlich aber in der Mitarbeiterkommunikation anzutreffen. Wenn ein hoher Offizier der Bundeswehr – wie es wohl tatsächlich vorgekommen ist – das für eine Klimaanlage vorgesehene Budget bei der Ausstattung seines Dienstfahrzeugs darauf verwendet, die Lackierung des Wagens zu verändern, statt des vorgeschriebenen bundeswehrtypischen Olivtons nämlich ein eigens für ihn gemischtes Oliv-Metallic zu verwenden, dann haben wir es mit einem sozialen Lustmolch zu tun. Natürlich ist die gängigere Bezeichnung dieses Verhaltens im Anschluss an Pierre Bourdieus Studie über „Die feinen Unterschiede" „Distinktionsgewinn" (Bourdieu 1984). Dabei bilden – wie ersichtlich – Seltenheit und Schwierigkeit des Erreichens die Präferenzen – sofern sie nur an Lust oder sozialem Status ankoppeln. Es gibt einen Markt der Hautaufheller in allen Ländern, in denen die Sonne regelmäßig scheint, in den Ländern mit weniger Sonnenschein dagegen selbstbräunende Cremes: „Will Lifestyle-Werbung ihrem Auftrag und Anspruch entsprechend tatsächlich effizient und effektiv sein, so müssen die imageorientierten Distinktions-, Identitäts- und oft auch Imitationsmuster von Lifestyle-Zielgruppen nicht nur er- und gekannt, sondern gezielt angesprochen werden" (Hölscher 2002, S.492).

4.3 BETRETBARE LITERATUR

Imagination als ästhetische Vorstellung unterscheidet sich grundsätzlich vom ideologiekritischen Gebrauch des Begriffs. Während dort das Begnügen mit einem an sich auch anders möglichen, nämlich dann wahrer und deshalb besser zu nennenden Zustand kritisiert wird, geht es hier um das zusätzliche Vergnügen, das aus der Erweiterung der sinnlichen Wahrnehmung durch die Einbildungskraft erzeugt wird. Während es dort um eine Horizonttäuschung geht, geht es hier um eine Sinnestäuschung, während dort eine paradigmatische Täuschung kritisiert wird, wird hier eine syntagmatische Täuschung gesucht – und zwar um des darin liegenden Lustgewinns. Welche ethischen Konsequenzen das nahe legt, wird ein Thema des 6. Kapitels sein. An dieser Stelle soll es zunächst darum gehen, wie es überhaupt zu einer derartigen Erweiterung von Wahrnehmung und Einbildungskraft gekommen ist und welche besondere Eigenschaft Wirtschaftskommunikation in diesem Zusammenhang zukommt.

Colin Campbell (1987) kommt in seiner Untersuchung zu dem Ergebnis, dass zusammen mit dem modernen Konsum die Verbreitung und Akzeptanz von fiktionaler Literatur und das Handlungsmuster der romantischen Liebe zu herausragender Bedeutung gelangen. Akzeptanz und Verbreitung fiktionaler Literatur sind maßgeblich daran beteiligt, dass individuelles und selbstgesteuertes emotionales Erleben zur zentralen Quelle des Genusses wird. Den so entstehenden, modernen Hedonismus charakterisiert er durch seine an Tagträumen ausgerichtete Erlebnisweise, die den Modus der Sehnsucht als Lustquelle bilden. Die Vorstellung etwas zu erleben oder zu besitzen wird zu einer sehr viel größeren potenziellen Genussmöglichkeit als der tatsächliche Besitz und die tatsächliche Verfügungsmöglichkeit. Damit wird die Imagination zum entscheidenden Steuerungsmodul des Konsumentenverhaltens. Denn der von Campbell charakterisierte Mechanismus des modernen hedonistischen Konsums beruht auf selbsterzeugten Emotionen im Hinblick auf noch nicht erlangte Güter. Moderner Konsum wird stimuliert durch die Möglichkeit, eine angestrebte Emotion zu erleben, wobei ein Konsumgut eine auslösende oder moderierende

Funktion übernimmt: Wenn ich das habe, werde ich diese Emotion erleben. Entscheidend ist, dass die Vorstellung des zukünftigen Erlebnisses handlungsorientierend wird, während die tatsächliche Gegenwart, der tatsächliche Besitz vergleichsweise wenig spektakulär erscheint.

Die Geschichte der Wirtschaftskommunikation ist eng mit den Möglichkeiten verknüpft, die sich aus dem jeweiligen medialen Entwicklungstand ergaben. Auch vor der Erfindung des Buchdrucks mit beweglichen Lettern im 15. Jahrhundert gab es Wirtschaftswerbung, doch sie war in ihren Ausbreitungsmöglichkeiten sehr eingeschränkt. Die üblichen Werbemittel waren die Stimmen der Anpreiser, handgemalte Schilder mit Schriften und Bildern, ganz selten auch Kataloge. Alles Geschriebene musste mit großem Aufwand hergestellt werden, von Hand auf Pergament und später auf Papier, geritzt in Ton, gemeißelt in Stein (vgl. Buchli 1962). Zudem konnten die meisten Menschen nicht lesen, geschriebene Werbung bezog sich deshalb meist auf Bücher, die verkauft werden sollten. Hier konnte man sicher sein, mit der Schrift auch die Produktzielgruppe zu erreichen.

Wirtschaftskommunikation im heutigen Sinn, als Begegnung von Wirtschaft und Gefühlsleben der Menschen in einem imaginativen Entwurfsraum, konnte durch literarisches Erleben überhaupt erst entstehen: Im 16. Jahrhundert tauchen in der Literatur „Utopien" auf, mit ihnen beginnt die Entwicklung einer Wunschkultur (vgl. Sloterdijk 2005, S.128). Zwar ist nicht alle Wirtschaftskommunikation an Massenmedien gebunden, Verkaufsgespräche finden zum Beispiel in der Regel im direkten Kontakt statt, ebenso Betriebsversammlungen. Dennoch sind auch diese Formen der Wirtschaftskommunikation von massenmedialen Erlebnisweisen geprägt.

„Was wir über unsere Gesellschaft, ja über die Welt, in der wir leben, wissen, wissen wir durch die Massenmedien" (Luhmann 1996, S.9), mit diesem scheinbar provokanten Satz beginnt Luhmann sein Buch über „Die Realität der Massenmedien". Provokant erscheint die Aussage, weil gewöhnlich die Auffassung vorherrscht, dass die Welt, die für Personen relevant ist, zum überwiegenden Teil durch reale Erfahrungen und eigene Anschauung bekannt ist. Massenmediale Weltkenntnis wird dagegen als eine zusätzliche, oft vielleicht sogar nur müßige „Zusatzerfahrung“ oder „Ersatzwelt“ gesehen. Das liegt nicht zuletzt daran, dass Massenmedien eine relativ späte Entdeckung in der Menschheitsgeschichte darstellen.

Aber schon nach kurzem, kritischem Nachdenken ist zu erkennen, wie wenig eigentlich selbst und unter körperlicher Anwesenheit erlebt wird und wie vieles lediglich von anderen Menschen gehört und schließlich wie groß der Anteil des Weltwissens ist, das sich allein aus den Massenmedien speist. Selbst wer schon in Amerika war, war eben nicht heute da, und obwohl kein Zweifel daran besteht, wer amerikanischer Präsident ist, weiß man es nur aus den Medien. Die vermeintliche Provokation des Luhmannzitates liegt nicht im Wahrheitsgehalt, sondern in der darin verborgenen Kränkung eines anthropozentrisch-individuellen Selbstverständnisses, das suggeriert, dass unsere Weltsicht nicht allzu sehr von Medien abhängig sein darf, sondern auf eigenem Erleben beruhen soll. Auf der Bedeutsamkeit dieser Wertschätzung eigenen Erlebens beruht die Karriere des Begriffs der Erlebnisgesellschaft (vgl. Schulze 1992).

Massenmedien versorgen Menschen mit Weltwissen und mit Aktualität und ermöglichen so den Eindruck, den eigenen Erfahrungsraum über die aktuelle Reichweite der Sinne ausdehnen zu können. Aber dass ist natürlich nicht der Fall. Man sieht nicht den amerikanischen Präsidenten, der eine Ansprache hält, sondern einen Bildschirm, und man hört nicht seine Stimme, sondern die Schwingungen einer Lautsprechermembran – obwohl normalerweise kaum Zweifel daran besteht, dass irgendwo tatsächlich der amerikanische Präsident gesprochen hat und auch tatsächlich die Worte gesprochen hat, die zu hören waren. Allerdings sprach er mit hoher Wahrscheinlichkeit nicht zum gleichen Zeitpunkt, und sofern es sich doch um eine Live-Übertragung handelt, dann sieht (und hört!) man ihn aus einer Perspektive, die tatsächlich gar nicht erlebbar ist, sondern von technischem Equipment konstruiert wird. In der Situation, in der wir die

Ansprache hören, könnten wir ohne Massenmedien eigentlich nur Erfahrungen über unser Wohnzimmer und die darin sonst noch anwesenden Personen machen – und dennoch meinen wir, Erfahrungen im Hinblick auf den amerikanischen Präsidenten zu machen.

Offenbar verfügen Menschen über zwei unterschiedliche Arten von Erfahrungsfähigkeit: Der erste Typ von Erfahrungen sind solche, die wir mit der kompletten physikalischen Realität unseres Körpers machen: Erfahrungen also, die an die jeweilige physikalische, zeitliche und chemische Verfasstheit des eigenen Körpers und der Umgebung gebunden sind, sinnliche Wahrnehmungen einschließen, insbesondere der Körperlage und Körperschwere, die sich in der Bewegung verändern, ebenso wie Wahrnehmungen des Geruchs und des Geschmacks. Beim zweiten Typ möglicher Erfahrungen ist dagegen der Einfluss der Umgebung und der Körperlichkeit im Hinblick auf die visuelle und/oder akustische Wahrnehmung optimiert: Es handelt sich um medial vermittelte Erfahrungen im Lese- oder Fernsehsessel.

Der Unterschied zwischen dem massenmedialen und dem vollsinnlichen Erleben ist seit langem bekannt und die Gefahr der unreflektierten Vermischung beider Erfahrungsbereiche ist selbst ein massenmediales Thema, das etwa die beiden großen Stereotypen der Massenmedienjunkies hervorgebracht hat: Don Quijote und Madam Bovary. Andererseits ist in einer gegebenen Situation fast immer klar, ob gerade eine mediale oder eine vollsinnliche Erfahrung gemacht wird. Schon kleine Kinder können sicher ein Feuer im Fernsehen von einem Feuer im Kamin unterscheiden – so das bekannte Beispiel (vgl. Esposito 1998). Und sie wissen, an welchem Feuer sie sich verbrennen können, welches Feuer wärmt. Doch auch wenn ich im Erleben jederzeit klären kann, ob ich einen Film sehe oder selbst in einer Situation bin, sagt das noch nichts darüber aus, ob ich mediale Inhalte für wahr oder nicht wahr bzw. für vorbildhaft oder abwegig halte. Zwar wissen bereits kleine Kinder, dass bestimmte Ereignisse in den Medien stattfinden, aber sie glauben recht lange, dass die Menschen in den Filmen tatsächlich so leben wie sie gezeigt werden und deshalb wie Tanten und Onkel wirken, die zu Besuch kommen und reale Rollenvorbilder sein können. Diese eventuelle Vermischung der Welten birgt eine Vielzahl typischer Risiken, die weiter unten thematisiert werden.

Die Realität der Massenmedien spiegelt sich im Erleben der Mediennutzer wider, die eine sinnlich reduzierte Erlebnisweise und eine vollsinnliche Erlebnisweise voneinander zu unterscheiden und aktuell adäquat zu verarbeiten wissen. Wer im Kino weint, der will das so. Dass überhaupt derartige mediale Erfahrungen möglich sind, gründet in der menschlichen Fähigkeit, sich mit Hilfe der Einbildungskraft Vorstellungen von noch nicht, nicht mehr oder nicht ganz wahrnehmbaren Sachverhalten machen zu können. Diese Vorstellungen sind oftmals Bilder, und daraus folgend Emotionen, die mit Erlebnissen in Beziehung stehen: Ich kann mir einen Freund bildhaft vorstellen, auch wenn er gerade nicht anwesend ist. Ich kann mir aber auch vorstellen, wie er sich fühlt, wenn er seine Führerscheinprüfung bestanden hat. Diese Art der Vorstellungsmöglichkeit ist als Empathie bekannt. Empathie ist sehr vielfältig möglich: Sie ist sowohl im Hinblick auf bekannte wie auch persönlich nicht bekannte Menschen erlebbar, sowohl bei Anwesenden im Hinblick auf deren Gefühle, wie auch bei abgebildeten oder bei nur vorgestellten, also weder anwesenden noch bildhaft vorhandenen Personen.

Das bloße Vorstellen von bereits gesehenen Bildern wird als reproduzierende Imagination bezeichnet und ist in hohem Maße vom Gedächtnis abhängig. Die empathischen Vorstellungen dagegen haben Currie/Ravenscroft (2002) als rekreative Imagination bezeichnet. Diese rekreative Imagination ermöglicht es überhaupt erst Filmen, Theaterstücken oder Romanen zu folgen, sie „mitzuerleben". Schließlich gibt es eine produktive Imagination, mit deren Hilfe Neues, bisher nicht Bekanntes vorgestellt werden kann. Auch diese produktive Imagination beruht auf Gedächtnisinhalten, ist aber insofern schöpferisch, als dass sie entweder „mehrere, mindestens aber zwei ursprünglich heterogene Vorstellungen in sich vereinigt" oder „einen bislang ungewohnten Standpunkt der Betrachtung eines bekannten

Phänomens produziert“ (Ränsch-Trill 1996, S.19). Alle drei Imaginationstypen lassen sich leicht illustrieren: Ich sitze im Auto und stelle mir mein Arbeitszimmer vor – eine reproduktive Imagination. Ich lese von einem Schriftsteller, dessen Manuskript bei einem Feuer verbrannt ist und stelle mir den Mann in seiner ersten Verzweifelung, dann in seiner aufkeimenden Hoffnung vor, wie er an seinen Schreibtisch geht und neu zu schreiben beginnt – rekreative Imagination. Ich sitze in meinem Arbeitszimmer und schreibe eine Geschichte über einen Schriftsteller, der im Auto sitzt und erfährt, dass zuhause sein Manuskript verbrannt ist – produktive Imagination, wenn es mir gelingt, diese Darstellung originell zu erfinden, reproduktive Imagination, wenn ich lediglich aufschreibe, wie ich mich selbst gefühlt habe, als mir dergleichen passiert ist. In allen drei Fällen produziert die Einbildungskraft Vorstellungen, die sich jedoch in ihrer Erlebnisqualität unterscheiden: nacherleben, miterleben, neu erleben.

Norbert Bolz hat in seinem Buch „Kurze Geschichte des Scheins“ dargestellt, dass in der europäisch geprägten Kultur der Schein im Verhältnis zum Sein über weite Strecken eine untergeordnete Rolle gespielt hat. Man misstraute ihm und versuchte, ihm möglichst wenig Bedeutung zukommen zulassen. Deshalb, so die Pointe von Bolz, fällt es heute so schwer zu akzeptieren, dass Massenmedien nicht nur Wirklichkeit abbilden, sondern eigene Realitäten erzeugen, eine Wirklichkeit eigenen Rechtes sind (vgl. Bolz 1991).

Eine solche Wirklichkeit eigenen Rechts ist auch die Wirtschaftskommunikation – im Rahmen der Massenmedien und in ihrer eigentümlichen Art, Realität zu erzeugen. Denn warum akzeptieren Menschen beispielsweise „Serviervorschläge“ auf Konservendosen als Darstellung von deren Inhalt? Weil sie an diese Form der Wirtschaftskommunikation gewöhnt sind und wissen, dass der Inhalt der Dose, die sie zuhause öffnen werden, anders aussehen wird. Sie wären im Gegenteil verblüfft, wenn sie tatsächlich vorfänden, was auf dem Etikett abgebildet ist. Dieses Beispiel weist auf eine Konsequenz, die Luhmann aus seiner These von der eigenen Realität der Massenmedien zieht. Er wirft den Massenmedien kein Versagen vor, sondern stellt fest, dass sie aus strukturellen Gründen eine eigene Realität produzieren müssen, um überhaupt zu funktionieren. Während ältere medienkritische Positionen gelegentlich unterstellten, dass die Massenmedien in der Darstellung der Wirklichkeit versagen, erklärt Luhmann, dass sie eine Verdopplung der Realität im Sinne einer Verdoppelung aller Tatsachen gar nicht leisten können. Damit entfällt zum zweiten auch die in dieser Hinsicht unterschiedliche Bewertung unterschiedlicher „Programmbereiche", von denen Luhmann drei unterscheidet: Nachrichten und Berichte, Werbung sowie Unterhaltung (vgl. Luhmann 1996, S.53ff). Ist im Hinblick auf Unterhaltung, etwa Spielfilme oder Shows am ehesten klar, dass sie eine eigenständige mediale Realität verkörpern, sieht er dies auch im Hinblick auf Nachrichten und Berichte. Gerade dort lässt sich die Selbstbezüglichkeit der Massenmedien im Sinne des aus institutionellen Kett- und thematischen Schussfäden aufgebauten Gewebes besonders gut erkennen. Zwar ist die Erstellung von Nachrichten und Berichten an eine zum Beispiel durch Grundsätze journalistischer Arbeit bestimmte Kopplung mit tatsächlichen Ereignissen gebunden – die in den Medien berichteten Dinge sind in der Regel tatsächlich geschehen – aber sie bilden die Bestandteile jener eigenen Realität der Massenmedien, die sich durch Auswahl, Verknüpfung, Akzentuierung, Darstellung und anderem mehr bildet. Die Ereignisse und die Berichte stehen in einem ähnlichen Verhältnis zueinander wie Serviervorschläge und Doseninhalte.

Werbung ist der dritte von Luhmann genannte, in seiner eigenen Darstellung jedoch (wohl nicht zufällig) zwischen Nachrichten und Unterhaltung platzierte Programmbereich. Der Programmbereich Werbung in den Massenmedien verfügt über eine Eigenschaft, die Luhmann vielleicht übersieht oder der er zumindest keine größere Bedeutung beimisst: Werbung ist derjenige Teil der Medienrealität, der den größten Bezug zur vollsinnlichen, gelebten Realität der Rezipienten aufweist. Diese These bedarf einer näheren Erläuterung.

So selbstverständlich uns klar ist, dass massenmediale Unterhaltung eine eigene Realität darstellt, in die wir nicht hineintreten können, so gern möchten wir gelegentlich genau dies tun, möchten dabei sein, mit den Helden und Heldinnen zusammensitzen und den Diven und Prinzen in den Arm fallen. Immer wieder gibt es Filme, die diesen Wunsch thematisieren, sei es „Last Action Hero“ mit Arnold Schwarzenegger, in dem ein Junge zunächst in die Comicwelt hinter der Leinwand eintritt und dann der Held aus dem Film in die Welt geschleudert wird und den Verlust der Actionfilm-Logik schmerzlich erlebt, sei es Woody Allens „Die Farbe Lila“, sei es „Pleasantville“ von Garry Ross, wo ein junges Paar in die Schwarz-Weiß-Welt einer 50er-Jahre-Fernsehserie katapultiert wird. Wer gelegentlich Schauspielern im wirklichen Leben begegnet, mag die Enttäuschung darüber kennen, dass sie eben nicht die Figuren ihrer Rollen sind, sondern entweder recht normale Zeitgenossen oder aber schwer erträgliche Selbstdarsteller. Ähnliches gilt für den anderen Programmbereich, für Nachrichten und Berichte, deren Inhalte uns möglicherweise in ihren Konsequenzen betreffen können: Die Gesetzesänderung in Folge der Bundestagsentscheidung, zu der sich ein Fraktionssprecher äußert, kann uns eine geringere Steuerlast bescheren. Aber wir werden nur selten an den Ereignissen teilnehmen, über die berichtet wird. Ausnahmen mögen hier Reiseberichte sein, vielleicht auch die eine oder andere Ankündigung von Ausstellungen oder Staatsbesuchen. Im Großen und Ganzen aber berichten die Medien über Dinge, die wir gerade nicht erleben konnten.

Im Hinblick auf Werbung scheint sich diese selbstverständliche Entferntheit der Medienwelt jedoch umzukehren. Werbung ist darauf ausgerichtet, Menschen zum Kaufen zu bringen. Und die Käuflichkeit der beworbenen Produkte erscheint wie die magische Kinokarte, die den Jungen in die Kinoleinwand eintreten lässt. „Werbung ist also eine systematische Synthese aus Dichtung und Wahrheit“ (Willems 2002, S.82). „Walt Disney hat sein großes Konzept Imagineering einmal so definiert: `what we are selling is a belief in fantasy and story telling´ [...] Eine Ware auf dem Markt zu positionieren, das heißt ihr einen Platz zu verschaffen – das geht nur durch eine Story [...] Wenn man schon alles hat, was man braucht, wird man erst richtig sozial. Leute interessieren sich für Leute, das heißt für Geschichten" (Bolz 2002, S.109).

In einem anderen Licht erscheint unter dieser Prämisse etwa die Marlboro-Werbung, der gelegentlich vorgeworfen wird, dass man ja gar nicht Cowboy sei und es auch nicht wird, wenn man raucht. Aber gerade das ist der besondere Reiz, der die Wirkung ausmacht: An einer Welt zu partizipieren, ohne sämtliche Konsequenzen tragen zu müssen. Werbung funktioniert, weil nicht stimmt, was sie zeigt. Glaubwürdigkeit bezieht sich nicht auf die Inhalte, sondern auf die Qualität der Inszenierung. Insofern ist Wirtschaft parasitär zur Medienwelt – zumindest sofern sie geldorientiert ist.

Der Beginn dieses Prozesses liegt in der Steigerung der Lesefähigkeit und der Massenproduktion von Druckschriften, die einen Markt für Unterhaltungsliteratur schafft, für Romane. Die Literatur hat die Fantasie erzeugt, die als Bedarf nach entmaterialisierten Gütern wirksam wird. Die Wirtschaftskommunikation liefert eine Literatur, die in Teilen in das eigene Leben überführt werden kann. Das ist ihre ganz eigene Qualität. Damit unterscheidet sie sich zum Beispiel auch von den interaktiven Videospielen. Hier kann der Spieler zwar in der Fantasiewelt agieren, aber nicht die Fantasiewelt in seine reale Welt mitnehmen. Die durch Wirtschaftskommunikation aufgeladenen Produkte schaffen (und verschaffen) dagegen den Sprung zwischen diesen beiden Realitäten.

4.4 MEDIALE ENTWICKLUNG: VOM FESTEN ORT ZUR ALLGEGENWÄRTIGKEIT

Seit dem 1. Januar 1850 galt in Preußen ein erheblich liberalisiertes Pressegesetz, das sowohl die zuvor übliche inhaltliche Zensur massiv einschränkte, als auch die Freiheit zur Platzierung von Werbeanzeigen in allen Zeitungen und Zeitschriften einräumte. Diese Gesetzgebung befreite die Möglichkeiten der Wirtschaftswerbung, die bis dahin durch die Interessen der Zunftpolitik, der Obrigkeit, aber auch durch die reservierte Haltung der Zeitschriften selbst nachhaltig eingedämmt waren.

Insbesondere an den Zunftinteressen ist zu erkennen: Die Geschichte der Wirtschaftskommunikation wird von Ressentiments begleitet, die sich teils moralisch geben, teils auf handfesten wirtschaftlichen Interessen beruhen. Vor der umfassenden Industrialisierung der zweiten Hälfte des 19. Jahrhunderts wurden viele verkaufsfähige Produkte von Handwerkern hergestellt. Ihre Zunftordnungen und -gebräuche repräsentierten in vieler Hinsicht das Gegenteil freier Wirtschaft. So wurde nicht nur von den alten Meistern festgelegt, wer als neuer zu ihnen stoßen durfte – also: welche Konkurrenz man zuließ. Es wurde zudem festgelegt, was über eigene oder fremde Produkte zu sagen erlaubt war. Schließlich: Wenn alles nach zunftgemäßen Richtlinien produziert wurde, so dachte man, bedürfe es gar keiner Werbung. Bereits ab dem 17. Jahrhundert sind zwar Anzeigen für Güter aus zunftfreier Produktion eine übliche, aber keine dominierende Einrichtung. Sie „erschienen stets am Schluss der Zeitung, in derselben Spaltenbreite und meist derselben Schriftgröße wie die Nachrichten. Von diesen optisch abgetrennt waren sie lediglich durch eine Leerzeile oder einen Strich" (Bendel 1998, S.135). Aber auch den zunftfreien Produzenten und den Händlern wurde Werbung als moralisch zwiespältiges Instrument der Verkaufsförderung beschrieben: „Das `Vollständige kaufmännische System´ aus dem Jahre 1768 des Leipziger Professors Carl Günther Ludovici, des Begründers der systematischen Betriebswirtschaftslehre, zählt im Paragraphen 195 zu den `unerlaubten Hülfmitteln des Verkaufs ... das sog. Abrufen´ was bedeutete, einen Kaufwilligen nicht zu einem anderen Händler gehen zu lassen, sondern ihn durch `Kunststücke von diesem ab und an sich´ zu ziehen" (Borscheid 1995, S.21).

Auch die Presse selbst war nicht ohne Ressentiment. Zeitungen waren zwar stets an den durch Werbeanzeigen möglichen Einnahmen interessiert, aber auch immer gewahr, dass Anzeigen einen anderen inhaltlichen Wert haben als Nachrichten, politische Meinungen oder auch nur allgemeine Unterhaltung. Einige Zeitungen verzichten deshalb sogar ganz auf den Druck von Anzeigen, weil sie befürchten, dass der durch die Zünfte, aber auch durch Wissenschaft und Religion begründete schlechte Ruf des werbenden Verhaltens sich auf die gesamte Zeitung übertragen könnte.

Die Obrigkeit schließlich hatte ein Interesse an einer eingedämmten Anzeigenfreiheit, um sich selbst die durch Werbung möglichen Einnahmen zu sichern. Schon 1727 wurde deshalb in Preußen das so genannte Intelligenzwesen eingeführt. Mit diesem aus heutiger Sicht irreführenden Begriff ist nichts anderes als ein staatliches Monopol auf den Abdruck, zumindest den Erstabdruck von Anzeigen gemeint.

Intelligenzblätter hießen so, weil sie sich im Wesentlichen aus langen Listen zusammensetzten. „Intellegere" bedeutet im Lateinischen unter anderem „einsehen, in eine Liste blicken". Solche Listen hießen zum Beispiel „`Zum Verkauf angetragen´, darunter folgten durchnummerierte Gegenstände. Unter den `vermischten Nachrichten´ [...] findet man aber zunehmend [...] Texte, in denen keine Gebrauchtwaren, sondern neue Waren in größeren Mengen angeboten werden" (Bendel 1998, S.36). Das Intelligenzwesen ist zunächst ein Erfolgsmodell, es breitet sich schnell auch in anderen deutschen Staaten aus. Das Verbot ließ sich wohl nicht zur Gänze durchsetzen, führte aber doch zu einer beträchtlichen Einschränkung der Anzeigenwerbung außerhalb der Intelligenzblätter. Gleichzeitig nimmt das Anzeigenwesen selbst einen großen Aufschwung (vgl. Bendel 1998, S.38).

Die typische Erscheinungsweise der Anzeigen in diesen Intelligenzblättern war die zusammenhängende Abfolge von Listen, den heutigen Kleinanzeigen nicht unähnlich. Um den Absatz dieser oft recht eintönigen Lektüre zu sichern, gingen einige Staaten soweit, auch das Abonnieren dieser Blätter zumindest für bestimmte Personengruppen und Institutionen zur Pflicht zu machen: Pfarrer, Juristen, Klöster, Gemeinden, Behörden, Gasthäuser und andere (vgl. Borscheid 1995, S.24). Es ist nicht verwunderlich, dass gegen diese Praxis der beidseitigen Verpflichtung immer wieder Protest erhoben wurde. Aber trotz einiger Teilerfolge, zum Beispiel der Erlaubnis an politische Zeitungen, solche Anzeigen, die bereits in einem Intelligenzblatt erschienen waren, nachzudrucken, blieb das Intelligenzwesen solange intakt, bis grundsätzliche politische Umwälzung zu einem neuen Verständnis bürgerlicher Freiheit führte. Im Gefolge der bürgerlichen Revolution von 1848 wurde im Jahre 1850 in Preußen der Intelligenzzwang wieder aufgehoben, 1874 schließlich wurde die Pressefreiheit für das gesamte Deutsche Reich gesetzlich festgelegt.

Diese in Deutschland ab 1850 neu gewährten Freiheiten brachten zwei bis heute aktuelle Fragestellungen der Werbeverantwortlichen mit sich. Wie soll die Werbung gestaltet sein und wo soll sie platziert werden, um einen möglichst hohen Grad an Wirksamkeit zu erzielen? Der Beantwortung dieser Fragen näherte man sich zunächst durch wildes Experimentieren, wobei die Entwicklung der Werbung nach 1850 zunächst einer regelrechten Enthemmung glich. Wurde bis dahin jede Form des Konkurrierens möglichst vermieden, hieß in den 1870er und 80er Jahren „das Motto: Niederschreien der Konkurrenz durch ein Auffallen um jeden Preis. Mit Dutzenden von zeigenden Händen, kuriosen Einfällen, ausgefallenen Schlagwörtern und einem oft derben Humor sollten die Konkurrenten aus dem Feld geschlagen werden. Nicht etwa die Eigenschaft der angebotenen Produkte oder gar die Bedürfnisse der Kunden dienten als Argumente, sondern Anzeigengrößen, Druckstärken, auffällige Umrandungen, verschnörkelte Schriftarten und Schlagwörter wie `Halt!´ , `Unglaublich!´ oder `Aufgepasst!´“ (Reinhardt 1995, S.46). Die hier beschriebene Überreaktion zeigt deutlich, dass mit der Freigabe der Werbung und der Akzeptanz der Konkurrenz eine längst erwartete und gesuchte Möglichkeit entstand, die jetzt in einem Exzess der Menge ohne Ausschöpfung der möglichen Subtilität ausgekostet wurde. Nach dieser befreienden Überreaktion, die sich selbstverständlich schnell in ihrer Attraktivität aufbrauchte, fand man dann zu verträglicheren Formen der Kommunikation zurück. Dennoch findet sich auch später immer wieder dieses Reaktionsmuster, dass mit der Freigabe oder Entdeckung einer neuen Dimension der Werbung diese in einer Art Wettlauf exzessiv eingenommen wird, und es dann zu einer Re-regulierung kommt. „Der verbreitete Einsatz (nur) schreierischer Werbung kann dazu führen, das Kommunikation über Waren zum Rauschen (kommunikationstheoretisch: noise) verkommt. Die Zeitgenossen haben dies in den 1880er und frühen 1890er Jahren klar gesehen und nach Wegen gesucht, um die Anschlussfähigkeit werbender Kommunikationsakte zu erhöhen" (Pfister 2000, S.44).

Neben dem Wie wurde nach 1850 auch das Wo der Wirtschaftskommunikation neu festgelegt. Werbung konnte sich nun ausdehnen und an allen möglichen Stellen erscheinen, die nicht ausdrücklich verboten waren. Um solche Stellen, die besonders Erfolg versprechend zu sein scheinen, entstand eine neuartige Form der Konkurrenz und damit eine immense Ausdehnung der Werbung. Schon 1855 nimmt Ernst Litfaß die ersten 150 Anschlagsäulen für Plakate in Betrieb, deren besondere Qualität gerade in ihrer Platzierung an Verkehrsknotenpunkten lag.

Gelegentlich imitieren heutige Anzeigen Stil und Layout ihrer redaktionellen Umgebung, um nicht gleich als bezahlte Werbung erkannt zu werden. Solche Mimikri-Werbung wird aus medien- und wettbewerbsrechtlichen Gründen oftmals mit dem klein gedruckten Hinweis „Anzeige" am oberen Rand versehen. Dieser nur unter bestimmten Umständen erforderliche Hinweis auf eine Anzeige vergegenwärtigt aber gleichzeitig den eigentlich erstaunlichen Regelfall, dass es zu den normalen medialen Kompetenzen gehört, typisch gestaltete Werbung als solche zu erkennen. Massenmedien präsentieren sich heute als ein bunter und beständiger Mix von redaktionellen und werbenden Elementen, die ein Leser oder Zuschauer gewöhnlich sofort als solche zu erkennen in der Lage ist. Darin gibt es zwar auch vielfältige Versuche, diese sofortige Erkennbarkeit zu unterlaufen, etwa durch bezahlte redaktionelle Beiträge, durch Product Placement oder andere legale oder auch fragwürdige mediale Schachzüge. Dennoch werden riesige Budgets für Werbung ausgegeben, die auch sofort als Werbung erkennbar ist. Zwar sind in Deutschland auch die Fernsehsender verpflichtet, bestimmte Regeln zur Platzierung von Werbung in ihren Programmen einzuhalten. Aber auch ohne besondere Markierungen erkennt jeder zappende Fernsehkonsument, ob er in einen Programmbeitrag oder in einen Werbespot geschaltet hat. Die Vermischung von redaktionellen und werbenden Elementen sowie das dazugehörige trennscharfe Wahrnehmungsvermögen dieser Unterscheidung durch die Angesprochenen sind typische Rahmenbedingungen moderner Wirtschaftswerbung geworden.

Kommerzielle Massenkommunikation ereignet sich bis heute in einem Spannungsfeld von Regulierung und Liberalisierung. Die Aufhebung der Zensur und der staatlich geregelten Pflichtplatzierung führten jedoch zu einer Umkehrung der Erklärungsnotwendigkeiten. Heute ist die Einschränkung, sowohl inhaltlicher wie örtlicher Art, die zu erklärende Ausnahme, während die Freiheit der Werbung der unterstellte Normalfall ist.

Mit der Entwicklung vollständig werbefinanzierter Medien ereignete sich eine weitere Umkehrung. War bis dahin Werbung ein auch von den Verlagen nur notgedrungen geduldetes, wenn auch sehr lukratives Beiwerk, werden sie in den vollständig werbefinanzierten Medien zum Endzweck. Diese Entwicklung setzt eigentlich schon in Form der Anzeigenblätter, die kostenlos verteilt wurden, vor dem zweiten Weltkrieg ein, gelangt in Deutschland zu durchschlagender, systemverändernder Wirkung aber erst seit 1984 durch Privatfunk und Fernsehen. In Amerika dagegen finanzieren sich Rundfunksender seit den 1920er Jahren und Fernsehsender seit 1940 vollständig aus privaten Einnahmen.

Die Eroberung neuer Räume für Wirtschaftskommunikation ist sicherlich noch nicht abgeschlossen, wie immer man die Erfolgschancen einzelner Projekte beurteilt. Zu Beginn der 1990er Jahre zum Beispiel berichteten Zeitungen über amerikanische Pläne, eine 1,6 Kilometer lange Anzeigentafel um die Erde kreisen zu lassen und damit die Plakatierung des Weltraums einzuleiten (vgl. Wischermann 1995, S.8). Dabei kommt allerdings dem allgemeinen Internet-Zugang fraglos eine herausragende Bedeutung zu: Denn das Internet erlaubt es den Einzelkonsumenten relativ problemlos, sich zu Knowledge-Communities zusammenzuschließen und eine neue Form der Gegenkommunikation zu inszenieren.

4.5 MARKENARTIKEL UND WARENHÄUSER: SYMBOLIK UND SINNLICHKEIT

(1) MARKENARTIKEL Über die Marke und die Bedeutung des Markenartikels sind sowohl aus wirtschaftswissenschaftlicher wie aus soziologischer Sicht viele tiefgreifende Untersuchungen angestellt worden, so dass es schwierig ist, sich nur auf einige wenige herausragende Punkte zu beschränken. Dass Wirtschaftskommunikation in hohem Maße auf Emotionalisierung und auf Imagination beruht, ist am Markenartikel wohl am deutlichsten zu erkennen, auch wenn noch einmal hervorzuheben ist, dass derartige Wirtschaftskommunikation nicht auf Marken beschränkt ist: Sie muss zum Beispiel nicht auf Langfristigkeit angelegt sein und zeigt sich im einzelnen kommunikativen Akt und nicht nur in einem Bedeutungskonglomerat, wie es eine Marke darstellt.

Die Marke als Händler- oder Herstellerzeichen hat eine lange Tradition bis in die vorgeschichtliche Zeit. Um zu ihrer heutigen Qualität zu gelangen, waren allerdings bestimmte Voraussetzungen nötig: Mit dem liberaleren Presserecht konnte die Werbung einen Aufschwung nehmen und Kommunikation über Produkte an immer mehr Orten platzieren. Das machte es für Produzenten interessanter, auch die eigenen Produkte an möglichst vielen lukrativen Orten anzubieten, während auf der anderen Seite die Geschäfte immer mehr dazu übergingen, unterschiedliche Artikel anzubieten, die zum Beispiel nicht mehr allein aus der Region kamen. Das schuf in gewisser Weise ein Kompetenz- und Vertrauensproblem: Die Qualität des Artikels konnte nicht mehr durch die Anwesenheit oder zumindest Greifbarkeit des Herstellers abgesichert werden, der im Zunftdenken noch als Garant für Güte stand. Diese Qualitätsgarantie musste in das Produkt selbst verlagert werden. Dazu war als erstes Erkennbarkeit notwendig – was durch eine gleich bleibende Verpackung erzielt wurde, aber auch durch gleiche Preise, gleiche Konsistenzen und ähnliches. Dass diese Merkmale sehr viel flexibler sind, als man zuerst dachte, zeigt die Geschichte einzelner Marken, die sich zusammenfassen lässt in dem Fazit, dass man an einer Marke alles verändern kann – nur nicht alles auf einmal (vgl. Luhmann 2000, S.243f).

Heute ist ganz selbstverständlich, dass man der Marke Coca Cola mehr vertraut als irgendeiner Ausschankperson. Dass man heute eine Margarine als Familienmargarine, ein Deodorant als zuverlässig oder ein Getränk als sympathisch erleben kann, ist ohne die Sozialtechniken der Markenbildung kaum denkbar. Es wäre interessant zu überprüfen, in wieweit auch hier eine Ko-Evolution mit literarischen Tendenzen stattgefunden hat. In der Literatur des 20. Jahrhunderts wird es ein gängiges Stilmittel, Gegenstände mit personalen Attributen zu versehen.

Ursprünglich sollten Eigenschaften von Herstellern über die Marke auf das Produkt übertragen werden. Der zweite Schritt bestand dann in der Personalisierung des Produktes selbst – in der Entwicklung der Vorstellung von Markenpersönlichkeiten, die aktiv, tolerant, sportlich sein konnten. Damit war die Marke aber noch kein Medium, sondern nur ein Zeichenträger. Zum Medium konnte sie erst durch einen dritten Schritt werden: In der Werbung wurde nicht mehr nur vom Produkt und seiner Qualität gesprochen, also von den Knubber-Kirschen oder den französischen Walnüssen, sondern darüber hinaus von den Personen, die diese Produkte benutzen (nicht: anbieten), eben den Früchten der Schönen und Reichen. Ab ca. 1900 werden in Werbeanzeigen nicht mehr nur Aussagen über das Produkt, sondern auch über den Konsumenten gemacht.

Wo die eine Richtung möglich ist, ist auch die Gegenrichtung verlockend: So wie man heute selbstverständlich Produkte mit Attributen belegt, die eigentlich nur auf Personen anwendbar sind, so selbstverständlich betrachtet man auch Menschen, insbesondere solche, zu denen keine nähere Beziehung besteht, unter den Gesichtspunkten der warenästhetischen Qualität. Gerade weil die beidseitige Übertragung möglich ist, weil sowohl personale Attribute durch Marken auf Sachen übertragen werden können, wie auch Attribute einer Marke auf Personen, die diese Marke nutzen, ist der Markenartikel so erfolgreich geworden. Die rückläufige Übertragung ist eigentlich das Moment, welches die Marke vom Artikel löst und zu einer eigenständigen Größe im kulturellen Geschehen werden lässt.

Innerhalb von Organisationen findet diese Umkehrung der Bezugsrichtung insbesondere ihren Ausdruck in sämtlichen Vorstellungen der Corporate Identity. Corporate Identity ist die Übertragung des Gedankens des Markenartikels auf die Mitglieder von Organisationen.

Mit der Etablierung des Markenartikels stellt sich ein Effekt ein, der der ursprünglichen Intention der Markenbildung fast entgegenzustehen scheint. Marken sollten Sicherheit über die Produktqualität erzeugen und damit den Käufer von Prüfungsnotwendigkeit und Misstrauen entlasten, somit letztlich den Warenumschlag beschleunigen. Durch die hohe Attraktivität, die Markenartikel durch die Anfügung personaler Attribute bekamen, traten die gegenständlichen Aspekte des Produkts immer mehr in den Hintergrund. Diese Tendenz wird durch die Ausdehnung zu Dachmarken, die für ganze Lebensbereiche Produkte anbieten, noch verstärkt. Der Markenartikel führt zu einer neuen Art der Intransparenz: Der Käufer muss sich immer mehr auf die Marke verlassen und ist kaum noch in der Lage, Produktqualitäten zu unterscheiden.

Mit der Etablierung der Markenartikel kamen auch die Konsumenten nicht nur als durch Kaufkraft oder sachlichen Bedarf differenzierbare Personen, sondern auch als in ihren ästhetischen Vorlieben aufgefächerte Gruppen ins Visier der Wirtschaftskommunikation. Erste dahingehende Umfragen aus der Weimarer Zeit zeigten, „dass die Akzeptanz der Werbung in der Unterschicht ausgesprochen gering war“, was so interpretiert wurde, dass die Unterschichten „aufgrund ihrer Einkommenssituation einem Geschmack der Notwendigkeit unterliegen“ (Pfister 2000, S.45). Ein anderer plausibler Grund für diese geringe Akzeptanz könnte jedoch darin gelegen haben, dass die in der Werbung angesprochenen Wertewelten einem bürgerlichen Ideal entsprachen und darum für Unterschichten psychologisch ohne Bedeutung blieben. Denn ab ca. 1900 werden in Werbeanzeigen nicht mehr nur Aussagen über das Produkt, sondern auch über den Konsumenten gemacht, was nach dem ersten Weltkrieg in einen „regelrechten Psychoboom“ mündete: „Hatten noch 1917 erst drei deutsche Firmen über eigene `psychotechnische´ Abteilungen verfügt, so waren es 1922 schon 170" (Reinhardt 1995, S.51). Orientierte sich zuvor die Gestaltung der Werbung entweder an marktschreierischen Stilen oder an der Kunst und dem bürgerlichen Bildungsideal, wird jetzt das Rezeptionsbedürfnis des Kunden selbst zum Kriterium der Werbung. „Seit 1924/25 erscheinen in deutschen Zeitungen und Zeitschriften in ständig zunehmender Zahl Anzeigen, die noch heute durchaus modern erscheinen: Ein Werbestil war gefunden, der sich über Jahrzehnte hinweg sozialökonomisch bewährte ... Sie wiesen eine ausgewogene Balance zwischen Text und Bild auf und ließen den Werbezweck hinter informativen, ansprechenden Textpassagen und Abbildungen zunächst in den Hintergrund treten ... die Abwechslung innerhalb eines einheitlichen Rahmens bot und auf diese Weise Bedürfnisse der Menschen sowohl nach beruhigender Kontinuität als auch nach interessanten, anregenden Neuigkeiten zu befriedigen in der Lage war" (Reinhardt 1995, S.52).

(2) WARENHÄUSER Die Entwicklung und Gestaltung der Einkaufstätten ist ein eigenes, faszinierendes Forschungsfeld. Idealtypisch kann zunächst zwischen Märkten und Läden unterschieden werden. Auf Märkten sind alle Geschäfte (Stände) an einem Ort zusammengeballt, aber nur zeitweise geöffnet, als Morgen-, Wochen- oder Jahrmarkt. Die nur gelegentliche Öffnung beruhte wirtschaftlich auf der nur zeitweisen Verfügbarkeit der Waren, aber auch der Käufer. Denn man kommt und man geht wieder, Händler und Kunden treffen sich an einem Ort, an dem sie beide nur zeitweilig sind. Der Markt ist so zum Austausch von Neuigkeiten prädestiniert, er gilt als Keimzelle des Politischen.

Läden sind demgegenüber stetige Geschäfte, die sich bevorzugt dort platzieren, wo die Kundschaft zu erwarten ist: an Verkehrswegen und in der Nähe von Kirchen. In den Laden ist nur der Einkaufende gekommen, während der Verkaufende hier seinen festen Ort hat – selbst wenn er nicht im Laden wohnt. Deshalb sind Läden bei weitem nicht so politisch wie Märkte, sie neigen eher zum Kleinlich-Nörglerischen, das immer dann auftritt, wenn sich Menschen lange in einer kleinen Welt aufhalten. In Läden wird die Ware deshalb zunächst auch als schutzbedürftiges Eigentum aufgefasst, das nicht wie auf dem Markt ausgelegt, sondern auf Wunsch vorgelegt wird.

Heute wird nicht ohne Bezug auf diesen Hintergrund von Supermärkten und nicht von Superläden gesprochen. Auch hier steht die Auslage im Mittelpunkt. Wenn diese Supermärkte in Malls integriert sind, verbinden sich die Markt- und die Ladenvorzüge: der feste und sichere Ort, das Umherschweifen und die Auslage. Mit zwei gravierenden Unterschieden allerdings, dass zum einen alle Geschäfte, ob Supermarkt oder kleine Boutique, letztlich Mieter eines Investors sind und dessen Investitionskalkül folgen müssen. Und zum anderen, dass kaum noch gesprochen wird und so das Politische des Marktes in das imaginär-träumerische der Wirtschaftskommunikation umkanalisiert wurde. Da diese Form der Einkaufsstätten, die konstruierte Großform, ob als großstädtische Mall oder als Einkaufscenter am Stadtrand, der dominierende Handelskanal ist und an Bedeutung noch gewinnen wird, ist es interessant, auf einige wenig beachtete Folgen dieser Veränderung hinzuweisen: Es wird kaum noch Ladenbesitzer geben, sondern im Normalfall Angestellte. Die Funktionsstelle des Händlerstolzes wird von der Corporate Identity übernommen. Als Kunde wird man bedient, ohne noch mit einem Händler zu verhandeln. Das Einkaufen ist so stiller geworden, gesprächsarm. Dafür ist es zu einem sinnlichen und damit zu einem individuellen Erlebnis mutiert, denn Sinnlichkeit hat jede Person für sich allein. Dazu sind Festpreise, das Ende des Verhandelns um den Preis, von herausragender Bedeutung. Sie sparen Zeit, aber durch das Verhandeln wird auch das Für und Wider eines Gegenstandes kommunikativ erörtert. Solche Erörterungen sind oft für das Erlebnis sinnlicher Dimension nicht förderlich. Schließlich: Wer nicht potenzieller Käufer, Angestellter oder Zulieferer ist, dem wird der Zutritt immer häufiger verwehrt. Der Markt verliert so seine Öffentlichkeit, gewinnt aber eine gänzlich neue Lebensform, das Shopping, das im Flanieren seine historischen Ausgangspunkt hatte.

Walter Benjamins Beobachtungen über die Pariser Passagen (Benjamin 1982), die sich mit der Verbindung von städtischem Leben und neuer Einkaufskultur beschäftigen, sind für die Geschichte des Shoppings nach wie vor eine spannende Quelle. Denn in den großen Warenhäusern, die sich zum Ende des 19. Jahrhunderts etablieren, lässt sich der Beginn der Eventkultur verorten, einer Kultur, die sinnliche Qualitäten für wirtschaftliche Prozesse einzusetzen lehrt.

Die für den Sehsinn wichtigste Voraussetzung wird zunächst durch Gas, dann durch elektrisches Licht geschaffen: Die Unabhängigkeit der Beleuchtung von der Tageszeit. Was in den Weltausstellung ab Mitte des 19. Jahrhunderts mit globalem Anspruch zelebriert wird, wiederholt sich bei Wertheim für die Dame und den Herren von Welt, der in den herbstlichen Abendstunden in eine leuchtende und glänzende Konsumwelt eintaucht. Klaviermusik begleitete diese Ausflüge in die Konsumtempel, auch über das Ohr sollte Stimmung erzeugt werden. Von herausragender Bedeutung ist allerdings die Integration des Tastsinns, der durch die Auslage der Ware zu seinem Recht kommt.

Der Tastsinn ist, anders als Sehen und Hören, ein Nahsinn und hat deshalb einen dichteren Bezug zum Körper. Von der Verarbeitungskapazität ist er sehr mächtig aber wenig im Einsatz und zivilisatorisch diszipliniert. Dennoch kann er als der Echtheitssinn bezeichnet werden, was bereits die Geschichte vom ungläubigen Thomas in der Bibel nahe legt. Der wollte seine Finger in die Wunde des Christus legen, andernfalls war er nicht bereit, an die Auferstehung zu glauben. Man glaubt letztlich an die Existenz des Gefühlten mehr als an die des Gesehenen.

Beobachtet man Menschen in Warenhäusern, drängt sich gelegentlich der Eindruck auf, dass sich die Leute tatsächlich zu nicht unwesentlichen Teilen durch das Angebot tasten. Kann dies im Sinne einer auf Imagination setzenden Wirtschaftskommunikation sein? Müsste nicht das Berühren eher vermieden werden, damit das Verlangen gesteigert wird? Tatsächlich ist beim Durchtasten der Kunden durch das Warenhaus ein hoher Anteil des Verwerfens zu beobachten. Aber das trifft natürlich auch auf die gesehenen Angebote zu. Es lassen sich jedoch zwei unterschiedliche Arten des tastenden Berührens unterscheiden: das Berühren als Test und das Berühren als Nutzen. Ersteres beantwortet die Frage, wie sich etwas anfühlt, das zweite ist dagegen die Realisierung des Gebrauchs. Der Soziologe Richard Sennett hatte diesen Unterschied vor Augen, als er schrieb: „Der Bereich der objektiven Welt, der Welt der Realisierung, wird sich immer weiter von diesem sich entfaltenden und immer lockenderen Bereich der Intention und der Begierde entfernen“ (Sennett 1998, S.491). Mit anderen Worten ist das ästhetische Berühren dazu angetan, Begierde hervorzurufen oder zu steigern, die sich in der Nutzung nicht zeigt. Die Nutzung ist aber im Warenhaus in der Regel nicht oder nur stilisiert möglich – zumal man ja oft nicht den Gegenstand selbst, sondern seien Verpackung berührt: „Man beginge einen Fehler, wenn man Zurschaustellung mit Berührung verwechseln würde“ (Sennett 1998, S.488). Berührung in diesem Sinn ist erst nach dem Kauf möglich.

„Man verbaut sich systematisch den Zugang zum System des Konsumismus, wenn man Shopping mit `Einkaufen´ übersetzt“, meint deshalb der Philosoph Norbert Bolz (Bolz 2002, S.110). Wenn ein immer größerer Teil des Genusses nicht in der Sache, sondern in den durch die Sache ausgelösten Emotionen zu suchen ist, dann liegt der Genuss zeitlich vor dem eigentlichen Konsum – und ist daher bis zu einem gewissen Grad auch von ihm abgelöst. Gerade deutsche Unternehmen sehen das oftmals als Gefahr: dass man sich mit diesem „vorher“ begnügt, es beim window shopping oder beim Blättern in den Büchern belässt. Doch der Akt des Kaufens ist in sich nochmals ein lustvoller Moment, der oftmals umso mehr angestrebt wird, je näher man dem begehrten Objekt gekommen ist. In einer reinen Bedarfsdeckungsökonomie ist der Kaufakt völlig belanglos – das lässt sich an den Kassen der Discounter jeden Tag beobachten. In Individualitätsökonomien dagegen ist der Kaufakt selbst fast wichtiger als der Gegenstand, der gekauft wird: Bücher werden nicht zum Lesen gekauft, sondern zum Haben.

Gegenstände müssen deshalb verbraucht werden, damit immer neue Kaufakte entstehen können. Wenn sie sich sachlich nicht verbrauchen, nicht kaputt gehen, müssen sie sich zeitlich und sozial verbrauchen, untragbar bzw. unmodern werden.

4.6 VERHALTEN DER REZIPIENTEN: ABWANDERUNG, WIDERSPRUCH UND IMITATION

Wenn Wirtschaftskommunikation als überwiegend performative Kommunikation verstanden wird, sind die Verhaltensmöglichkeiten für die Rezipienten innerhalb des Kommunikationsprozesses deutlich eingeschränkt. Der diskursive Weg steht ihnen nur selten und zumeist als Ausnahmefall zur Verfügung. Das bedeutet aber nicht automatisch, dass sie als Rezipienten in einer weniger machtvollen Position sind. Bezogen auf die externe Marktkommunikation lässt sich sagen, dass die Anbieter sehr viel größere Möglichkeiten im Produktionsprozess von Gütern und auch von Kommunikation haben – während die Nachfrager in der Konfrontation stärker sind: Sie verfügen – zumindest in der entwickelten Welt – über die Möglichkeit, sowohl die Kommunikation als auch die Produkte eines Unternehmens abzulehnen. Unternehmen sind dagegen unter anderem wegen der zu Grunde liegenden Investitionen und der daraus resultierenden strukturellen Zwänge sehr viel weniger flexibel und deshalb sehr viel stärker an ihre Angebote gebunden. Eine Werbekampagne braucht ebenso wie eine Produktlinie eine gewisse Zeit, bis sie entsteht und sie muss, um wahrgenommen zu werden, aus den gleichen Gründen eine gewisse Zeit im Markt verbleiben, um sich überhaupt als nicht erfolgreich erweisen zu können. Konsumenten können dagegen zumeist umstandslos auf andere Produkte ausweichen oder einfach nicht kaufen, ohne substanziellen Schaden zu nehmen.

Aber auch wenn weiterhin ein Produkt gekauft wird, kann der Konsument längst unempfänglich für die Kommunikation geworden sein. Dieser Zusammenhang ist im Wesentlichen gemeint, wenn von Konsumentensouveränität die Rede ist, und eines der grundlegenden Bücher zu diesem Thema ist die Untersuchung vom Albert Hirschman (1974) mit dem Originaltitel „Exit, Voice and Loyality“. Hirschmans Untersuchung bezieht sich zunächst mehr auf das Verhalten innerhalb von Organisationen als auf das Konsumentenverhalten. Hier sieht er die drei Handlungsmöglichkeiten „Abwanderung“ „Widerspruch“ und „Loyalität“ – die sich von seiner Untersuchung abgelöst zu einer allgemeinen Weisheit für Manager über ihr Verhältnis zu ihrem Unternehmen verselbständigt habt: love it, change it or leave it. Es ist unter heutigen Bedingungen für solche Angestelltenverhältnisse sehr viel schwerer als für Konsumentenverhältnisse zu sagen, wie die Möglichkeit zur Nutzung der jeweiligen Option aussieht. Während früher auch hier galt, dass Investionsentscheidungen länger binden als Arbeitskontrakte, ist dies heute nicht mehr unbedingt der Fall. Auf der anderen Seite gibt es nach wie vor gesuchte Arbeitskräfte, die mit dem Hinweis auf ihre Exit-Option, ihre Möglichkeit zu gehen, erheblichen Druck aufbauen können. Innerhalb von Betrieben ist auch die Voice-Option als diskursive Form gelegentlich eine realistische Möglichkeit, auch wenn dort performative Kommunikation eine erhebliche Rolle spielt: Mitarbeiter können ihre Situation durch Kommunikation in ihrem Sinne verändern.

Was bedeutet Hirschmans Trias von Loyalität, Exit und Voice nun für Wirtschaftskommunikation allgemein? Auf eine plakative Formulierung gebracht gilt im Allgemeinen, dass Wirtschaftskommunikation darauf gerichtet ist, gesuchte Rezipienten zu gewinnen und zu halten, unrentable Rezipienten zum Exit zu bewegen und dabei – das ist vielleicht das am wenigsten Selbstverständliche – Gespräche so weit wie möglich zu vermeiden. Dabei ist von Rezipienten und nicht nur von Käufern die Rede, weil für die Wirtschaft zwar allein die Zahlung zählt, diese aber durch unterschiedliche kommunikative Seitenwege erzielt werden kann.

Gesuchte Rezipienten halten: um diese Formulierung zu erläutern, bieten sich eine ganze Reihe von Beispielen an. Bei Konsumenten sind es in der Regel diejenigen, die kaufen oder auf die Kaufentscheidung wesentlichen Einfluss nehmen. Das können Familienmitglieder – Vater sagt, welche Biermarke Mutter kaufen soll –, das können Meinungsführer, Prominente oder auch potenzielle Kunden wie etwa Kinder sein. Bei den Mitarbeitern sind es diejenigen, deren Qualitäten allgemein selten und gesucht, speziell für das Unternehmen bedeutsam sind. Im Umfeld des Unternehmens schließlich sind es diejenigen Entscheidungsträger, die auf den Erhalt oder die Schaffung förderlicher Rahmenbedingungen des Unternehmens Einfluss nehmen können. Wirtschaft ist zwar letztlich an Zahlungen interessiert, Wirtschaftskommunikation ihrerseits an den Zielen der Wirtschaft. Dennoch geht es bei der Exit-Option um einen Exit aus der Kommunikation. Ein solcher Exit kann in unterschiedlicher Schnelligkeit und mit unterschiedlicher Dauerhaftigkeit erfolgen: Ein Aufmerksamkeit erzeugendes Element führt zum kurzen Kopfdrehen und zur anschließenden Abwendung, oder auch sehr langsam: Je älter man wird, desto seltener schaut man MTV, bemerkt noch die entsprechende Werbung, ist schließlich nicht mehr interessiert. Und: der Exit muss nicht endgültig sein. Man entsinnt sich daran, aus dem Augenwinkel etwas gesehen zu haben, oder man kommt in eine Lebenskrise und wendet sich wieder den Jugendprogrammen zu. Bemerkenswert jedenfalls ist, dass ein solcher Exit aus der Kommunikation nicht mit einem Exit aus dem wirtschaftlichen Verhältnis zeitgleich einhergehen muss. Am deutlichsten ist das vielleicht beim Begriff der „inneren Kündigung" zu erkennen, der ja nichts anderes meint als dass jemand nicht mehr für die Kommunikation des Unternehmens erreichbar ist, obwohl der physisch und vertraglich noch mitarbeitet. Aber auch Konsumenten können durchaus noch aus Gewohnheit eine Zeit lang ein Produkt oder eine Marke kaufen, obwohl sie keine Verbindung mehr dazu empfinden. Sie sind dann möglicherweise besonders ansprechbar für konkurrierende Produkte?

Inwiefern kann es im Interesse von Unternehmen liegen, durch Kommunikation Menschen zum Exit aus der Kommunikation zu bewegen? Man muss nicht gleich so extreme Beispiele wie eine von der Tabakwarenindustrie zwangsweise durchgeführte Kampagne gegen das Rauchen anführen, um zu erkennen, dass das Kommunikationsziel nicht dem vordergründigen Inhalt entsprechen muss. Eine der wesentlichen Erkenntnisse Hirschmans besteht darin, dass unzufriedene Personen nur sehr selten protestieren, sondern dazu tendieren abzuwandern und sich auf die Suche nach einem Umfeld zu machen, das ihren Einstellungen und Motiven entspricht. So wie durch motivationale Ausrichtung eines Unternehmens bestimmte Personen angezogen werden, werden andere abgestoßen. Dieser Effekt muss nicht dem Zufall überlassen werden, sondern kann durch Kommunikation gesteuert werden. Was für Mitarbeiterverhältnisse zutrifft, hat seine Entsprechungen bei Konsumenten. Das Upgrading einer Marke zum Premium-Angebot erfordert es, ehemalige Konsumenten und Interessenten kommunikativ vom bisherigen Angebot abzulenken.

Als Tendenz lässt sich erkennen, dass im Rahmen der Wirtschaftskommunikation Gespräche, insbesondere auch Widersprüche, so weit wie möglich reduziert werden sollen – hier muss jedoch gleich hinzugefügt werden: sofern sie nicht profitabel bezahlt werden. Aber dann handelt es sich bei den Gesprächen eher um ein Wirtschaftsgut als um Wirtschaftskommunikation im engeren Sinn. Die Übergänge sind hier fließend. Wenn Gespräche jedoch nicht vom Kunden bezahlt werden, sind sie Kostenfaktoren, binden Arbeitszeit und irritieren Organisationen. Zudem sind Gespräche im Vergleich zu Kaufentscheidungen unscharfe Informationen, die die ökonomisch orientierten Unternehmen nur sehr aufwendig verarbeiten können. Für den Konsumenten oder den Mitarbeiter ist der Widerspruch dagegen mit einem sehr viel höheren Aufwand verbunden, weil er nicht nur ökonomisch, sondern auch „politisch" handeln muss, um Widerspruch zu artikulieren. Deshalb sind die wirtschaftlichen Beobachtungsinstrumente auf Abwanderung, nicht auf Widerspruch oder Gespräch eingestellt. Es spricht aus Sicht der Unternehmen noch ein weiteres Argument dafür, sich dem Gespräch bzw. dem Widerspruch zu verschließen. Zwar wird immer wieder vom Wert des Beschwerdemanagements gesprochen, es ist aber auf der anderen Seite der wirtschaftliche Normalfall, ein unterlegenes Produkt verkaufen zu müssen oder ein unterlegenes Unternehmen zu betreiben. Neben der Ausrichtung auf Verbesserung der sachlichen Aspekte ist die Ausrichtung auf eine vorteilhafte Darstellung der eigenen Angebote wesentlich für Wirtschaftskommunikation. Eine solche vorteilhafte Darstellung ist allerdings im Gespräch weit schwieriger durchzuhalten als in der performativen Kommunikation.

Der dritte, im Titel der Studie von Hirschman genannte Begriff neben Abwanderung und Widerspruch ist die Loyalität. Loyalität ist eher eine Rahmenbedingung als eine Alternative zu den beiden anderen Verhaltensweisen und in der von Hirschman ausgearbeiteten „Theorie der Loyalität" (1974, S.65ff) mischen sich entsprechend wirtschaftliche, soziologische und psychologische Gesichtspunkte. Hirschman betrachtet Loyalität als eine „besondere Anhänglichkeit an eine Organisation" (Hirschman 1974, S.67) oder auch an ein Produkt. Eine solche Anhänglichkeit kann zweifellos durch Wirtschaftskommunikation erzeugt werden, sie kann allerdings auch auf Erlebnisse und Einstellungen zurückgehen, die in der Kommunikation nur zufällig gespiegelt werden: Man erkennt sich in einem Werbespot wieder, erinnert sich an die eigenen Kindheitserfahrungen oder auch nur an den Urlaub in dem Ort, wo ein Spot gedreht wurde. Auf der Verhaltensebene scheint mir neben den drei Kategorien von Hirschman, neben Exit, Voice und Loyalität, zudem ein vierter Begriff fruchtbar für das Verständnis der Rezeptionsseite von Wirtschaftskommunikation zu sein: Imitation.

Verhaltensbiologische Forschungen an Säugetieren zeigen, dass Imitation eine der Urwurzeln von Kommunikation bildet: Kinder imitieren ihre Bezugspersonen, das Verhalten von dominierenden Gruppenmitgliedern wird ebenso imitiert wie dasjenige von erfolgreichen Jägern. Allerdings wird nicht beliebig jedes Verhalten jedes anderen Individuums imitiert, sondern nur dasjenige von solchen, die als ähnlich erkannt werden. „Ähnlichkeit", das ist natürlich ein fließender Begriff, er lässt sich jedoch eingen. Es sind in der Regel die Tiere der eigenen Art, nicht die einer fremden, oftmals auch diejenigen der eigenen Gruppe und diejenigen des eigenen Geschlechts, schließlich auch diejenigen mit dem gleichen oder einem höheren, aber erreichbaren sozialen Status. Die Leistung, die in der Imitation liegt, wird oft unterschätzt, ist jedoch hochkomplex, weil Imitation erfordert, Wahrnehmung in Handlung umzuformen – zum Beispiel die Bewegungen eines Jägers aus der Beobachtung in eigene Bewegungen, also Handlungen zu verwandeln (vgl. Gallese 2003).

Auch in der soziologischen Theorie wird der Imitation eine zentrale Bedeutung eingeräumt. Der Franzose Gabriel de Tarde hat zu Beginn des 20. Jahrhunderts die „Gesetzte der Nachahmung“ (vgl. Tarde 2003) formuliert und damit insbesondere auf die französische Soziologie einen großen Einfluss ausgeübt. Rene Girard hat daran anschließend den Begriff des mimetischen Begehrens gebildet. Damit ist gemeint, dass Begehren oftmals nicht von einer Person aus den eigenen Bedürfnissen heraus aufgebaut wird, sondern dass das eigene Begehren aus der Imitation des Begehrens einer anderen Person entsteht (vgl. Palaver 2004). Wegweisend für diese Vorstellung war die Romanliteratur des 19. und frühen 20. Jahrhunderts, insbesondere die Romane Marcel Prousts. „Wünsche, Bedürfnisse, Vorlieben, Sehnsüchte werden also dargestellt als nicht etwas genuin Gegebenes, etwas intern durch Triebe oder Konstitution hervorgebrachtes, sondern sie werden vielmehr `abgelesen´, sie werden durch mimetische Abhängigkeit von einem Dritten übernommen“ (Esposito 2003, S.90).

In den Wirtschaftswissenschaften ist dieser Imitationsgedanke beispielsweise in dem auf den Soziologen Thorstein Veblen zurückgehenden Trickle-down-Effekt aufgehoben. Damit ist gemeint, dass Moden oder andere ästhetische Vorlieben von einer statusmäßig hoch stehenden Gruppe begründet werden und sich dann nach und nach durch Imitation in der Bevölkerung ausbreiten. Veblens „Theorie der feinen Leute“ wurde im Jahre 1899 zum ersten Mal veröffentlicht, der Trickle-down-Effekt ist heute wegen einer nicht mehr klassenmäßig, sondern in Szenen gegliederte Gesellschaftsstruktur nicht mehr durchgängig anzutreffen. Imitationsmechanismen haben aber nach wie vor eine große Bedeutung für Wirtschaftskommunikation, sei es im Hinblick auf die nach der Jahrtausendwende wieder populär gewordene Werbung mit Prominenten, sei es als erweiterte Fassung der Meinungsführer-Kommunikation.

Imitation hat im Zusammenhang mit Kommunikation eine hoch zu schätzende Komponente: Imitation kann ohne Verstehen erfolgen. Verstehen ist hier zum einen in einer engen Bedeutung gemeint: Ohne zu verstehen, was imitierte Handlungen oder Formulierungen im Ursprungskontext bedeuteten, aber zum anderen auch in einem sehr weiten Verständnis, ohne zu verstehen, welche Motive hinter bestimmten Handlungen oder Formulierungen standen. Damit ermöglicht Imitation eine Aneignung von kommunikativen Elementen, die mit eigenen Deutungen und Motiven versehen werden können, ohne dass diese Veränderung des Kontextes für den wirtschaftlichen Erfolg von Bedeutung wäre. Imitation ist als Kommunikationswirkung also nicht auf inhaltliches Verstehen angewiesen, sondern lediglich auf positive Resonanz.

Ein Beispiel zur Illustration dieses Zusammenhangs kann die Entwicklung der Mobiltelefonie liefern. Ursprünglich war mobiles Telefonieren in militärischen und dann in wirtschaftlichen Kontexten von Bedeutung. In den späten 1980er Jahren bewarb man mobiles Telefonieren mit dem Hinweis darauf, dass man als verantwortliche Person nicht erreichbar ist, wenn man unterwegs ist: „Das Geschäft mit Asien geht den Bach runter – und Sie sind nicht erreichbar" hieß es in einem Werbespot. Damit wurden Mobiltelefone zu einem Ausweisprodukt für im Geschäftsleben bedeutsame Personen. Schon bald darauf traf man in Zügen oder auf Flughäfen Personen, die mit ihrem Handy spielten oder gar in Handy-Attrappen sprachen. Andere begaben sich zum Telefonieren auf die Straße, wahrscheinlich um ein beobachtetes Verhalten zu imitieren. Natürlich stieß dieses Verhalten auch auf Widerstand. Der Handy-Telefonierer wurde einerseits heimlich bewundert, andererseits aber auch immer wieder verspottet. In der späten Phase der Verbreitung der Mobiltelefonie ist es dagegen erklärungsbedürftig geworden, kein Handy zu haben, ganz unabhängig davon, wie häufig man unterwegs ist oder Anrufe empfängt. Für Jugendliche ist heute ein Dasein ohne mobile Erreichbarkeit kaum vorstellbar.

Imitation ist somit ein kraftvoller Mechanismus sowohl zur Verhaltenserzeugung als auch zur Verhaltensänderung. Bei der Beurteilung von neuen Produkten und Kommunikationsformen wird häufig skeptisch gefragt, wer dieses oder jenes nutzen und erst kaufen soll. Man geht hier zu häufig von Verhaltensänderung durch Wirtschaftskommunikation bei einer bestehenden Personengruppe aus, was eher unwahrscheinlich ist. Große Marktbewegungen werden jedoch von jungen Leuten getragen, die bestimmte Möglichkeiten imitieren, ohne andere Gewohnheiten zum Vergleich zu haben oder ablegen zu müssen.

„Nur wer vor einem konsumptiven Wahlakt steht, ist überhaupt anschlussfähig für Kommunikationsakte“ (Pfister 2000, S.45). Diese Auffassung trifft aus Sicht eines kalkulierenden Unternehmens bei der Produktion von Werbung dann zu, wenn mit dem Anschluss allein der Kauf gemeint ist. Die allgemeine kommunikative Anschlussmöglichkeit an Wirtschaftskommunikation ist so nur unzureichend beschrieben, denn in der Rezeption trennen sich wirtschaftliche Interessen der Unternehmen und kommunikative Formulierung wieder voneinander. Der Wirtschaftshistoriker Pfister, von dem das obige Zitat stammt, steht selbst gerade nicht vor einem konsumptiven Wahlakt, wenn er sich mit der Werbung der Firma Henkel beschäftigt. Die Imitation, die durch Wirtschaftskommunikation nahegelegt wird, bezieht sich demzufolge nicht allein auf den Kauf von Produkten, sondern auf einen ganzen Lebensstil, der hier vorgeschlagen wird.

4.7 KUNDENVERHÄLTNISSE

Kunde – das ist ein so eigentümlicher Ausdruck, dass ein Blick in die Begriffsgeschichte lohnt: Hinter dem Kunden, aber auch hinter der Kunde, hinter Urkunde und Kundschaft steht das mittelhochdeutsche Adjektiv „kund“, dass „bekannt, offenbar“ bedeutet. Ein Kunde war ursprünglich „wer bekannt ist, ein Einheimischer“, ab dem 16. Jahrhundert dann „wer einen Laden, ein Dienstleistungsangebot (wiederholt) in Anspruch nimmt“ (Etymologisches Wörterbuch, S. 744). Der Kunde unterscheidet sich vom bloßen Käufer dadurch, dass er wiederkommen soll, er bleibt aber ein Fremder, der nicht zur Organisation gehört. Das Kundenverhältnis ist somit in einem eigentümlichen Zwischenbereich von Bekanntschaft und Nähe einerseits, von Fremdheit und Abgrenzung andererseits angesiedelt und steht damit in gewisser Weise quer zu der sauberen Abgrenzung des Innen und Außen der Wirtschaft und des Widerspruchs und Exits der Wirtschaftskommunikation. Mit Kunden ist anders umzugehen als mit bloßem Käufern, aber inwieweit ist auch die Kommunikation kategorial anders?

Kunde zu sein ist eine Zuschreibung, aber auch ein Selbstverständnis. Beides mag nicht unbedingt im definierten Sinne verstanden werden. Wenn man sagt, dass der Kunde König ist, dann meint man wohl oftmals eher, dass jeder Käufer König ist, und nicht nur diejenigen, die wiedergekommen sind. Andererseits ist bekannt, dass Kundenpflege, man spricht von Relationship-Management, eine erfolgreiche Strategie sein kann. Mit dem Wort Relationship ist schon benannt, was einen Kunden vom Käufer unterscheidet: Es ist eine Beziehung, die sich ergibt oder die aufgebaut wird. In jedem Fall ist ein Kundenverhältnis ein solches, das durch einen Kaufakt begründet wird, durch ein Angebot, auf das reagiert wird. Ein Kundenverhältnis ist also eine Ankoppelung aufgrund eines Angebots, wobei Dauerhaftigkeit als Ziel des Anbieters, Freiheit erhalten als Ziel des Kunden zu gelten hat. Da der Kunde eine besondere Behandlung erwartet, erfordern Kundenverhältnisse ein variables Angebot. Nur dann kann der Kunde König sein, Einfluss genommen bzw. sich ihm angepasst werden. Das Angebot wird also aufgeteilt in einen Kernbestandteil und einen flexiblen Teil. Dieser flexible Teil taugt zur „Kundenorientierung“, er kann allein in einer freundlichen Behandlung bestehen, in bevorzugter Bedienung oder auch in anderen, besseren Konditionen.

Wenn Organisationen dazu übergehen, von internen Kunden zu reden, dann versuchen sie, die Orientierung an der Nachfrage, soweit es das Angebot zulässt, auch auf innere Verhältnisse zu übertragen.

Der Kunde hat alle Freiheit, außer der einen: nicht zu zahlen. Kundenkommunikation ist Konflikt vermeidende Kommunikation. Ausnahmen sind vielleicht Diskotheken, die teilweise wahllos Kunden abweisen, um Exklusivität zu zelebrieren. Im Verhältnis zum Leistungserbringer ist der Kunde der Stärkere. Derjenige, der Inhalte fordern und damit Produktion steuern kann, während das Unternehmen nur Geld, also Abstraktes fordern kann, für Leistungen, die es anbieten muss. Kundenverhältnisse werden so lange akzeptiert, wie sie eine Win-Win-Situation erzeugen. Aber was passiert mit den Nicht-Kunden oder Nicht-mehr-Kunden? Denen, die nicht kaufen können oder wollen? Ihnen wird die Relation verweigert, sie sind das Rauschen im System.

Während der Kunde sich anders orientieren kann, muss der Verkäufer verkaufen, was er hat. Das reduziert seine Möglichkeit, auf Kunden einzugehen. Zwar werden Variationen am Basisprodukt, Sortimente im Handel geführt, um eine gewisse Variationsbreite zu erzielen. Diese Variationsbreite ist aber nicht mit der Flexibilität des Geldes bzw. des Kunden zu vergleichen. Der kann sich auf die Suche nach dem besten Deal, dem niedrigsten Preis, der besten Ausstattung jederzeit umentscheiden.

4.8 AGENTUREN ALS KATALYSATOR: VOM EINZELINTERESSE ZUM SYSTEMINTERESSE

Den vielleicht folgenreichsten Sprung in der Geschichte der Wirtschaftskommunikation bewirkte das Auftreten der ersten Werbeagenturen. Mitte des 19. Jahrhunderts entstanden sie als so genannte Anzeigenexpeditionen: Dienstleistungsanbieter, die zwischen Verlagen und werbetreibenden Unternehmen vermittelten. 1855 gründet in Altona der 27-jährige Ferdinand Haasenstein eine Insertions-Agentur, Rudolf Mosse 1867 in Berlin die bald bedeutendste Annoncen-Expedition mit zahlreichen Niederlassungen. Als älteste noch existierende Werbeagentur gilt die amerikanische J. Walter Thompson Comp., die 1864 gegründet wurde. Ihr Ziel war es, die Zeitungen dazu zu bringen, Platz zu verkaufen und die Industrie und den Handel dazu zu bringen, diesen Platz zu kaufen.

Impuls gebend dazu waren offenbar die Verlage, die nicht passiv warten wollten, bis sich Händler, Hersteller oder sonstige Werbewillige entschieden, Werbeanzeigen aufzugeben. Denn die Werbeeinnahmen wurden im Zuge der industriellen Revolution und nach Freigabe der Presse schnell wichtigster Bestandteil des Zeitungsbudgets. Konsequenterweise begannen die Verlage, den Markt der Werbefähigen aktiv zu bearbeiten: zum Werben aufzufordern. Eine solche Aufforderung, auch wenn sie nur selten in den Zeitungen selbst erfolgte, begünstigte einen Darstellungsstil, der seinerseits mit den zunehmenden redaktionellen Ansprüchen der Zeitung in Konflikt geraten konnte. Insbesondere schien es zur Anzeigenanwerbung sinnvoll, den werbewilligen Unternehmen gegenüber die Verbraucherqualitäten derjenigen Leser anzupreisen, zu denen die Zeitungen andererseits jedoch in einem besonderen Loyalitätsverhältnis standen, hatte man sich doch zu deren Information und Unterhaltung verpflichtet. Die Verlage mussten, um die werbetreibenden Unternehmen als zahlende Kunden zu gewinnen, Details aus ihrem Wissen von den angestammten Lesern und Leserinnen, und hier wieder insbesondere der Abonnenten, preisgeben. Von dieser für die Verlage unvorteilhaften Betrachtungsweise lenkten die Anzeigenakquisiteure ab. Sie erschienen statt der Verlage und bekamen einen bestimmten Prozentsatz des Umsatzvolumens als Provision für vermittelte Anzeigenkunden. Anzeigenakquisitionen traten zunehmend als selbständige Unternehmer auf, die zwar von den Verlagen mit Informationen über die Leserschaft versorgt wurden, organisatorisch jedoch von ihnen getrennt blieben.

Den werbetreibenden Kunden gegenüber gewannen diese Anzeigenakquisiteure an Profil, weil sie nicht an einen einzigen Verlag gebunden waren, sondern Beziehungen zu vielen Zeitungen und Verlagen unterhielten. Ihr Ziel unterschied sich deshalb von dem der Verlage: nicht in einer bestimmten Zeitung, sondern überhaupt und mehr sollte geworben werden – schließlich profitierten sie ja von jedem Auftrag an jede Zeitung. Die Existenz von selbständigen Anzeigenexpeditionen wurde damit zu einem wesentlichen Motor des ansteigenden Werbevolumens insgesamt.

Den Unternehmen gegenüber traten die Anzeigenexpeditionen zunächst lediglich als Dienstleistungsanbieter auf, die den viel beschäftigten Unternehmern die Wege zu den Verlagen und die Beschäftigung mit den technischen Aspekten der Werbemittelherstellung abnahmen sowie Vorschläge zur Anzeigenstreuung machten. Dafür brauchten sie gar kein oder nur ein geringes Honorar zu verlangen, denn sie bekamen die Provisionen der Verlage. Somit waren sie für die Unternehmen gern gesehene, weil kostengünstige Helfer und Ratgeber. Bis heute ist der – zunächst kostenlose – Hinweis auf eine Verbesserung der Werbung eines Unternehmens ein zentrales Akquisitionswerkzeug von Werbeagenturen. Ihr längerfristiger Geschäftserfolg war jedoch abhängig von der Reputation, die sie bei den werbetreibenden Kunden durch den Erfolg der vorgeschlagenen Werbemaßnahmen aufbaut. Dazu waren sie, was die – damals ohnehin rudimentären – Leistungsdaten der Werbeträger anging, vom Angebot der Verlage anhängig. Sie konnten hierin zwar auswählen und zusammenstellen, aber nichts an den Grunddaten ändern. Änderungspotenzial ergab sich dagegen bei der Gestaltung der Anzeigen als solchen. Diese waren bis dahin normalerweise von den werbetreibenden Unternehmen selbst entwickelt worden. Die Anzeigenakquisiteure boten an dieser Stelle konkrete Dienstleistungen zur Qualitätsverbesserung der gelegentlich einfältigen Gestaltung an. Sie eröffneten sich so ein eigenständiges, ausbaubares Möglichkeitsfeld, um sich von ihrer Konkurrenz, die ja ebenfalls nur auf das exakt gleiche Medienangebot zugreifen konnte, zu unterscheiden und Reputation aufzubauen. Der Mediamix auf der einen, die Anzeigengestaltung auf der anderen Seite wurden die Mittel zur Effektivitätssteigerung der Werbung, damit zum Reputationsgewinn und schließlich zur Differenzierung der Anzeigenakquisiteure untereinander, die damit nach und nach zu Werbeagenturen im heutigen Sinne wurden.

Die Spezialisierung der Werbeagenturen auf die Zusammenstellung der effektivsten Medienauswahl und die attraktive Gestaltung der Werbemittel brachte ihnen nicht nur Reputationsgewinne, sie eröffnete darüber hinaus ein neues, eigenständiges Einnahmefeld. Solche Leistungen ließen sich, hatten sich die Unternehmen einmal daran gewöhnt und den Erfolg gesehen, höher in Rechnung stellen als die bloße Erledigung gehobener Botendienste. Zudem ließ sich so das stets drohende Unmutsproblem der werbetreibenden Kunden bearbeiten, denen zunehmend klar wurde, dass eigentlich sie die Provisionen der Agenturen bezahlten und diese bloß zur Verschleierung über die Verlage verrechnet wurden. Bald forderten deshalb insbesondere die größeren Auftraggeber die von Verlagen an die Anzeigenexpeditionen gezahlten Provisionen, jetzt Rabatte genannt, zumindest in Teilen zurück. Durch das breitere Angebotsspektrum der Agenturen konnte diese Forderungen mit nun ebenfalls anfallenden Honoraren verrechnet werden.

In betriebswirtschaftlichen Lehrbüchern wird über Werbeagenturen heute typischerweise im Zusammenhang mit der „Organisation der Kommunikation“ (Schweiger/Schrattenecker 2001, S. 125) bzw. im Hinblick auf die „Operative Planung der Kommunikationspolitik“ (Bruhn 2003, S. 378ff) gehandelt, sie gelten dann als neben den Unternehmen selbst zweiten wichtigen „Planungsträger“ (Bruhn 2003, S.378). Werbeagenturen werden als Kommunikationsdienstleister aufgefasst und fallen damit in das klassische Verhältnis von Auftragnehmer zu Auftraggeber. „Werbeagenturen setzen die Intentionen der Werbungtreibenden in Werbemittel um“ (Mattenklott 2004, S.621) – so kann die Lehrbuchauffassung des Verhältnisses von Werbeagenturen und Unternehmen zusammengefasst werden. Entsprechend ist die normale Sicht der Betriebswirtschaftslehre auf Werbung so, dass Werbung ein Teil der Unternehmenskommunikation ist, zu deren Erstellung und Durchführung man sich eventuell einer oder mehrerer Agenturen bedient. Dem Unternehmen kommt jedoch, so stellt es sich dar, die vollständige Hoheit über diese Kommunikation zu, weil es dafür bezahlt und weil es als Absender betrachtet wird. Unternehmen kaufen Ideen, Konzepte und Serviceleistungen rund um die Durchführung, sie werden damit identifiziert. Und doch handelt es sich nicht um die eigene, sondern eine angeeignete Kommunikationsform. Im Zuge dieser Aneignung verschwindet der Urheber aus dem Bild, ein Vorgang, von dem viele

Gestalter betroffen sind: Ghostwriter, Modellbauer in der Architektur, Kommunikationsdienstleister aller Art. Kommunikation wird auf den Mitteilenden zugerechnet. Welche Informationsvorgänge (um in Luhmanns Terminologie zu bleiben) der Mitteilung vorausgegangen sind, wird normalerweise nicht bedacht, weil es im Fluss der Kommunikation nicht weiter verarbeitet werden kann und weil der Mitteilende normalerweise kein Interesse daran hat, seine „Hintergründe“ sichtbar werden zu lassen. Das zwingt ihn allerdings dazu, die Konsequenzen der übernommenen Mitteilung auf sich zu nehmen, in negativer wie in positiver Hinsicht. Der Erfolg etwa einer Anzeige wird ebenso auf ihn gebucht wie die falschen Aussagen in der Presseerklärung. Manches Unternehmen hat sich für Äußerungen entschuldigen müssen, die in seinem Namen, aber ohne sein Mittun erfolgt sind. Diese Eigenart der Kommunikation, nämlich Mitteilungen auf den Mitteilenden zuzurechnen, dunkelt für die Außenbetrachtung die tatsächlichen Wurzeln komplexer Kommunikationen, insbesondere die Entstehung von Organisationskommunikation, ab.

Agenturen wirkten als Systembeschleuniger des gesamten kommerziellen Kommunikationssystems, sie vereinfachten aber auch die Zusammenarbeit der Organisationen in Folge des so genannte Baligh/Richartz-Effekts. Dieser besagt, dass eine zentrale Vermittlungsstelle zwischen zwei Interessenlagern die Kontaktanzahl verringert und damit den Markt effizienter gestaltet. Ohne Werbeagenturen müsste jeder Werbetreibende mit jedem in Frage kommenden Medium Kontakt aufnehmen, während mit einer Agentur nur ein Kontakt nötig ist. Bei einer fiktiven Zahl von fünf Unternehmen und vier Medienanbietern kommt demzufolge ohne Agenturen eine Kontaktzahl von 20, mit Agenturen eine Kontaktzahl von lediglich neun zustande (vgl. Bogs 2002, S.78f).

Es wurde und wird immer wieder versucht, Agenturen in das Unternehmen zu integrieren. Für den Handel sind adaptiv tätige Agenturen im eigenen Hause oft ausreichend. Inhouse-Agenturen, die mehr als nur adaptiv tätig sind, sind dagegen nur in wenigen Branchen, zum Beispiel in der

Modebranche anzutreffen: Dort ist eine der wenigen Situationen gegeben, in denen Produktgestaltungswissen und Kommunikationsgestaltungsanforderungen ineinander greifen und sich nicht behindern. Konzerne haben ihre eigenen Agenturen zumeist aufgelöst oder verkauft. Offensichtlich ist es trotz vordergründig höherer Kosten und gewisser Reibungsverluste letztlich auch betriebswirtschaftlich sinnvoller, insbesondere die kreativen Elemente der Unternehmenskommunikation durch externe Dienstleister produzieren zu lassen.

Für diese Externalisierung sprechen gute Gründe. Zwar wird argumentiert: „Der große Vorteil betriebseigener Kommunikationsabteilungen, die außerbetriebliche Kommunikationsinstitutionen nur von Fall zu Fall – vor allem für Spezialaufgaben – heranziehen, liegt darin, dass sie über die zu bewerbenden Produkte und Dienstleistungen bestens unterrichtet sind und daher mit den Kommunikationsdurchführenden besser kommunizieren können“ (Schweiger/Schrattenecker 2001, S.125). Dieses Argument bezieht seine Plausibilität aus der Überzeugung, dass viel Wissen über Unternehmen, Produkt und Marktumfeld die Wahrscheinlichkeit des Gelingens von absatzorientierter Kommunikation erhöht. Dies trifft allerdings keineswegs durchgängig zu, sondern fast ausschließlich im Bereich des Business-to-Business-Marketings, insbesondere bei Investitionsgütern. Für das weite Feld des Konsumgütermarketings und für die werbende Ansprache allgemein ist dagegen nicht die Kenntnis des Produktes, sondern die Kenntnis des Zielgruppenumfeldes von entscheidender Bedeutung.

Keine einzige europäische Einzelagentur hat mehr als 1000 Mitarbeiter, und jede Werbeagentur mit dreistelliger Mitarbeiterzahl gliedert sich in unterschiedliche Untereinheiten, Units, Families, was immer, die jedoch stets die Gesamtstruktur einer Agentur wiederholen und nicht etwa, wie in der produzierenden Industrie, spezialisierte Fachabteilungen bilden. Es gibt also keinen 30-köpfigen Textpool, 50 Grafiker und 20 Berater als operative Einheiten, sondern jeweils Teams, die sich aus allen drei Disziplinen zusammensetzen. Offenbar bedarf es zur Entstehung von Werbung der direkten und engen Zusammenarbeit solcher Teams. Zwar gibt es inhaltliche Lehrbücher für Texter und Grafiker, für Kundenberater und Strategische Planer, wie jedoch deren einzelne Beiträge effektiv und erfolgssicher ineinander fließen können, scheint unklar. Vielmehr ist einerseits das Scheitern der Normalfall, andererseits das Gelingen nicht selten von kurzer Dauer und nur für einige Kunden erreichbar. Das erfordert ein häufiges Neugruppieren der Mitarbeiter. Betriebswirtschaftlich gesehen haben Werbeagenturen hier gegenüber Unternehmen den Vorteil der Economy of Scales: Mehrere Mitarbeiter jeder Disziplin stehen zur Kombination zur Verfügung, mehrere Kunden mit unterschiedlichen Anforderungen können bedient werden. Derartiges Verschiebepotenzial ist innerhalb der Unternehmen erheblich geringer, zumal die Anzahl der Mitarbeiter ja so ausgerichtet werden muss, dass alle immer beschäftigt sind. Hausagenturen, die ohnehin alle Aufträge bekommen, sind zudem der Konkurrenz entzogen. Zum dritten ist die Fluktuation der Mitarbeiter in Hausagenturen gerade wegen der fehlenden Konkurrenzsituation erheblich geringer. Da der Werbeentstehung aber das kodifizierte Wissen fehlt, ist die Innovation erheblich auch auf personelle Fluktuation angewiesen. Die Verweildauer der Mitarbeiter in Werbeagenturen ist deshalb im Vergleich zur Industrie sehr gering und der schnelle – aber nicht zu schnelle – Wechsel wird ausdrücklich gefördert. „Ist ein hohes Maß an Kreativität erforderlich, so ist es in sehr großen Unternehmen oft schwierig, die Produktivität des kreativen Personals aufrechtzuerhalten (wenngleich es Ausnahmen gibt)“ (Porter 1984, S.253).

Die Frage, ob Agenturen hinzugezogen werden, oder ob eine im Unternehmen angesiedelte Kommunikationsabteilung als Inhouse-Agentur ausreicht, wird im betriebswirtschaftlichen Rahmen selbstverständlich vor dem Hintergrund entstehender Kosten diskutiert. Dabei scheint klar zu sein, dass sich mit Inhouse Agenturen kurzfristig kosten sparen lassen, weil für die Erstellung von Werbemitteln keine Honorare, sondern nur Löhne und Gehälter zu zahlen sind, sich dagegen aber das Risiko des Misslingens erhöht: „Die Budgetierung in der Kommunikation ist durch einen hohen finanziellen Einsatz gekennzeichnet, so dass die eigenständige

Entwicklung einer Kommunikationskampagne aufgrund mangelnder Erfahrung und fehlendem Know-how als risikoreich angesehen wird" (Bruhn 2003, S.378). Inhouse-Agenturen können demzufolge insbesondere von Absatzmittlern, also vom Handel geschätzt werden. Bruhn (ebenda) führt dafür drei Gründe an: Notwendigkeit zur Kostenreduktion wegen geringer Margen, hoher Zeitdruck bei der Umsetzung taktischer Maßnahmen und Versorgung des Handels mit kreativen Werbemitteln durch die produzierenden Unternehmen. Im Umkehrschluss lässt sich daraus folgern, dass die Zusammenarbeit mit externen Werbeagenturen im Normalfall zeitaufwändiger und teurer ist als eine Inhouse-Lösung.

Die Aufspaltung des Leistungsspektrums der Full-Service-Agenturen in Gestaltungs- und Mediaagenturen vollzog sich in den 80er Jahren des 20. Jahrhunderts (vgl. Bogs 2002, S.52f). Die eigenständigen Leistungsangebote der effektiven Medienauswahl und der attraktiven Gestaltung von Werbemitteln stimulierten die Entwicklung eines agenturtypischen Spezialwissens. Am Unterschied von Distribution und Gestaltung von Werbemitteln hat sich der tiefgreifendste Unterschied zwischen Agenturtypen kristallisiert: Mediaagenturen auf der einen und Gestaltungsagenturen below, above und through the line auf der anderen Seite. Ein entscheidender Unterschied liegt offenbar darin, dass Mediaagenturen heute aufgrund des zahlreichen Datenmaterials mit kodifizierten Wissens- und quantifizierteren Controlling-Systemen arbeiten können. Die Arbeitsweise von Gestaltungsagenturen dagegen scheint sich, von oberflächlichen Grundstrukturen abgesehen, der Kodifizierung zu entziehen und auf personale Wissensträger angewiesen zu bleiben. Auch deshalb wurden bei der Gestaltung vielfältige Einzelaspekte vertieft und zu eigenständigen Angebotszuschnitten aufgespaltet, wie heute an den zahlreichen Spezialagenturen abzulesen ist, die sich mit einzelnen Teilaspekten von Schaufenstergestaltung über Verkaufsförderung bis Eventmarketing beschäftigen. Während die inhaltlichen Angebotszuschnitte immer differenzierter werden, ist auf der finanziellen Seite heute eine zunehmende Konzentration in immer größere Holdings und Agenturnetzwerke festzustellen, die eine Vielzahl unterschiedlicher Agenturen unter einem Unternehmensdach vereinigen. Die operativen Einheiten solcher Holdings bleiben allerdings, wie gesagt, einzelne Agenturen mit bestenfalls mittelständischer Betriebsgröße. Dennoch bleibt die Größe der Agenturen und Units natürlich von Bedeutung, denn es besteht ein Zusammenhang zwischen der Größe der betreuten Etats, den dadurch der Agentur zufließenden Gelder und der entsprechenden Reputation und der Möglichkeit, hervorragende Mitarbeiter an sich zu binden.

5. DAS SPIEL ALS LEITMETAPHER: WÄHLEN UND GEWÄHLT WERDEN

> „Spiel und Traum zitieren Elemente der Wirklichkeit, sie wirken hinein in unseren Alltag, ohne dass wir sie mit unserer alltäglichen Wirklichkeit gleichsetzen würden. Doch unterscheidet sich das Spielen in einem wesentlichen Punkt: Es ist aktives Träumen.“ (Roes 1996, S.202)

Das folgende Kapitel soll zeigen, welche Folgen die im Vorangegangenen entwickelten Gedanken für eine wirtschaftskommunikativ geprägte Sicht auf Unternehmen und Management haben. Dazu werden eine Anzahl von Argumentationslinien wieder aufgenommen und miteinander in Verbindung gebracht.

Werbung genießt keinen besonders guten Ruf. Weder in den Unternehmen selbst noch unter Verbrauchern steht sie in hohem Ansehen. Zwar haben die alljährlichen Cannes-Rollen, die die besten Filme des Werbefestivals an der Cote d`Azur zusammenfassen, ihre Fan-Gemeinde. Die Cannes-Rollen-Liebhaber schätzen aber zumeist nicht die eigentliche Funktion dieser Filme, bestimmte Produkte begehrenswert zu präsentieren, sondern die Mittel, die dazu angewendet werden: Humor, Materialschlachten und interessante Geschichten. Die alltäglicheren Varianten werbender Wirtschaftskommunikation werden dagegen sehr viel skeptischer beurteilt. Verbraucher ahnen die verkaufsfördernde Absicht und sind innerlich alarmiert.

Mitarbeiter fühlen sich zwar oft geschmeichelt, wenn ihr Unternehmen mit Werbung in den Medien auftaucht, sie wissen aber auch um die tatsächlichen Verhältnisse und das trügerische Bild, das die Werbung zeichnet. Dementsprechend nehmen die Werbeabteilungen der Firmen selten eine hohe Position in der Firmenhierarchie ein. Zwar lässt sich über jeden Beruf despektierlich reden, aber die Werbefuzzis sind besonders wenig respektiert.

Werbung gegenüber darf sich jeder überheblich zeigen – das scheint ein Grundzug dieser Kommunikationsform zu sein. Dieses vermeintliche Recht auf Überheblichkeit kontrastiert auffällig mit der großen Bedeutung, die Werbung für die Wirtschaft hat. Allein in Deutschland werden jährlich deutlich über 20 Milliarden Euro für Mediawerbung ausgegeben. Damit ist noch längst nicht alle Kommunikation erfasst, die unter werbenden Gesichtspunkten getätigt wird: als Product Placement, in Verkaufsgesprächen, auf Messen und Events, in der internen Kommunikation. In diesem umfassenderen Sinn ist werbende Kommunikation die dominierende Form der Wirtschaftskommunikation in entwickelten Ländern.

Auch die Geringschätzung der Werbung durch die Verbraucher ist nur eine Seite der Rezeption von Werbung. Sie ist ein alarmierender Abwehrmechanismus, der gerade deshalb aktiviert wird, weil man sich gegen die Wirkung der Werbung schützen will – so wie man bereits als Kind lernt, beim Einkaufen nicht blind jedem Impuls zu folgen, der ins Auge springt. Wie Erwachsene in der Regel in der Lage sind, selbst reguliert mit den Kaufreizen in den Einkaufsstätten umzugehen, so können sie normalerweise auch den Input der Werbung relativieren. Daraus allerdings auf Wirkungslosigkeit zu schließen, wäre gewagt. Werbung, Wirtschaftskommunikation insgesamt, ist ambivalent.

Neben der oben schon kurz geschilderte Ambivalenz der Unternehmen gegenüber ihrer eigenen Werbung liegt in der Werbung selbst eine Ambivalenz von Fakten und Illusionen, eine ethische Ambivalenz von Wahrhaftigkeit und Verführung, schließlich auch der Ambivalenz von Geld und guten Worten, mit der Wirtschaftskommunikation als ganze umschrieben werden kann.

Wie Menschen mit Ambivalenzen umgehen, ist Gegenstand ausgeprägter psychologischer Forschungen. Weit verbreitet ist die Tendenz, die Spannung zwischen den beiden Wertpolen einer Ambivalenz aufzulösen, in dem man sich für den einen der beiden Pole positiv entscheidet und den anderen gering zu schätzen beginnt. Dazu ist im Hinblick auf Wirtschaftskommunikation bereits im Studium die Versuchung sehr groß. Es gibt zwar integrativ angelegte Angebote, meistenteils wird allerdings der „Marketingaspekt" der Wirtschaftskommunikation im Rahmen der betriebswirtschaftlichen, der „Gestaltungsaspekt" im Rahmen von Kommunikations- und Design-Studiengängen monopolisiert. Wer sich in beiden Typen von Studiengängen aufhält, weiß dann von der oftmals nahezu skurrilen Unterschätzung des Potenzials der jeweils anderen Ausprägung zu berichten. Für die Kommunikationsdesigner sind dann die Betriebswirte bloße Erbsenzähler, den Betriebswirten dagegen erscheinen die Designer als verhinderte Künstler ohne jedes Verständnis für Zahlen und Profite. Beide Einschätzungen sind nicht ohne Wahrheitskern. Entscheidend ist aber, dass weder die Betriebswirtschaftslehre noch die Kommunikationswissenschaften oder das Design jeweils für sich allein die Problemstellungen der Wirtschaftskommunikation optimal bearbeiten können. Die Absolventen der beiden Disziplinen stellen deshalb oftmals Verkörperungen desjenigen Wertkonfliktes dar, welcher der Wirtschaftskommunikation selbst inne wohnt.

Der betriebliche Umgang mit den Ambivalenzen kann dem psychischen sehr ähnlich sein. Die Hierarchisierung der Abteilungen zur Klarstellung von Unternehmenswerten entspricht der Ambivalenzbewältigung durch Hoch- bzw. Geringschätzungen bei einzelnen Menschen. Eine andere Sichtweise, die im Folgenden favorisiert wird, besteht darin, beide Werte als positiv zu akzeptieren und die natürlich weiterhin zur Orientierung nötigen negativen Ausprägungen aus den Übertreibungen der einzelnen Pole zu generieren. Aus der einfachen Opposition zwischen entweder betriebswirtschaftlichem Denken oder gestalterischem Anspruch wird dann eine positive Spannung. Als negativ werden demgegenüber auf der betriebswirtschaftlichen Seite reine Zahlenverhaftetheit, auf der gestalterischen Seite bloßes Künstlertum begriffen. Diese Methode der Wertinterpretation, die auch als Wertequadrat bekannt ist (vgl. Schulz von Thun 1998), entlastet von der Zumutung des Entweder-Oder und ermöglicht ein positives Sowohl-als-Auch, das aber nicht Konfliktlosigkeit propagiert. Vielmehr stellt eine solche Sichtweise vermeintliche Oppositionen in einen neuen Entscheidungskontext: Es ist dann beispielsweise nicht mehr die Frage, ob es Werbung geben soll oder nicht, sondern welches die positiven und die negativen Ausprägungen von Werbung sind. Nicht ob das Realitäts- oder das Lustprinzip Geltung beanspruchen kann, sondern wie beide Prinzipien zueinander in Beziehung stehen und welche Konflikte sich daraus ergeben.

Ein positives Spannungsverhältnis zwischen vermeintlichen Gegensätzen zu akzeptieren bedeutet nicht, auf eine fachspezifische Expertise zu verzichten. Es geht um den konstruktiven Umgang mit Wertkonflikten, nicht um die Abflachung von Spezialisierungen. Im Gegenteil: bei gegenseitiger Wertschätzung kann die spezifische sachliche Ausprägung der jeweils anderen fachlichen Seite besonders nützlich für den Erfolg von Projekten werden.

Wie kann sich ein solcher Anspruch konkretisieren? Ein Beispiel ist der Umgang mit bestimmten begrifflichen Festlegungen, etwa mit den Begriffen Grundnutzen und Zusatznutzen von Produkten. Als Grundnutzen wird von den Wirtschaftswissenschaften gewöhnlich der sachliche Nutzen des Produktes gesehen – zum Beispiel besteht aus dieser Sicht der Grundnutzen von Zucker in der Möglichkeit, zu süßen. Zusatznutzen eines Markenzuckers könnten – nach der Definitionstradition des Marketings zum Beispiel in einer besonderen Verpackung begründet sein. Aus einer Wirtschaftskommunikations-Perspektive erscheint dieses Verhältnis jedoch anders: Um Zucker zu kommunizieren ist es ein zusätzliches interessantes Argument, dass man damit süßen kann. Was bei Zucker noch etwas ungewohnt klingt, ist bei Pralinen oder Champagner schon sehr viel plausibler: Champagnerflaschen in Geschenkverpackung werden nicht selten bis zu fünfzig Mal weiterverschenkt, bevor sie irgendjemand dann doch öffnet und trinkt. Auch im allgemein üblichen Verständnis liegt hier der Grundnutzen im Verschenken, im kommunikativen Aspekt, der Zusatznutzen darin, dass der Champagner auch noch trinkbar ist.

Die Leistung von Unternehmen wird an Produkten wahrnehmbar, wobei heute auch für Wirtschaftswissenschaftler selbstverständlich ist, dass die aus den physikalisch-funktionalen Eigenschaften des Produkts ableitbaren Nutzeneigenschaften zumindest im Konsumgüterbereich nicht mehr allein ausreichen, um durchgreifende Markterfolge zu erzielen. Produkte müssen heute eine sachliche und eine kulturelle Komponente tragen, wobei diese Zusatznutzen im betriebswirtschaftlichen Sinn sich weiter aufspalten lassen, zum Beispiel in Erbauungsnutzen und Geltungsnutzen (vgl. Meffert 1998, S.323). Dieses Konzept kann aber durchaus mehr verschleiern als erklären, wenn man berücksichtigt, dass „die Verlaufsmuster der außenorientierten, objektiven Nutzensteigerung (Grundnutzen) einer anderen Übergangslogik gehorchen als die Verlaufsmuster der innenorientierten, subjektiven Nutzensteigerung (Zusatznutzen)“ (Schulze 2002, S.984). Auf Gerhard Schulze, von dem dieses Zitat stammt, geht der Begriff der Erlebnisgesellschaft zurück, der seit dem Erscheinen der gleichnamigen Studie im Jahre 1992 wie nur wenige andere soziologische Wortschöpfungen allgemeinen Eingang in das betriebswirtschaftliche Denken gefunden haben. Aber auch zehn Jahre später kann Schulze noch immer feststellen: „Kernkonzepte, die man braucht, um innenorientierte Marktpfade zu beschreiben, blieben bisher den Kulturwissenschaften vorbehalten und konnten sich im Wirtschaftsleben nicht etablieren“ (Schulze 2002, S.984). Warum ist das so? Blickt man zurück, ist zu erkennen, dass mit der grundsätzlichen Bedarfsdeckung erste Zusatznutzenangebote über sachlogische Produktqualitäten entwickelt wurden: Herkunft, sinnliche Qualität wie Bissfestigkeit oder Farbe, oder der Name des produzierenden Handwerkers oder Bauern bildeten die Ausgangspunkte der Markenartikel, wie sie von Hans Domizlaff (1982) grundlegend beschrieben wurden. Diese kulturellen Gesichtspunkte der Produkte ließen sich zunächst aus den Produkten und ihrer Umwelt ableiten und in ihrer Wirkung auf das Kaufverhalten leicht beobachten. Dazu reichte die kulturelle Kompetenz der Kaufleute oft vollständig, und bis heute finden sich die Altländer Kirschen auf dem Hamburger Wochenmarkt und die (real gar nicht existierende) Piemontkirsche in der Fernsehwerbung. Durch die Massenmedien wurde ein weiteres Relevanzzeichensystem etabliert, dass sich intertextuell verselbständigte: An Produkte konnten zur Wertsteigerung nun auch solche Attribute angefügt werden, die ihrerseits nur massenmedial und imaginativ existierten – etwa der Geschmack nach Freiheit und Abenteuer. Diese kulturell-imaginative Komponenten von Produkten sind jedoch keine Güter mehr. Anders als die Herkunftsbezeichnung der Kirschen ist das Gefühl von Freiheit und Abenteuer nicht einklagbar und es kann auch keine Garantie darauf gegeben werden, dass es sich einstellt.

Wenn gesagt wurde, dass Unternehmen heute gezwungen sind, auf den zwei sehr unterschiedlichen Gebieten der Naturbeherrschung durch technische Prozesse und in der Kulturrelevanz durch massenmediale Kommunikation Kompetenz zu zeigen, dann ist genau dies gemeint: Sowohl den Geschmack als auch die imaginative Fantasie der Konsumenten zu treffen, sowohl technische als auch inszenatorische Qualität zu entwickeln. Diese Anforderung verschärft sich in einer massenmedial konstruierten Realität durch den Umstand, dass die sachliche Komponente der Produkte selbst nicht medientauglich ist, sondern ebenso wie die kulturelle Komponente inszeniert werden muss. Nicht der Benzinverbrauch eines Autos kann in den Medien erlebbar werden, sondern nur eine Inszenierung des Benzinverbrauchs, die ihrerseits mit anderen Inszenierungen um die Imagination der Zuschauenden konkurriert (vgl. Schulze 2002, S. 980). Die erforderlichen technischen und kommunikativen Kompetenzen stehen nicht zuletzt über das Produkt, aber auch über die Medientypen miteinander in Beziehung, gehorchen aber unterschiedlichen Logiken. Zwar lässt sich Kommunikation auch unter dem Gesichtspunkt des Mehr-ist-Mehr betrachten: „Bei gegebenem Gütereinsatz soll eine größtmögliche Güterausbringung oder eine bestimmte Güterausbringung mit geringstmöglichem Gütereinsatz verbunden sein. Das entsprechende Verhalten nennt man wirtschaftlich und im umgekehrten Fall unwirtschaftlich“ (Eichhorn 2000, S.15f), diese Betrachtung überträgt jedoch lediglich die betriebswirtschaftliche Logik auf Kommunikation und eignet sich als medienökonomische Grundaussage. Sie eignet sich jedoch nicht dazu, erfolgreiche Kommunikation selbst zu produzieren.

Die Wörter Grundnutzen und Zusatznutzen implizieren eine Hierarchie: Zunächst ist der Grundnutzen wichtig und sicherzustellen, der Zusatznutzen ist von zusätzlicher, nicht von wesenhafter Bedeutung. Selbstverständlich lassen sich aber Grund- und Zusatznutzen nicht absolut, sondern nur relational bestimmen, insbesondere auch relational zu Erkenntnisinteressen. Für den Bereich der Wirtschaftskommunikation ist es vollständig legitim und sinnvoll, die Kommunikation als grundlegend zu betrachten. Während die Betriebswirtschaftslehre zunächst fragt, welche Produkte der Markt verlangt, diese dann zu produzieren und schließlich auch zu kommunizieren empfiehlt, muss die Denkweise der Wirtschaftskommunikation davon bestimmt sein, zunächst zu fragen, welche Kommunikationsformen und Inhalte erfolgreich sein werden und dann die entsprechenden Produkte dazu zu fordern. Unternehmen, die mit Lifestyle-Produkten verbunden sind, haben diese Sicht bereits kultiviert, insbesondere im Bereich der Mode. Auf anderen Gebieten, etwa in der Lebensmittelindustrie, ist eine solche Vorgehensweise zur Ergänzung der produktorientierten Perspektive oft noch nicht als gleichwertig anerkannt. Sicherlich liegt das auch an einer intuitiv empfundenen Überlegenheit des Greifbaren gegenüber dem auf Vorstellungen abzielenden Kommunikativen. Vergleicht man jedoch die Umsätze, die mit bloßen Gegenständen erzielt werden können mit denen, die durch Kommunikation addiert werden, ist völlig unstrittig, wo gesamtwirtschaftlich gesehen die Werttreiber zu finden sind.

5.1 DIE IMAGINATIVE WAHL

Imagination ist ein Ausdruck, der eher im Bereich der Unterhaltung, vielleicht auch der Literaturwissenschaft vermutet wird, in geschäftlichen und betrieblichen Zusammenhängen aber oftmals eher Skepsis auslöst. Imagination wird mit Unvernunft assoziiert, einem Ablösen von den unstrittigen Gegebenheiten, bloßem Wunschdenken, das nicht die Prinzipien der ökonomischen Vernunft berücksichtigt. Imagination ermöglicht neben der Vernachlässigung wirtschaftlicher Prinzipien sogar eine negierende Distanznahme zum wirtschaftlichen Geschehen insgesamt, sie beinhaltet den Verdacht der Zügellosigkeit, des Unangepassten, letztlich der

Revolution. In einer Wirtschaft, deren Produktivität in nicht unerheblichem Maße auf geregelten Abläufen beruht, ist eine solche potenziell umstürzende Fantasie nur in genau kanalisierter Form erträglich. Sofern man in der Wirtschaft nicht zu den Imaginationsarbeitern zählt, zu den Kreativen, den Entwicklern und Vordenkern, wird ein Übermaß an Imagination eher ungern gesehen – denn der Bedarf und die Verarbeitungskapazität für fantasiegeborene Ideen sind in der Wirtschaft eher begrenzt.

Entsprechend sind die wenigen theoretischen Ansätze in den Wirtschaftswissenschaften, die sich mit Imagination beschäftigen, zwar gewürdigt worden, blieben aber zumeist ein Randphänomen oder eine weniger bedeutsame Gegenströmung zur akzeptierten Ökonomik. Zwei der in diesem Zusammenhang herausragenden Theoriekomplexe sind die subjektive Werttheorie sowie die insbesondere mit dem Namen des englischen Wirtschaftsphilosophen George Lennox Sharman Shackle verbundene Entscheidungstheorie. Beide Theorien haben gemeinsam, dass sie sich auf die Imagination der an Wirtschaft beteiligten Personen beziehen und insofern subjektivistisch genannt werden können. Shackle, der sich seit den 50er Jahren des 20. Jahrhunderts intensiv mit der Bedeutung des Imaginativen in der Ökonomie beschäftigt hat, arbeitet seine Gedanken jedoch in eine Entscheidungstheorie ein und ist demzufolge an der eigentümlichen Zeitstruktur des Imaginativen im Unterschied zum Faktischen interessiert, während sich die sehr viel ältere subjektive Werttheorie stärker mit der Frage des Ursprungs von Werthaltigkeit beschäftigt.

Shackles zentrales Werk ist der Band „Imagination and the Nature of Choice“ von 1979, in dem der damals bereits 75-jährige, britische Ökonomie-Professor mit mathematischer Ausbildung eine Art Bilanz seiner Beschäftigung mit dem Thema Imagination und Wirtschaft vorlegt. Er fokussiert das Interesse dazu auf die Situation der Wahl als einer elementaren Situation wirtschaftlichen Geschehens. Konsumenten stehen, so könnte man meinen, permanent vor der Wahl unterschiedlicher Produkte oder Produktvarianten, Unternehmen müssen wählen, in welche Richtung sie ihre Produktion und Positionierung entwickeln wollen. Shackle stellt jedoch diese alltägliche Sicht der Dinge radikal in Frage. Er unterscheidet zwischen einerseits der gegebenen Situation einer Wahl und andererseits dem Ende dieser Situation durch eine Entscheidung, die entweder aktiv getroffen wird oder sich ereignet, weil die Möglichkeit zur Realisierung anderer Varianten verstrichen ist. Die Wahl (Choice) ist demzufolge die Situation vor einer Entscheidung. Shackle argumentiert, dass, sofern eine Entscheidung für die eine oder die andere Möglichkeit tatsächlich einen Unterschied in der realen Welt macht, unter den Bedingungen einer offenen, nicht determinierten Zukunft also, die Bewertung von Wahlalternativen ausschließlich in der Imagination der Wählenden erfolgt. So könne man beispielsweise als Konsument nicht zwischen dem einen und dem anderen Produkt wählen, sich für das eine oder das andere Produkt entscheiden, denn beide Produkte sind ja bereits faktisch vorhanden. Wozu man sich nur entscheiden kann, ist, sein Leben mit dem einen oder dem anderen Produkt fortzusetzen. Und diese Entscheidung basiert darauf, welche Konsequenzen man sich vor der Entscheidung für das Leben mit dem einen oder dem anderen Produkt vorstellt.

Einige Beispiele zu Shackles Argumentation mögen ihre praktische Bedeutung erhellen. Shackle macht eigentlich zwei Unterscheidungen, die ineinander geflochten auftreten, die erste Unterscheidung vom Vergangenen und Gegenwärtigen auf der einen Seite und dem Zukünftigen auf der andern Seite sowie die zweite Unterscheidung zwischen dem Faktischen und dem Imaginativen. Das Vergangene und Gegenwärtige entspricht dem Faktischen, über das wir im Prinzip Kenntnis haben können. Es handelt sich dabei um jene schon besprochene, in sich konsistente und in ihren empirischen Verhältnissen eindeutige und widerspruchsfreie Welt. Diese Weltsicht ist typisch, wenn es zum Beispiel in Kriminalromanen um die Aufklärung eines Verbrechens geht. In den Verhören wird gefragt, wer wann wo war, und es ist klar, dass niemand an zwei Orten gleichzeitig sein, dass jeder Betrag nur einmal ausgegeben werden, jedes Verbrechen nur einmal geschehen kann, und dies alles gebunden an eine unumkehrbare Richtung der Zeit. Sofern alles „mit rechten Dingen" zugeht, kann niemand mehr ein Verbrechen begangen haben, als er schon tot war, kann nicht gleichzeitig in New York und in Frankfurt gewesen sein. Scheint es doch so zu sein, liegt offenbar eine Täuschung oder ein Irrtum über die im Prinzip aufdeckbaren tatsächlichen Verhältnisse vor. Übertragen auf die Welt der Wirtschaft bedeutet das, dass im Nachhinein bis zur Gegenwart zumindest im Prinzip eindeutig geklärt werden kann, welche Produkte gekauft wurden und welche nicht, was produziert wurde und was nicht, ob Gewinn oder Verlust entstanden ist oder nicht. Die empirischen Sachverhalte sind eindeutig, konsistent und widerspruchsfrei, andernfalls liegt ein Irrtum vor. Selbstverständlich lässt sich darüber streiten, wie diese Sachverhalte zu bewerten sind, wie sich darüber streiten lässt, ob es sich bei einem bestimmten Verbrechen um Mord oder um Totschlag handelt. Unstreitig und insbesondere unveränderbar sind jedoch die zugrunde liegenden Fakten – sonst sind es keine. Man kann nichts faktisch ungeschehen oder rückgängig machen – nur die Konsequenzen eines Geschehens für Nichtig erklären.

Ganz anders stellen sich die Gegebenheiten dar, wenn man von der Vergangenheit und Gegenwart in die Zukunft wechselt, wenn also im Kriminalroman überlegt wird, wann der Täter das nächste mal zuschlägt und wer das Opfer sein könnte. Während bei den Ermittlungen über die Vergangenheit der Krimi seinen Reiz aus der Erkenntnis der Eindeutigkeit der Sachverhalte bezieht, ist es im Hinblick auf die Zukunft genau umgekehrt. Hier liegt der Reiz in den vielen unterschiedlichen Möglichkeiten, die zwar nicht beliebig sind, aber auch nicht eindeutig. Jemand kann im nächsten Sommer möglicherweise sowohl in New York wie auch in Frankfurt sein, zwar faktisch nicht gleichzeitig, aber jetzt, im Januar sowohl als auch. Und diese Möglichkeit besteht weiter, bis eine Entscheidung im oben beschriebenen Sinne die gedanklichen Möglichkeiten auslöscht oder die Zeit aus Möglichkeiten Fakten macht.

Wiederum auf die Wirtschaft bezogen heißt das, man kann sich vorstellen, dieses oder jenes Produkt zu kaufen oder nicht zu kaufen, solange, bis man das eine oder andere tatsächlich gekauft oder sein Geld anderweitig ausgegeben hat. Shackle erkennt in der gedanklichen Imagination der Zukunft die entscheidende Art, sich zu orientieren, ja überhaupt erst Wahlsituationen entstehen zu lassen. Demzufolge postuliert er, „that choice is not in the first place mere calculation but work of imagination ... choice, if so, is made amongst products of the chooser`s thought" (Shackle 1979, S.IX) Und: "The only stop to the business of imagining further variants is the deadline for decision" (Shackle 1979, S.VIII). Dasjenige aber, was für die Zukunft imaginiert wird, ist nach Shackle nicht beliebig. Es ist vielmehr das vom Wählenden (chooser) für möglich gehaltene: „The imagined deemed possible" (Shackle 1979, S.2).

Shackle setzt eine Denkweise fort, die ihre Wurzeln bei Adam Smith und David Hume hat, die aber auch durch die subjektive Wertlehre der deutschen Nationalökonomie vorgezeichnet war. Inwiefern aber, so mag man fragen, hängen Fantasie und Subjektivität zusammen? Der Kommunikationswissenschaftler Vilem Flusser erläutert diesen Zusammenhang in seinem Aufsatz „Eine neue Einbildungskraft" (1990). Er fragt dazu nach dem Vorgang, der Geste, wie er es nennt, mittels derer man sich ein Bild von beispielsweise einem Pony macht: „Um sich ein Bild vom Pony zu machen, muss man sich zugleich auch irgendwie in sich selbst zurückziehen. Dieser seltsame Unort, den man dabei betritt und aus dem heraus man sich Bilder macht, ist in der Tradition mit Namen wie `Subjektivität´ oder `Existenz´ bezeichnet worden. Etwa so: `Einbildungskraft´ ist die eigenartige Fähigkeit, von der gegenständlichen Welt in die eigenen Subjektivität zurückzutreten, Subjekt einer objektiven Welt zu werden" (Flusser 1990, S.142). Eine der wirtschaftstheoretischen Stellen, an denen diese Möglichkeit zum Rückzug in die eigene Subjektivität eine Rolle spielt, ist die Frage nach den Möglichkeiten zur Bestimmung des Wertes wirtschaftlicher Güter. Gebrauchswert und Tauschwert sind die einschlägigen Stichworte, an die sich eine bis heute andauernde Diskussion knüpft. Im Hinblick auf die wirtschaftlichen Aspekte der Fantasie ist insbesondere folgender Argumentationsstrang bedeutsam: Der Gebrauchswert wurde ursprünglich aus der natürlichen Beschaffenheit der Sache abzuleiten versucht. Aber schon die Bezeichnung weist auf die darin liegende Schwierigkeit: Es geht nicht um den Sach-, sondern um den Gebrauchswert, und der kann sich nur einstellen, wenn gebraucht wird, also jemand gebraucht. Dieser Gebrauch wurde zunächst als durch Herkommen und Sitte normiert gesehen und konnte darum bis ins 17. Jahrhundert hinein als für alle Menschen gleich unterstellt werden.

Im 18. Jahrhundert verweist dann der englische Moralphilosoph Adam Smith (1723 – 1790) auf die Schönheit als eine besondere Nützlichkeit (utility) von Gegenständen (vgl. Priddat 2002, S. 136). „Wenn eine Kategorie der Nützlichkeit eingeführt wird, entkoppelt sie die Werte von den Konventionen, Sitten und Gebräuchen, de-normiert sie" (Priddat 2002, S.137). Mit dieser Entkoppelung von Werten und Sitten konnte sich die Position der subjektiven Wertlehre der Ökonomie entwickeln, die psychische Lage der Beteiligten in den wirtschaftlichen Entscheidungen den Vernunftüberlegungen voranstellt. Der Gebrauchswert begründet sich dieser Auffassung zufolge nicht mehr aus der Sache oder der Konvention, sondern aus der subjektiven Wertschätzung, die einzelne Menschen Gegenständen entgegenbringen. Damit bildete die subjektive Wertlehre den theoretischen Gegenpol zum wirtschaftstheoretischen Projekt der objektiven Wertlehre, die sich auf Arbeits- und Produktionskosten bezieht (vgl. Priddat 2002, S.145). Woraus aber sollte der Wert dann entstehen, wenn nicht aus den mit der Produktion verbundenen Kosten? Nach der subjektiven Wertlehre ist der Nutzen oder der Wert gar keine Eigenschaft des Gegenstandes oder Handelgutes selbst: „Der Werth ist keine den Dingen anhaftende Eigenschaft, sondern hängt von unserem Urtheil ab. Er hat also keine andere Quelle als die Vorstellung" – zitiert der Wirtschaftsphilosoph Birger Priddat die für die subjektive Wertelehre zur Mitte des 19. Jahrhunderts typische Sichtweise aus einem gängigen Lehrbuch der Nationalökonomie (Priddat 2002, S.164).

Die subjektive Wertlehre in ihrer Gesamtheit ist aus heutiger Sicht eine vergangene Episode der Theoriegeschichte der Wirtschaft, als akzeptierte Position durchgesetzt hat sich die Verlagerung der Wertbezeichnung vom Gegenstand auf die Nutzer: „Dass Gegenstände, Gedanken, Geschehnisse wertvoll sind, das ist aus ihrem bloßen natürlichen Dasein und Inhalt niemals abzulesen" (Simmel 1989, S.23). Selbstverständlich führt das nicht zu einer Beliebigkeit der Wertzuweisungen, sondern zur Notwenigkeit, Ökonomie stärker von den Vorstellungen der Konsumenten her zu begreifen: „Natürlich blieben die ökonomischen Effizienzmodi (von gegebenen Alternativen immer die beste zu nehmen = rational choice) gültig, aber was als Alternative angesehen werden konnte, wurde ein offenes Thema" (Priddat 2002, S.174).

Diese hier kurz dargestellten Grundgedanken der subjektiven Wertlehre sind auch deshalb von besonderem Interesse, weil sie an die bereits in Teilen vorgestellten Erkenntnissen der neurologischen Forschung anschließen. Teilweise geht man dort sogar über das wirtschaftstheoretische Fazit, dass sich lediglich der Raum der Alternativen vergrößere, hinaus. Gerhard Roth geht in der Beurteilung der gegenwärtigen Gehirnforschung in ihrer Bedeutung für die Theorie wirtschaftlichen Handelns weiter: „Nicht die Optimierung von Kosten-Nutzen-Verhältnissen ist das wichtigste Kriterium menschlichen Entscheidens und Handelns, sondern das Aufrechterhalten eines möglichst stabilen und in sich widerspruchsfreien emotionalen Zustandes in der handelnden Person. Dies meinen Menschen, die eine wichtige Entscheidung treffen müssen, wenn sie sagen: 'Mit dieser Entscheidung muss ich leben können!'" (Roth 2003, S.164). Diese These erinnert an die bereits in den 50er Jahren des 20. Jahrhunderts von dem Psychologen Leon Festinger formulierte Theorie der kognitiven Dissonanzvermeidung, allerdings stützt sich Roth nicht auf die Beobachtung von Verhalten und die Interpretation von Aussagen, sondern auf die Untersuchung von Erregungszuständen des Gehirns, bei denen Imagination eine wesentliche Rolle spielt.

Auch um mit Zeit umgehen zu können, braucht man Imagination, also die Fähigkeit, sich auf Zustände hin zu orientieren, die noch nicht sind. Nur mit Hilfe der Einbildungskraft lässt sich aus der aktuellen Gegenwart hinaus denken. Sie eröffnet einen Blick in eine mögliche, eine gewünschte oder befürchtete Zukunft und bildet so den Ausgangspunkt für Planungen. Wiederum legen die neuesten Erkenntnisse der Gehirnforschung nahe, dass der grundlegende Prozess, um den es hier geht, bereits in den unbewusst aktiven Steuerungsvorgängen des Gehirns angelegt ist: „Im Gehirn wird vor jeder Bewegung ein Bild derjenigen Rückmeldung der Muskeln entworfen, die bei der Ausführung der Bewegung zu erwarten ist, und dieses Erwartungsbild wird dann mit den Rückmeldungen über die tatsächlich abgelaufene Bewegung verglichen" (Roth 2003, S.43). Das Gehirn vergewissert sich so, ob eine Bewegung tatsächlich ausgeführt wurde, oder ob es nur bei der Vorstellung geblieben ist. Dieser sehr simpel anmutende Vorgang beinhaltet gleich zwei Mechanismen, die sich an vielen Stellen wiederfinden lassen, vom bewussten Erleben des Einzelnen bis zu den Steuerungsmodellen von Organisationen: Es handelt sich zum einen um den Entwurf einer Orientierung, auf die hin sich bewegt werden soll. Die psychologische Terminologie könnte hier von Selbstbild und Selbstideal sprechen, die klassische Betriebswirtschaftslehre etabliert die Unterscheidung von Ist und Soll zu Planung der Betriebsabläufe. Im Einzelnen können die jeweiligen Vorstellungen und Planungen dazu sehr kompliziert sein, der Grundmechanismus ist jedoch stets der gleiche: Es wird gegenwärtiger Stand ermittelt und von dort ein zukünftiger Zustand entworfen, den es zu erreichen gilt. Der zweite Mechanismus ist der der Realisierungskontrolle, der durch den Vergleich von Ist und Soll, von nun erreichter Wirklichkeit und vormaligem Entwurf erzeugt wird. Selbstverständlich sind in allen Schritten dieser beiden Mechanismen Irrtümer möglich: Man kann sich über die eigene Person, seine Möglichkeiten und auch über die Realität angestrebter Ziele täuschen. Aber all das ändert zunächst nichts an den beiden Mechanismen des Entwurfs und der anschließenden Realitätskontrolle. Allerdings ist die tatsächliche Realisierung des Entwurfs nicht konstitutiv: Das System ist eher ein Kontrollsystem als ein normatives System. Die normative Komponente muss eigens hinzugefügt werden: Wenn ich mir vorstelle, morgen nach Hawaii zu reisen und dort Urlaub zu machen, ist für mich jedes Ergebnis der Realitätsüberprüfung gleich bedeutsam. Zu erkennen, dass ich am nächsten Tag nicht in Hawaii bin, sondern doch wieder zur Arbeit gegangen bin, ist genauso relevant, wie zu erkennen, dass ich nun tatsächlich auf den Pazifikinseln gelandet bin.

Schon bei der Entwicklung des Entwurfs scheint allerdings in der Regel ein Gespür für die Realisierungsmöglichkeit des Vorgestellten vorhanden zu sein. Bei der Entwicklung von Unternehmensperspektiven wird man versuchen, den Korridor der Realisierbarkeit möglichst genau zu treffen – auch wenn aus taktischen Gründen dann öffentlich vielleicht andere Prognosen genannt werden. Und die Qualität meiner Vorstellung des morgen beginnenden Hawaiiurlaubs hängt stark davon ab, wie realistisch es ist, dass ich tatsächlich eine solche Reise werde antreten können: Der Ausgangszustand wird in Rechnung gestellt und so normalerweise erreicht, dass nicht alles mögliche für möglich gehalten wird. Wirtschaften bedeutet, eine planerische Zeitkomponente in die Befriedigungsakte einzubauen, die Zukunftssicherheit mit sich bringen soll. Modernes wirtschaften hat die Spanne der so beherrschten Zeit zunächst vergrößert, dann wieder reduziert: zunächst über den Tag, über das Jahr hinaus, dann just in time. Das ist aber lediglich eine Umstellung von Sachsicherheit auf Prozesssicherheit. Ohne die Entwurfsmöglichkeit wäre Wirtschaft nicht möglich. Dazu spielt zwar auch Wissen zweifellos eine konstitutive Rolle. Doch kann man nichts über die Zukunft wissen, sondern nur über die Vergangenheit. Die besondere Qualität des Wissens liegt darin, neben Fakten auch Methoden bereitzustellen, die zu reflektieren helfen, wie zuverlässig die Vorstellungen der Zukunftsprojektionen sind. Imaginationen dagegen können bereits Gegebenes oder erst für die Zukunft Vorgestelltes vergegenwärtigen. Dieser Entwurfscharakter der Imagination ist nicht deckungsgleich mit der Frage nach der Produktivität oder Reproduktivität, denn auch für die Zukunft Entworfenes kann bloße Reproduktion des Bekannten sein.

Unabhängig davon, welchen Grad an Verwirklichungspotenzial Entwürfe beinhalten, entscheidend ist, dass Entwürfe, die verwirklicht werden, keine Entwürfe mehr sind und damit einen ganz anderen Seinsstatus bekommen. Das ist einerseits völlig selbstverständlich. Das Haus wird gebaut, um dort einzuziehen, was mit einem Entwurf nicht möglich ist. Das verwirklichte Haus hat allerdings ganz andere sinnliche Qualitäten als der Entwurf. Und es hat keinen Möglichkeitscharakter mehr. Es ist deshalb eine scheinbar redundante, tatsächlich aber wichtige Unterscheidung, die besagt, dass Wünsche, Entwürfe, Vorstellungen als solche selbst nicht verwirklicht werden können, sondern dass sie zu Realitäten führen, die im nachhinein mit den Wünschen verglichen werden können. Das ist dann nicht der Vergleich zwischen Äpfeln und Birnen, sondern zwischen Äpfeln und Bildern von Äpfeln.

5.2 SPIEL ALS LEITMETAPHER

Auch das Wort Spiel besticht, wie schon so viele der hier verwendeten Begriffe, nicht durch Eindeutigkeit, im Gegenteil, man kann sagen, dass „der Spielbegriff zu den wenigen Grundbegriffen unseres ontologischen Vokabulars gehört, die als Begriff ohne Gegensatz sich generalisieren lassen, d.h. er kann als Grundbegriff für `Welt´ und `In-der-Welt-sein´ schlechthin aufgebaut werden“ (Sloterdijk et. al. 1993, S.63). Damit ist der Spielbegriff dem Kommunikationsbegriff ähnlich. Ich möchte im Folgenden versuchen, diesen Universalbegriff Spiel als Leitmetapher für den Umgang mit Wirtschaftskommunikation fruchtbar zu machen. Es liegt auf der Hand, dass es sich dabei um eine Sichtweise handelt, eine Möglichkeit, die Plausibilität und Orientierungsqualität verspricht, aber selbstverständlich nicht „Wahrheit“ beansprucht.

Auch wenn Sloterdijk von der Gegenbegrifflosigkeit von „Spiel“ spricht, wird doch vielen als erstes „Ernst“ als Gegenteil in den Kopf kommen. Es gibt Dinge, mit denen man nicht spielt, Essen zum Beispiel, und das sind die ernsthaften Dinge, die für den Erhalt des Lebens von Bedeutung sind und ihm einen eigentlichen Sinn zu geben scheinen. Eine spielerische, in diesem Sinne unernste Haltung ist denn auch dem Tod und der Religion gegenüber unangebracht und ebenso allen anderen, von einer Person oder Gruppe als wichtig angesehenen Dingen. Allerdings wird diese Unterscheidung von Spiel und Ernst dann brüchig, wenn es um Spiele geht, denen hohe Bedeutung beigemessen wird, zum Beispiel einem Fußballländerspiel. Ein solches Spiel ist durchaus Ernst zu nehmen, und Ernst nehmen heißt hier nicht etwa, nicht zu spielen, sondern im Gegenteil: so gut wie möglich zu spielen. Ernsthaftigkeit ist demzufolge eher das Gegenteil von Nachlässigkeit, Lustbetontheit, vielleicht auch Heiterkeit und Humor, während das Spielerische sowohl heiter als auch ernst sein kann.

In Deutschland erklärt man jungen Leuten gern, dass irgendwann der Ernst des Lebens beginnt, und damit sind in der Regel der Beginn des Schulbesuchs und der Beginn des Arbeitslebens gemeint. Demgegenüber verbindet man in Deutschland spielen fast ausschließlich mit Freizeitaktivität und eben der Kindheit, die als absolute Freizeit und Spielzeit erscheint. Als ich während meines Studiums in einer großen Druckerei gejobbt habe, hing an der Bindemaschine, meinem Arbeitsplatz, ein kleines Schild, auf dem zu lesen war: „Sie können hier machen, was Sie wollen – Hauptsache, es macht Ihnen keinen Spaß". Spiel und Spaß, Ernst und Arbeit, das scheint zusammenzugehören, und darum erlebe ich immer wieder ein fast peinliches Berührtsein, wenn ich vorschlage, Wirtschaftskommunikation als Spiel und ihre Konzeption als spielerische Tätigkeit aufzufassen. Zumeist kommt tatsächlich als erstes der Hinweis, dass Wirtschaftskommunikation doch viel Geld kostet und darum nicht spielerisch gesehen werden darf. Denn neben Nahrungsmitteln und dem Tod gehört auch Geld – zumindest in der bürgerlichen Sicht – zu den Dingen, mit denen man nicht spielt. Bereits berufstätige Menschen sind beim Vorschlag, Wirtschaftskommunikation als Spiel zu begreifen, zusätzlich auch deshalb peinlich berührt, weil dieses Spielerische ja der Eindruck ist, den man den Rezipienten gegenüber erwecken möchte, und dabei soll zwar nach außen das eigentliche finanzielle Interesse nicht erkennbar sein, nach innen darf man aber der eigenen Inszenierung nicht auf den Leim gehen. Spielerischer Umgang mit

Geld und anderen, das Unternehmen betreffenden Dingen erscheint als eine höchsten von Kunden zu erwartende Frivolität, die aber jeden Insider disqualifiziert.

Bei der Arbeit spielt man nicht – einerseits lediglich eine verallgemeinerte Beobachtung, andererseits aber auch ein interessanter Ansatzpunkt zur Bestimmung der Position der Wirtschaftskommunikation im Unternehmen: Wirtschaftskommunikation ist der spielerische Teil der Vermarktung und der Führung. Was ist hier aber nun mit spielerisch gemeint? Zunächst ein Unterschied der Oberflächen: Schaut man sich BWL-Fachbücher und Kommunikationsfachbücher an, unterscheiden die sich in Stil und Aufmachung ganz erheblich, ebenso wie auch das Studium: Während sich Wirtschaftsstudien an Überprüfbarkeit und Richtigkeit orientieren, steht in Kommunikationsstudiengängen das Gelingen und der Beifall im Vordergrund: eine unterschiedliche Kultur und unterschiedliche Relevanzsysteme. Eigentümlicherweise wird jedoch das Überprüfbare und Richtige zumeist als wertvoll und bedeutsamer eingeschätzt als das Gelungene. Das ist deshalb so verblüffend, weil jeder Kaufmann weiß, dass es sich nicht lohnt, Kunden gegenüber Recht zu behalten, sondern dass Kunden gewonnen werden müssen, dass es kein Recht auf Erfolg gibt und die Wahrheit einer Strategie nicht von Bedeutung ist, stattdessen der Erfolg sich einstellt oder eben nicht, dass Gefallen mehr wiegt als die Zahlen.

Das Wort Spielen hat im Deutschen mehrere Bedeutungsnuancen, die im Englischen besser unterschieden sind. Auf einige soll zunächst eingegangen werden, um die Vielfalt des Spielerischen in der Wirtschaft deutlicher vor Augen zu führen. Im Englischen wird u.a. unterschieden zwischen gambling, acting und playing. Gambling meint das Spielen von Glücksspielen, zumeist um Geld. Neben der Spiel-Ernst-Unterscheidung der Kindheit ist hier eine zweite Wurzel der Abneigung gegen eine Spiel-Metapher in der Wirtschaft, denn das Glücksspiel um Geld gilt als bestenfalls unterhaltsam, eigentlich aber verantwortungslos, dumm und gefährlich. Acting ist das darstellende Spielen, das einerseits sehr viel angesehener ist, weil ihm kulturelle Wertschätzung entgegengebracht wird, das aber auch denn fragwürdig wird, wenn es den sicheren Rahmen von Theater oder Bühne verlässt. Beim Acting tritt der Actor hinter der Rolle zurück und schafft so einen Unsicherheitsfaktor. Zwar hat die soziologische Rollentheorie mittlerweile Eingang auch in die betriebliche Kommunikation gefunden, und man spricht von der Berufs- und der Familienrolle, geht dabei aber eigentlich gern davon aus, dass diese Rollen vorgegeben sind und wenig gestaltet werden können. Wenn man dagegen von einem Kollegen den Eindruck gewinnt, dass er dauernd eine Rolle spielt, wird das negativ verbucht. Spielen im Sinne des Acting hat demzufolge einen Unsicherheitsaspekt in sich, der zumindest zu Wachsamkeit aufruft. Playing schließlich entspricht in vielem dem sportlichen Spielen, etwa dem Fußballspielen.

Was haben diese unterschiedlichen Ausprägungen nun gemeinsam, damit sie im Deutschen als Spielen zusammengefasst werden können? Zwei Aspekte scheinen mir besonders gravierend: Zum einen handelt es sich um Situationen, deren Bewältigung nicht allein vom Agieren einer Person oder Partei abhängt, sondern in der Auseinandersetzung mit einem Publikum oder einem Gegner gelingen oder nicht gelingen. Die Inszenierung eines Theaterstücks kann einem Publikum gefallen, einem anderen aber missfallen, beim Fußball gewinnt man gegen den einen und verliert gegen den anderen Gegner. Zum zweiten ist der Verlauf des Spiels stets auch anders möglich: Keine Inszenierung entspricht der anderen, jedes Fußballspiel ist einzigartig, aber beide sind insgesamt unvorhersehbar. Sie ergeben sich aus Aktionen und Reaktionen freier Teilnehmender, deren Möglichkeiten sich erst im Verlauf des Spiels reduzieren. Der Verlauf eines Spiels muss also Elemente des Zufälligen tragen, wenn es sich um ein Spiel handeln soll.

Diese Kriterien: Unvorhersehbarkeit des einzelnen Spielverlaufs und Kontingenz der Spielzüge sind auch beim Gambling gegeben, wenn es sich um echte Glücksspiele wie Poker oder Black Jack handelt. Bei Automatenspielen wird eine solche Spielsituation nur simuliert, sie sind nicht wirkliche Spiele, sondern nur Zeitvertreibe, auch wenn einzelne Beteiligte das nicht erkennen. Die mathematisch-ökonomische Spieltheorie schließlich weiß zwar optimale Strategien für einzelne Spieler in unterschiedlichen Spielen und Spielsituationen zu benennen – aber nur soweit es sich um den mechanistischen Anteil des Spiels handelt. Der hier verfolgte Spielbegriff ist nicht der der ökonomischen Spieltheorien, die „das Spiel gerade nicht durch sein Spielerisches, sondern durch die Gesamtheit seiner Regeln beschreiben" (Baecker 1993, S.145). Eine mathematische Spieltheorie des Fußballspiels liegt ebenso wenig vor wie eine solche der MacBeth-Inszenierungen.

Wirtschaftskommunikation im hier vorgestellten Sinn erfordert einen solchen spielerischen Umgang mit Aufgaben, wie er auch bei Theaterinszenierungen oder Fußballspielen gefordert ist. Der Perfektionsgrad kann dabei sehr unterschiedlich sein, wie bei Laienaufführungen oder bei Länderspielen, aber das Spielerische kann nicht mechanistisch ausgemerzt werden, weil es dann kein Spiel mehr wäre. Sondern die Darstellung eines möglichen Spiels: Wenn eine Aufführung gefilmt und gesendet wird, ist es keine Aufführung mehr, wenn ein Fußballspiel nachgestellt wird, ist es kein Spiel mehr, weil die Interaktionen nicht offen sind. Offen bleiben aber die Reaktionen eventueller Zuschauer, eines Publikums, dass nun ebenfalls Teil des Spiels ist. Eine solche spielerische Auffassung bedeutet natürlich nicht den Verzicht auf Technik und technische Fähigkeiten. Es bedeutet nur, dass die Kenntnis der Technik allein nicht zum Erfolg führt.

Spiele haben immer fiktionalen Charakter: „Spiele sind Schwebezustände zwischen Wirklichkeit und Unwirklichkeit, die genau diese Unterscheidung: Ist es Wirklichkeit oder Unwirklichkeit? immer wieder neu verschwimmen lassen" (Baecker 1993, S.141). Andererseits sind sie mit der nichtspielerischen Wirklichkeit verbunden, einiges wird in das Spiel hineingenommen, anderes aus dem Spiel in die übrige Welt hinausgenommen. Das ist besonders deutlich bei Theater- oder anderen medialen Spielen, trifft aber natürlich auch auf die sportlichen Wettkämpfe zu.

Zeit für ein Beispiel aus der Wirtschaft(-skommunikation). Fred Baader, bekannter Hamburger Werber, äußert sich in einem Zeitungsinterview zur Plakatkampagne der Bekleidungskette H&M wie folgt: „Auf Plakaten wird eine Bluse für zehn Euro so fotografiert, als wenn es sich um ein 1000-Euro-Stück handelt. Toll." (Hamburger Abendblatt, 16.12.2004). Spielerische Elemente in diesem Zusammenhang sind die Entscheidung zu einer solchen Kampagne, und der Erfolg dieser Kampagne. Es ist jedoch offen, ob eine ähnliche Kampagne einer anderen Firma ebenfalls erfolgreich sein wird oder nicht. Beides ist denkbar und letztlich nicht vorhersehbar – selbst wenn es mittels Marktforschung sehr gut simuliert wird. Spielerisch ist ebenfalls der Umgang des Publikums mit der Bluse selbst – wird man sie kaufen oder nur bewundern, wird man sie tragen oder doch nicht, weil so viele andere sie schon haben, weil sie auf dem Plakat ist... Dagegen ist weitgehend ohne spielerisches Element der Verkaufspreis der Bluse, die Verarbeitungsqualität, der Einkaufspreis und so weiter. Im Verhalten des Verkaufspersonals schließlich mischen sich spielerische und nicht-spielerische Elemente: Jeder muss den gleichen Preis bezahlen, einige bekommen ein Lächeln.

Es ist ersichtlich, dass die spielerischen und die nichtspielerischen Elemente voneinander unterschieden sind, dass sie eine unterschiedliche Umgangsweise erfordern und dass sie dem performativen Charakter der Wirtschaftskommunikation, wie er hier unterstellt wird, entsprechen. Denn obwohl zum Beispiel das H&M-Plakat ein Spiel ist, ist es doch nicht diskursiv. Schließlich ist deutlich zu erkennen, dass das Spielerische gegen das Nicht-Spielerische „auszuspielen" nicht sinnvoll ist. Beide Elemente sind unverzichtbar, zumindest in übersättigten Märkten.

Alle Beteiligten des Wirtschaftskommunikationsspiels sind in der Lage, voneinander und übereinander zu lernen. Daher steht die Erfolgsaussicht von Spielzügen im Zusammenhang mit der Dauer des Spiels und der Kontinuität der daran Beteiligten: Neuheit verliert sich, Personen in Unternehmen werden ausgetauscht. Deshalb kann es zum Beispiel zu einem Zeitpunkt für einen Anbieter Erfolg versprechend sein, produktorientiert zu werben, zum gleichen Zeitpunkt für einen anderen Anbieter des gleichen Produktes imageorientiert. Fußballspielen heißt nicht: einen Ball ins Tor schießen. Sondern: Es zu tun, obwohl Gegenspieler es zu verhindern versuchen.

Fasst man die Logik dieses Spiels der Wirtschaftskommunikation zusammen, ist es eine Logik der Wahl und des Gewähltwerdens. Um gewählt zu werden, werden kommunikative Mittel eingesetzt: anpreisen, zeigen, darstellen, hervorheben etc.: „Im Erfolg kommt, vor aller Kontroll- und Methodensubjektivität, der auswählende Zufall an die Macht" (Sloterdijk 2005, S.82). Es gibt Konjunkturen bestimmter Ideen, Imitationen vermeintlich erfolgreicher Ansätze und eine große Bereitschaft zur schnellen Veränderung. Aber es gibt in der Abfolge keine Geschichte im engeren Sinn, sondern eher eine immer weiter gehende Verästelung. Und es gibt keine zentrale koordinierende Instanz, die darauf drängt, Erkenntnisse umzusetzen.

5.3 KREATIVITÄT

Kreativität wird als Kernleistung der Agenturen gesehen. Dennoch gibt es zwei unterschiedliche Zielmöglichkeiten von Werbung: „Das erste Ziel stellt die Schaffung einer möglichst effektiven und effizienten Werbung, das zweite Ziel die Schaffung einer möglichst kreativen Werbung dar. Hierbei handelt es sich um zwei Ziele, die sich weder gegenseitig ausschließen noch in jedem Fall gegenseitig bedingen" (Schierl 2002, S.439).

Diese Sicht widerspricht zumindest den Interessen solcher Agenturen, die sich über Kreativität positionieren. Für sie gilt: „Ausnahmslos alle wissenschaftlichen Auseinandersetzungen ergeben, dass kreative Werbung die bessere Wirkung erzielt" – allerdings unter bestimmten oft sehr eingegrenzten Voraussetzungen, wie die anschließende Liste der – übrigens ausnahmslos als Auftragsforschung von Agenturen erkennbaren – Studien zeigt (Turner 2004, S.83).

Wortschöpfungen wie „Kreativitätsmanagement“ suggerieren, dass solche Kreativität in den Machtbereich von irgendjemandem fiele, man sich für oder gegen Kreativität entscheiden könne. Managebar ist allerdings nur der Umgang mit Kreativität, auch, ob sie stimuliert oder eher nicht stimuliert werden soll. Ihre Inhalte und ihr Auftreten sind jedoch nicht verfügbar. Sie beruht auf schöpferischen Einfällen, auf Ideen. „Ideen müssen frei fließen können, weil eine Idee etwas sehr Verletzliches ist. Nichts ist zerbrechlicher als eine Idee. Sie können eine Idee nicht genau definieren. Sie sagen ein paar Worte, und schon kommt die Imaginationskraft ihres Gegenübers in Bewegung,“ sagt Maurice Lévy, Chairman der Agenturgruppe Publicis (Lévy 2004, S.13). Aus betriebswirtschaftlicher Sicht kann gesagt werden: „Kreativität stellt ein `unberechenbares Element´ im Kalkül der Agenturen dar“ (Kinast/Posselt 1999, S.548), andererseits kann die Kreativität der Agentur „sogar nach fertiger Umsetzung vom Auftraggeber nur bedingt gemessen werden“ (Kinast/Posselt 1999, S. 546).

Auch aus der Sicht der Imaginationstheorie, wie sie im vorangegangen skizziert wurde, spielen Ideen eine entscheidende Rolle. Man spricht hier vom schöpferischen Einfall. Der schöpferische Einfall ist entweder ein Bild, „welches mehrere, mindestens aber zwei ursprünglich heterogene Vorstellungen in sich vereinigt“ oder „ein Bild der Fantasie, welches diese von einem bislang ungewohnten Standpunkt der Betrachtung eines bekannten Phänomens produziert“ (Ränsch-Trill 1996, S.19). Zwar ist diese Beschreibung inhaltsreich: Sie schwärmt nicht nur von Ideen, sondern sagt, woran sie zu erkennen sind. Das Problem der Brauchbarkeit oder Unbrauchbarkeit von Ideen ist so jedoch nicht zu lösen: „Man müsste wissen, was gebraucht wird, und weil man das nicht weiß, redet man von Kreativität – als verfüge man über sie oder als müsse man sich zu ihr entschließen“ (Hentig 1998, S. 50).

(1) VERGÄNGLICHKEIT Dass Dinge veralten, ist heute vielleicht die Hauptquelle für einen Bedarf an kreativen Neuerungen. Veralterung schafft Knappheit, die Mode ist dafür paradigmatisch. Mode ist der Inbegriff des

Vergänglichen – sie trägt einen eingebauten Zeitindex in Bezug auf die Gesellschaft in sich. Kleidung und anderes wird modisch, wenn es aus einer funktional ausreichenden Sachdimension heraus zusätzlich mit einer Zeitdimension versehen wird, und zwar mit einer sozial angebundenen. Kleidung ist natürlich auch als solche alt oder neu, stilistisch angemessen oder nicht. Durch Mode werden diese Verhältnisse aber noch einmal in Beziehung zur Gesellschaft gesetzt: Eine ungetragene Hose kann dennoch altmodisch sein – aber eben nicht aus sich heraus, sondern im Hinblick auf ihr Umfeld. Gerade in der Verlockung des noch erhaltenen, tadellosen Materials liegt die Falle guter Kleidung, nämlich: sie zu lange zu tragen. Man kann das mit Argumenten der Sparsamkeit und der Vergeudung von Ressourcen bedauern, aber diese Veralterung und der Bedeutungsschwund, den Kleidungsstücke erleben, enthält auch ein sehr demokratisches Element, nämlich das des Wechsels als unabweisliche Neuorientierung der Chancen. Denn anders als bei traditioneller Kleidung, die durch Alter noch an Wert gewinnen kann, ist es heute nicht mehr möglich, das durch Kleidung zum Ausdruck gebrachte Einfordern von Respekt auf Dauer zu stellen. Immer wieder neu muss der Anzug sein, der Haarschnitt frisch, das Auto dem aktuellen Modelljahrgang angehören, um den eigenen sozialen Anspruch zur Geltung zu bringen. An dieser Zeitlichkeit zerschellt auch die Kraft der Marke: Zwar ist ein alter BMW noch immer etwas anderes als ein alter VW, aber sein symbolischer Wert ist längst nicht der Gleiche, ja ist nicht nur graduell, sondern auch prinzipiell ein anderer als der eines neuen BMW. Interessanterweise ist dieser Wert- und Symbolkraftverlust an die gewöhnliche Lebensdauer der Gegenstände gebunden. Ist diese überschritten, kehrt sich der Prozess langsam wieder um: Das Alte als Erhaltenes bekommt dann langsam wieder Wert, wird zu eigener Symbolkraft erhoben. Eine Krawatte, die deutlich älter ist als ihr Träger, wird nicht als Ausdruck von Unzeitgemäßheit, sondern als Entscheidung begriffen und gegebenenfalls honoriert. Das Aufheben eigener Kleidung „bis sie wieder in Mode kommt“ ist dagegen wenig Erfolg versprechend. Man selbst wird nie mehr für die Kleidungsstücke einer eigenen früheren Epoche bewundert werden.

Die schnelle Veränderung der Werbung betrifft die Oberflächen, die Arten und Weisen, wie Botschaften aktuell und attraktiv formuliert werden. Das Versprechen selbst, die Botschaft, ist über die Jahrzehnte relativ konstant geblieben. Im Bezug auf die Botschaft gelten also die Theorien des relativ langsamen Wertewandels, in Bezug auf die Oberfläche die Schnelllebigkeit der Moden. Dies zeigen z.B. Schmidt/Spieß (1994) in ihrer Untersuchung der Frauenbilder und Zurstiege (1998) hinsichtlich der Männerbilder.

Akzeptanzbedingungen ändern sich. Von herausragender Bedeutung sind drei: (a) der Bezug zum State of the Art der anderen Imaginationsindustrien: Film, Literatur, Mode etc. Es gibt trotz hohen finanziellen Einsatzes zum Beispiel im Bereich der Werbung nur wenige Beispiele neuer imaginativer Trends, die durch Wirtschaftskommunikation ausgelöst wurden: Das Interesse an einzelnen Produkten ist zu zersplittert ist, die Laufzeit von Werbung zu kurz. „Insgesamt lässt sich feststellen, dass die Werbung auf die verschiedensten kulturellen Kontexte und Sinnelemente als Ressourcen ihrer Inszenierungen referiert. Sie vereinnahmt und verbindet eine Vielzahl unterschiedlicher Themen, symbolischer Motive und Diskurse" (Willems 2002, S.75). Wahrscheinlicher ist, dass Werbung gar nicht die aktive Macht in diesem Spiel ist, sondern von einem medial geprägten Lifestyle-Zusammenhang gesprochen werden kann, der durch unterschiedliche Elemente wie etwa Musik, Clipkultur, Sport und anderem erzeugt wird. Unterstellt man einen solchen inszenatorischen Zusammenhang, wird auf der anderen Seite plausibel, warum zum Beispiel Jugendzeitschriften wie Bravo oder Prinz im inhaltlichen Bereich mit werbenden Inszenierungsmethoden arbeiten und die Unterscheidung von Werbung und Redaktion hier kaum noch möglich ist. (b) Wirtschaftliche Inanspruchnahmen kultureller Elemente unterliegen ebenfalls Konkurrenzbedingungen, das bedeutet: Mehrere Akteure kämpfen im imaginären Bereich um Erfolg, der sich durch die Wahl des einen und nicht des anderen oder gar keines Angebotes realisiert. Diese Wahl wiederum unterliegt ebenfalls Erfolgskalkülen, die abhängig von der Lage, Situation und Lebensgeschichte sind. (c) Menschen gewöhnen sich an Angebote. Lust ist ein kontrastabhängiges Erlebnis. Deshalb muss eine Erneuerung aus prinzipiellen Gründen erfolgen.

Das ist der zweite große wirtschaftliche Zwang neben dem Zwang zum Erfolg an sich: Es muss der Erfolg zur rechten Zeit sein, solange die Ware aktuell, die Konkurrenz noch im Hintertreffen ist. Insofern hat Werben viel mit der Situation zu tun, in die hinein geworben wird und die sich permanent verändert. „Zur Alltagslogik wird alles anfänglich Neue und Aufregende, das sich oft genug wiederholt. Die beteiligten Emotionen treten zwar durch Gewöhnung zunehmend in den Hintergrund, behalten aber ihre typischen Operatoreffekte `wie selbstverständlich´ bei" (Ciompi 2004, S.32).

(2) NEUES SCHAFFEN Das Besondere am Neuen ist, dass es nicht nur um etwas Anderes, sondern um etwas noch nicht dagewesenes Anderes handelt, was sich zumeist nur im Nachhinein des schöpferischen Prozesses erweist: Von der jeweiligen Idee, dem schöpferischen Einfall meint man zunächst nur zu wissen, dass er etwas einem selbst Neues beinhaltet. Ob die Idee als Gedanke bereits bekannt ist, muss erst in Erfahrung gebracht werden. Nicht selten zeigt sich dabei, dass die vermeintliche Idee in der Geschichte des Ideenfinders bereits aufgetaucht ist, sie ihm aber im neuen Kontext neu erschien. Ob die Idee als Gedanke bereits anderen gekommen ist, sie aber von denen verworfen wurde, bleibt für immer unklar, auch wenn mit guten Gründen behauptet wird, dass die Kultur allgemein Neues aus Vergangenem produziert (vgl. Groys 1992). Die übliche Unterscheidung „neu für mich – neu an sich", die in der Beurteilung kreativer Leistungen gern genutzt wird, ist demzufolge auch für den praktischen Gebrauch zu kurz gegriffen – sofern es sich um Ideen handelt, die so beurteilt werden. Nicht die Idee allein zählt – auch wenn sie wohl unverzichtbar ist, sondern der Prozess der Verwirklichung, in dem sich zum einen die inhaltlichen Konturierungen ergeben, die die Besonderheit ausmachen, zum anderen der Status der Realität überhaupt erst eine abschließende Beurteilung zulässt.

Neuheit sagt zunächst nichts über Brauchbarkeit. Zwar kann etwas nur als neu erkannt werden, wenn es einen Bezug zu einem Problem und den bekannten Lösungen aufweist – wie sonst sollte Material von Form unterschieden werden? Dass diese neue Form auch eine höhere Brauchbarkeit aufweist, erfordert eine weitere Überprüfung. Insofern geht Innovation nur selten mit Neuheit einher. Innovation als stetige Verbesserung von Problemlösungen kann zwar auf Veränderungen und auch Neuerungen reduziert werden, aber der Anteil der Weiternutzung des Vorhandenen ist eher größer. Neues zu schaffen bedeutet, einen Bruch zu realisieren, während Innovation eher von Kontinuität profitiert.

Wirtschaftskommunikation hat eine hohe Wertschätzung für Neues, weil zu vermuten ist, dass Neuigkeit eher Aufmerksamkeit erzeugt als Innovation: Neue Kampagnen werden wahrscheinlich eher wahrgenommen als Weiterführungen bereits bekannter. Eine neue Corporate Identity wird mehr Aufmerksamkeit auf sich ziehen als die Modifizierung der eingeführten Formen. Bei Kampagnen spricht man von einem wear-out-Effekt: Die kommunikative Botschaft wird nicht mehr wahrgenommen, weil die Motive und Formen so bekannt sind, dass sie durch den Aufmerksamkeitsfilter fallen. Die Konsequenz ist die gleiche wie bei der Mode, ohne dass man sich stets darüber im Klaren ist: Kommunikationsformen werden ausgetauscht, obwohl die neue Kampagne unter inhaltlichen Gesichtspunkten schlechter ist als die alte. So, wie ein neuer Mantel angeschafft wird, der dem alten in seiner wärmenden Qualität unterlegen ist, weil der alte Mantel nicht mehr gesellschaftsfähig ist – also: seine symbolische Funktion verloren hat. „Von der folgenden Mode erwartet man nicht, besser zu sein, sondern nur anders" Esposito 2003, S.101).

Neues zu propagieren bedeutet stets auch, Gelerntes zu entwerten, sowohl im Unternehmen wie bei Verbrauchern. Karten werden neu gemischt, informatives Kapital verliert an Bedeutung. Zudem begünstigen schnell wechselnde Kontexte Lügner und andere Menschen, die sich vor den Konsequenzen ihrer Aussagen zu fürchten haben. Die Rechtschaffenen sind dagegen gerne konservativ. „Nicht konforme Fühl-Denkwege sind affektenergetisch viel aufwendiger als konforme. Analoge Mechanismen sind auf allen möglichen Ebenen für die Tatsache verantwortlich, dass neue Ideen keineswegs immer willkommen sind“ (Ciompi 2004, S.40). Wem nützt es unter diesen Voraussetzungen, sich für Neuigkeit zu engagieren? In der Regel denjenigen, die von der gegenwärtigen Situation nicht im erwünschten Maß profitieren. Am Tabula rasa hat stets die Konkurrenz Interesse, die im Hintertreffen ist. Sie versucht, neue Kategoriensysteme einzuführen, um Reputationen zu zerstören: „Vergessen Sie alles, was Sie über Haarspray wissen“ – meint damit natürlich nur: Vergessen Sie alles, was Sie über den bisherigen Haarspraymarkt wissen. Neuigkeit ist keine vollständige, sondern immer nur eine teilweise Neuigkeit. Das absolut Neue ist unverständlich. „Das Neue muss anders sein, aber nicht radikal anders, sondern anschlussfähig anders. Was nicht neu genug ist, ist langweilig – was zu neu ist, ist befremdlich“ (Bolz 2002, S.88).

Jede Neuigkeit ist eigentlich nur einmal neu, und darum scheinbar für Massenkommunikation wenig geeignet: Wer einen Fernsehspott mit einer Neuigkeit zum zweiten Mal sieht, für den ist es nichts Neues mehr, was dort verkündet wird. Auch hier ist die Rhetorik der Realität überlegen. Mit neu ist zumeist relativ neu gemeint, und derjenige, der das relativ Neue schon weiß, fühlt sich bestätigt: Soziale Lustgefühle als Gutinformierter, persönliche Lustgefühle aus dem Wiedererkennen. Wie bei einem Ritual erzeugen Wiederholungen Faszination, nicht Information. Das kann bereits bei der ersten Wiederholung der Fall sein. Zudem ist zu bedenken: „Im Normalfall [...] entfernt sich die Werbung nicht im Geringsten von herrschenden Werten, Normen und Normalitäten“ (Willems 2002, S.72). Da sich die Themen der Kommunikation nicht in dem Maße vermehrt haben wie die Möglichkeiten zu kommunizieren, ist eine Inflation der Botschaften eingetreten. Themen gewinnen, sie verlieren daher aber auch ihren Wert durch ständige Wiederholung.

In keiner Werbewirkungsformel ist von Neuheit die Rede. Neuheit ist kein Zweck, sondern ein oft angewendetes Mittel, das einerseits Aufmerksamkeit, andererseits Bedarf wahrscheinlich sein lässt: Was neu ist, das kennt man nicht und das hat man nicht. Agenturen erfinden vermutlich selten Neues, sondern sie importieren Kulturelles in wirtschaftliche Zusammenhänge. Das schließt an die meisten Definitionen von Werbe-Kreativität an, beispielhaft: „Die notwendigen Veränderungen von Werbekommunikation basieren also weniger auf der Aneignung strukturalen Wissens durch die Werbeakteure als vielmehr auf der Beobachtung von Gesellschaft und ihrer Kommunikation, in der Praktiker, vor allem solche mit Meinungsführerrolle, Trends ausmachen und durch ihre Internalisierung bzw. Antwort auf diese Trends mit der eigenen Arbeit, da diese wiederum von anderen – teilweise nicht einmal bewusst – aufgenommen werden, weiter verstärken“ (Schierl 2002a, S.479). Vieles wiederholt sich – und das ist das Beruhigende.

Es lässt sich also festhalten: „Der Zwang zur Innovation, der sowohl durch den Konkurrenzkampf der Werbeagenturen als auch durch Produktmenge und Produktparität angeheizt wird, macht das Werbesystem notwendig parasitär. Es importiert Kommunikationsmöglichkeiten aus (fast) allen Sozialsystemen – gegenwärtig vor allem aus dem Kunstsystem – und transformiert sie unter seinen eigenen Systembedingungen in Werbekommunikationen“ (Schmidt 1991, S.16). Der Medienwissenschaftler Siegfried J. Schmidt bezeichnet an gleicher Stelle auch Werbesysteme als „voluminöse Resonanzkörper, die jeden Anstoß […] aus der Gesellschaft merklich hörbar machen“ (Schmidt 1991, S.16).

Das Schlagwort von der Informationsgesellschaft legt es nah zu denken, dass die Leute immer mehr wissen. Aber das stimmt nur bedingt. Die Möglichkeiten der Informationsaufnahme lassen sich zwar steigern, aber im Verhältnis zur Produktion und Veraltungsgeschwindigkeit von Wissen bleibt sie marginal. Die Lese-Lebensleistung eines interessierten Menschen liegt bei einigen tausend Büchern, während allein die deutsche Jahresproduktion an Büchern knapp 100.000 ausmacht. Man bräuchte also zehn Leben für eine Jahresbuchproduktion. Individualisierung bedeutet unter anderem auch: Jeder weiß anderes, darum werden die Menschen unterschiedlicher. Wenn in dieser Lawine von Informations- und Wissenszumutungen attraktive und verbreitete Stränge erkennbar werden, ist das angenehm. Die Neuheit beziehen sie aus der neuen Oberfläche, während die Tiefenstruktur gleich bleibt. So wie es die Standard-Plots der Filme, der Romane und auch der Videospiele gibt, gibt es die Grund-Versprechen der Wirtschaftskommunikation, die deshalb nicht langweilig werden, weil sie immer neu gemischt und mit neuen Oberflächen versehen werden (vgl. Gaede 2002).

(3) INTRANSPARENZ ERZEUGEN Gern wird vermutet, dass Anbieter genau wissen, was sie tun, während Abnehmer im Dunkeln tappen und nicht wissen, wie ihnen geschieht. Die Marketingverantwortlichen sehen ihre Funktion nicht selten darin, durch Werbung und andere Maßnahmen der Wirtschaftskommunikation Markttransparenz zu schaffen. Aber darum kann es ihnen gar nicht gehen, weil Markttransparenz Stillstand wäre. Auch der Abnehmer hat meistenteils kein Interesse an Transparenz, denn Transparenz ist nicht ohne Aufwand zu haben. Wirtschaftskommunikation verschafft dem System Intransparenz, weil objektivierbar nur Preise für gleiche Produkte sind. Imaginative Nutzen können bei gleichem Grundnutzen in hohem Masse ungleich sein, weil sie sich stärker auf Werte beziehen.

Eine Publikumszeitschrift wie der Spiegel, wie Fokus oder Max hat zu guten Zeiten 100 und mehr Seiten Werbung. Diese Werbung entsteht mehr oder weniger gleichzeitig und bildet durch ihr Erscheinen in der Zeitschrift ein neues Ganzes, an dem viele tausend Menschen mitgewirkt haben, ohne voneinander zu wissen. Es gibt zwar Beteiligte, aber keine Verantwortlichen für das Ganze der Werbung. Es gibt mehr Werbesendungen als von irgendwem gesehen werden können. Und das hat niemand so gewollt. Die Informationsüberlastung wird genau von den Menschen, die sie produzieren als gravierendes Problem angesehen. Nur können sie nicht an der Reduktion der Informationsüberlastung mitwirken, weil sie eine unerwünschte Nebenwirkung einer auf ganz andere Wirkungen bedachten Kommunikation ist.

Typische Meetings bestehen darin, dass zehn Leute zusammensitzen und darüber diskutieren, wie die Welt ist. Jede wirtschaftskommunikative Situation ist hypothetisch, entweder in der Suche nach den Gründen, die Vergangenes in Beziehung zu Gegenwärtigem setzen, oder im Hinblick auf die Gründe, warum etwas Bestimmtes in der Gegenwart zu tun oder zu unterlassen ist, damit in der Zukunft dies und das passiert. Nur deshalb sind überhaupt Entscheidungen zu treffen: weil es unterschiedliche plausible Einschätzungen gibt. Einzelnen mag es gelingen, sich ein konsistentes Bild der Wirklichkeit durch Informationen zu basteln, aber in großen Gruppen ist das kaum möglich. Jeder Einzelne hat eine andere Weltsicht, andere blinde Flecken und andere Datenhintergründe. Eine Vereinheitlichung gelingt kaum. Es kann insbesondere auch keine wissenschaftlich richtige Lösung geben, die nun gefunden werden muss. Denn die Basis für Evolution ist das Zuviel der natürlichen Produktion, die Variation und Selektion ermöglicht. Zum Überleben des einen gehört die Möglichkeit des Sterbens des anderen, ohne dass das System darunter leidet.

Im Marketing werden Personen ausgetauscht, die schon alles wissen. Nicht, weil ihr Wissen falsch wäre, sondern weil es lähmt. Und die Bewegung und Veränderung schafft wohl mehr Welt als das Wissen, selbst wenn die Veränderungen falsche Grundlagen haben. Man kann auch auf Basis falscher Prognosen, ja sogar mit falschen Prognosen, unnötigen Dingen und unwahren Vorgaben Geld verdienen.

Evolutionär bedeutet allerdings nicht, dass alles zufallsgesteuert ist und das System nicht lernen könnte. Gesucht wird solche Kommunikation, die sich durchsetzt und für das System Wirkungen erzeugt, die gewünscht sind. Das Unternehmen hat einige Fenster zur Welt: Die Berichte des Außendienstes, die quantitativen Marktdaten, die Beobachtung der Konkurrenz, die Akzeptanz der Produkte durch den Handel, Wiederkaufraten. Der Markt an sich ist jedoch unerreichbar, muss aber dennoch über Planung scheinbar einbezogen werden. Die Welt wird so tastend beobachtet und innerhalb der Reichweite der Organisation gemanaged. Das passiert allerdings in einem konstruierten Datenraum: Man reagiert auf einen Umwelteffekt, den man zur Beobachtung aus Daten ableitet.

Aus evolutionärer Sicht kommt Kreativität der Variation gleich, die getrennt ist vom Mechanismus der Selektion. Selektion entspricht Akzeptanz. Beide Mechanismen müssen, um zu funktionieren, getrennt bleiben. Kreativität findet nicht deshalb schon Akzeptanz, weil sie kreativ ist. Kreativität/Akzeptanz ist ein mindestens zweistufiger Prozess: Erst muss im Unternehmen Kreatives überhaupt zur Kenntnis und angenommen werden, dann zeigt sich im Markt, ob es auch dort angenommen, also akzeptiert wird. Man spricht vom doppelten Akzeptanzproblem.

Über Geschmack lässt sich streiten, aber nicht über Akzeptanz. Die festgestellte Akzeptanz baut ein Konkurrenzsystem zu den Normen der Subsysteme auf: Was künstlerisch wertvoll nach Maßstäben des Kunstsystems ist, ist das eine, was Akzeptanz findet, oftmals etwas anderes. Was von Menschen akzeptiert wird, kann das gleiche, ein Teil oder etwas ganz anderes sein, als das, was in den jeweiligen Systemen als State of the Art gilt. Im Recht: Rechtsempfinden und geltendes Recht, in der Wissenschaft: Theorie und Praxis, in der Politik: sachgerecht und mehrheitsfähig.

Akzeptanz bedeutet aus einer anderen Perspektive betrachtet Passung. Passen beinhaltet eine Relation von System und Umwelt, aber eben keine richtige, wahre etc., sondern einfach eine gegebene Beziehung. Akzeptanz schränkt Beliebigkeit ein, ohne Wahrheit zu garantieren. Irrtum ist sogar wahrscheinlich, aber sozial abgefedert.

5.4 LOGIK DES SPIELS

(1) DOPPELTE KONTINGENZ Warum sollte Kommunikation eher mit einer Logik des Spiels in Verbindung gebracht werden, als mit Produktion oder andere Formen der Wirtschaft? Die Spiel-Metapher zu nutzen ist natürlich nicht zwingend, sondern empfiehlt sich aus Erfahrung und wegen der damit verbundenen perspektivischen Möglichkeiten. Es gibt allerdings einen spezifischen theoretischen Hintergrund, der zumindest gute Argumente liefert. Der amerikanische Soziologe Talcott Parsons hat das Theorem der „Doppelten Kontingenz" in den 50er Jahren des 20. Jahrhunderts formuliert; Niklas Luhmann hat es speziell auf Kommunikationssysteme bezogen: Es kommt kein Handeln zustande, „wenn Alter sein Handeln davon abhängig macht, wie Ego handelt, und Ego sein Verhalten an Alter anschließen will" (Luhmann 1984, S.149). Das entspricht der klassischen Marktsituation: Nachfragende Marktteilnehmer orientieren sich am Angebot, anbietende Marktteilnehmer orientieren sich an der Nachfrage. Es ist verblüffend, dass diese doppelte Kontingenz, also eine Situation in der sich zwei freie Akteure in ihren Handlungen aneinander orientieren sollen, zwar sehr verbreitet ist, die theoretischen Gedanken dazu aber kaum auf Interesse gestoßen sind. Vielleicht liegt dieses Desinteresse daran, dass es keine eindeutigen Lösungen gibt, sondern hier eben ein spielerischer, oft ein erratischer Umgang mit dem Problem gefordert ist.

Was bedeutet Doppelte Kontingenz konkret? Man möchte beispielsweise eine attraktive Person nur ansprechen, wenn diese ihrerseits Interesse erkennen lässt – was diese aber nur tut, wenn sie Interesse erkennt. Oder: In Japan verbeugt man sich tiefer als eine höherrangige Person. Wenn zwei Personen, die sich voreinander verbeugen, unsicher über den Rang der anderen Person sind, versuchen sie beide, sich etwas tiefer zu verbeugen. Vermittelt gilt auch dieses Beispiel: Man wartet mit einem Kauf, bis die Preise nicht mehr fallen, doch die Preise fallen immer weiter, weil man durch fallende Preise Käufe stimulieren möchte.

Parsons hat seinerzeit als Lösung auf bestimmte Sozialstrukturen der Gesellschaft hingewiesen, zum Beispiel den Wertekonsens in einem „shared symbolic system“: Der Mann spricht zuerst an, die Frau hat sich zu zieren, gerade das bedeutet Zustimmung zu weiterer Annäherung. Damit könnte den Flirtenden geholfen sein, den Japanern allerdings nicht. Aber auch bei den Flirtenden kann sich die Situation noch einmal komplizieren durch das Wissen um Konventionen, die es einem verbieten, sich nach ihnen zu verhalten, weil man dann als konventionell gilt. Die Möglichkeiten eines gemeinsamen Symbolsystems sind heute jedoch sehr begrenzt.

Eine weitere Lösung solcher Probleme Doppelter Kontingenz liegt oftmals im Zeitfaktor. Irgendwann muss man nach Hause gehen, Begrüßungen abschließen oder kaufen, was man braucht. Jede Situation löst sich irgendwann von selbst auf – allerdings kann das unter Wettbewerbsbedingungen nur bedingt als Lösung empfohlen werden. Der Flirt an der Bar kann entweder gar nicht zustande kommen, oder eine andere Person stellt sich geschickter an. Dieses Geschick ist es, das kommunikativen Situationen spielerische Züge verleiht – und das eben auch nur so funktioniert. Beispiele für Handeln, dass Doppelte Kontingenz nicht nur abwartet, sondern auflösen kann: Tempovorteile aufbauen, Situation definieren, Zufälle nutzen, Missverständnisse nicht fürchten, Anschlussmöglichkeiten generieren, kurz: einen Anfang um des Anfangs und nicht um des Endes willen zu machen. Der Beginn von Kommunikation beruht auf einer Entscheidung für eine Möglichkeit – nicht aber darauf, den einen richtigen Anfang zu finden. Der „gute“ Zweck des Beginns ist das Weiterlaufen der Kommunikation. Was heißt das für Wirtschaftskommunikation? Nicht die richtige Kampagne suchen, sondern gute, schnelle, anschlussfähige, zufallsoffene, Situationen definierende Kommunikation. Das Weiterlaufen der Kommunikation als Leitbild kultivieren – und das Beenden einem eigenen, nichtkommunikativen Beobachtungsgesichtspunkt überlassen: Nicht die Kommunikation entscheidet, wann es zu teuer wird, weiter zu kommunizieren, sondern die Controller.

Hier lohnt es sich, nochmals daran zu erinnern, dass es sich um ein ungleiches Spiel handelt, wenn wir Konsumenten und Unternehmen betrachten: Der Konsument hat bis zum letzten Augenblick – und oft noch darüber hinaus – die Exit-Option: Er kann nicht kaufen oder Gekauftes umtauschen. Konsumenten sind zwar an ihre Bedürfnisse, aber nicht an bestimmte Konkretionen gebunden. Unternehmen sind langfristig an ihre Produkte und mittelfristig an ihre Kommunikation gebunden. Dafür haben sie den quantitativen und inszenatorischen Vorteil.

(2) LINKING Sollte es ein allgemeines Strukturmerkmal von Werbung geben, dann liegt es mit größter Wahrscheinlichkeit in der assoziativen Verbindung von zwei unterschiedlichen Wertsphären durch die Inszenierung von Produkten. Diese Art der Verbindung ist eher wie eine gedankliche Verkettung autonomer Inhalte aufzufassen (Stuttgart bringe ich immer mit Brezeln in Verbindung), weniger als eine Verbindung im Sinne einer Möglichkeit des Zueinandergelangens (es gibt eine Zugverbindung von Stuttgart nach München). Im Englischen ist dieser Unterschied zumindest sprachlich mit den beiden Wörtern Link und Connection bezeichenbar. Worin besteht nun das für die Wirtschaftskommunikation typische Linking?

Wirtschaftskommunikation verbindet die Inszenierung sachlicher Qualitäten mit der Inszenierung innerer Erlebnisqualitäten. Schulze (2002) zeigt diesen Zusammenhang am Beispiel der Automobilwerbung und deutet auch die besondere Leistung an, die gelungene Werbung produziert. Auch in der Inszenierung ist die Sachlogik an eine Beweisführung durch den Verkäufer und eine Skepsis des Käufers gebunden. Es gehört zu den sehr früh erworbenen kulturellen Selbstverständlichkeiten, den Anpreisungen von Verkäufern zunächst zu misstrauen, und es gehört ebenso zur basalen Ausbildung von Verkäufern, zunächst skeptische Kunden sachlich für ein Produkt einzunehmen. Auf der anderen Seite steht die Logik des emotionalen Einlassens dem völlig entgegen: Wer vorgeschlagenen Erlebnisqualitäten mit der gleichen Skepsis begegnet, wie angepriesenen Sachqualitäten, bringt sich schlicht und einfach um die Freude. Wer im

Theater nicht darüber hinwegzusehen in der Lage ist, dass die Kulisse eine Kulisse und keine Stadt ist, verschließt sich dem Erlebnisangebot, das mit einer Theaterinszenierung gemacht wird. Natürlich ist unbestritten, dass auch diese Inszenierungen gut und schlecht gemacht sein können, letztlich ist aber der gut beraten, der bei sachlichen Qualitäten seiner Fantasie misstraut, bei emotionalen Qualitäten aber seiner Fantasie vertraut. Werbung versucht charakteristischerweise, die beiden unterschiedlichen Logiken der Skepsis gegenüber sachlichen Versprechen und des Einlassens auf emotionale Erlebnisangebote gleichzeitig zu bedienen und füreinander in Anspruch zu nehmen. Diese Verbindung selbst wird von Rezipienten als gefährlich erlebt, weil sie ihre Skepsis gegenüber den Produkten untergraben soll. Bei empirischen Untersuchungen zum Zuschauerverhalten bei Einspielung von Werbung kommt es typischerweise zu negativen Bewertungen. „Positive Bewertungen, so selten sie sind, beziehen sich meist nicht auf das Produkt, sondern auf die Machart des Spots [...] Es überwiegt jedoch deutlich die herablassende Rezeption" (Ayaß 2002, S.169). Aber diese Reaktion heißt nicht, dass die durch Werbung erzeugte Struktur der Verbindung von emotionalen Erlebnismöglichkeiten und sachlichen Produktqualitäten nicht erfolgreich wäre: „Worauf es bei einer Inszenierung ankommt, ist nicht das tatsächliche Innenleben im Moment des Betrachtens, sondern das später erinnerte Innenleben" (Schulze 2002, S.978).

Die Erinnerung von Erlebnis und Quelle des Erlebnisses wird an unterschiedlichen Stellen gespeichert und in unterschiedlichen Kontexten abgerufen. Man weiß also, so das Kalkül der Werbung, am Regal nicht mehr, dass die emotionalen Aspekte des Produktes, die einem in den Sinn kommen, durch die Werbung produziert wurden. Und man weiß während des Betrachtens der Werbung nicht, dass diese Effekte eintreten können, selbst wenn man sich von der Werbung distanziert. Dass Werbung funktionieren kann, auch wenn sich die Betrachter von den Inhalten und der Präsentation distanzieren, ist die eine Möglichkeit. Damit ist natürlich nicht in Abrede gestellt, dass bestimmte Werbung für bestimmte Personen gar nicht attraktiv ist oder sogar Ablehnung auslöst. Aber trifft das auch für die Verbindungen an sich zu? Die Auffassungen dazu gehen auseinander. Der Psychologe Axel Mattenklott sieht es so:

„Eine Zahnbürste mit Gefühlen aufladen zu wollen, die mit Bildern von Sommerferien am Meer assoziiert werden, mag originell sein, die Werbebotschaft wird dabei aber wahrscheinlich auf Unverständnis stoßen. Unsere kulturell geprägten Interpretationen von Dingen engen die Variationsmöglichkeiten dieses Prinzips des Emotional Bonding ein" (Mattenklott 2004a, S.122). Bemerkenswert an diesem Zitat ist zweierlei: Zum einen das „wahrscheinlich", aus dem hervorgeht, dass selbst ein Paradebeispiel nicht mit eindeutiger Sicherheit präsentiert werden kann. Zum zweiten lässt sich die Aussage auch so drehen, dass unterstrichen wird, dass kulturell geprägte Interpretationen das Prinzip des Emotional Bonding unterstützen.

Werbung ist Kommunikation, die vorrangig auf Glauben, weniger auf Verstehen zielt. Werbung soll verlinken – im Unterschied zum bloßen connecten. Verlinkt werden Waren und Imaginationen durch Literatur, Wirtschaft und Menschen, durch Imagination und Emotion. Werbung funktioniert so, dass in Aussicht gestellt wird, an Eigenschaften oder Attributen symbolisch zu partizipieren, die man selbst eigentlich nicht erreichen kann. Linking ist demnach kein Trick, sondern eine Methode. Während Tricks nicht mehr funktionieren, wenn sie durchschaut sind, funktionieren Methoden auch, wenn man weiß, wie es gemacht wurde. Linking bedeutet, akzeptable Verbindungen von sachlichen mit imaginativen Elementen zu erzeugen und mit einem Geldbezug zu versehen.

(3) AUSLEUCHTEN UND ABDUNKELN Aus dem Jahr 1903 stammt die folgende Bemerkung von Gaspard Vallette: "Was ich vor allem an den Inseraten schätze ... ist ihre durchgängig optimistische Weltanschauung..." (zit. nach Borscheid 1995, S.39). Fast einhundert Jahre später bezeichnet der Medienwissenschaftler Siegfried J. Schmidt den Grund für diesen Optimismus als „Ausblendungsregel: Werbung produziert und präsentiert ausschließlich positive Botschaften" (Schmidt 2000, S.235). Damit ist zum

einen festgestellt, dass Werbung sich nicht negativ über das beworbene Produkt äußert: „Werbung ist prinzipiell und offensichtlich (sozusagen: offensiv) parteilich und kann eben daraus Kapital schlagen, weil das Wissen um diese Parteilichkeit zum kollektiven Wissen der Mediennutzer gehört" (Schmidt 2000, S.236). Darüber hinaus geht es hier aber um etwas anderes: Vallette spricht von Weltanschauung, Schmidt verwendet mit „Ausblendung" einen Begriff aus der Inszenierungstechnik von Film und Funk. Es geht nicht nur um die positiven Merkmale des Produktes, es geht auch um ein positives Setting, in dem diese Produkte präsentiert werden. Dieser Hang zur positiven Inszenierung in der Werbung scheint einerseits fast konstituierendes Merkmal von Werbung zu sein, ist aber andererseits eine gar nicht so selbstverständliche Erscheinung. Denn normalerweise wird auf negative Reize erheblich stärker reagiert als auf positive, und sie werden auch viel besser erinnert. Autofahrer erinnern sich an die roten und nicht an die grünen Ampeln. Im Sinne einer Werbewirkung, die auf Erinnerung abzielt, wären negative Reize also durchaus sinnvoll. Allerdings führen negative Reize zumeist zu Vermeidung, und zwar oftmals zur am leichtesten zu bewerkstelligenden Vermeidung, zur Vermeidung des Kommunikationstyps. Nun ließe sich argumentieren, dass Nachrichten doch von der Negativität leben und gerade deshalb erfolgreiche Kommunikationsformen sind: Only bad news are good news. Warum sollte das nicht auch für Werbung gelten? Eine Antwort liegt darin, dass Nachrichten normalerweise Inszenierungen ohne Adressierung sind: Der Zuschauer betrachtet sie, ohne dass er zu Handlungen aufgefordert wird. Werbespots dagegen arbeiten mit hoher „Adressivität. Mit diesem Begriff sollen alle Präsentationselemente bezeichnet werden, die den Adressaten explizit in die eigene Rede aufnehmen. Sie äußert sich sowohl auf der sprachlichen als auch auf der visuellen Ebene" (Ayaß 2002, S.160). Werbung ist positiv, weil sie sich direkt an den Betrachter wendet, und dieser in solchen Situationen negative Reize zu vermeiden versucht. Auch an der Ausblendung ist demzufolge zu erkennen, dass beide Beteiligten aufeinander reagieren: Werbespots sind positiv, weil Zuschauer negative Spots vermeiden. Die von Schmidt formulierte Ausblendungsregel ist damit auch auf die Zuschauer anzuwenden und könnte lauten: Zuschauer von Werbung akzeptieren ausschließlich positive Botschaften – von wenigen Ausnahmen abgesehen. Bekannteste Beispiele sind Allianz und Calgon. Bei beiden handelt es sich um Marktführer, beide dramatisieren potenzielle, sich unsichtbar anbahnende Gefahren und stellen in Aussicht, diese positiv zu beeinflussen.

Werbung besticht scheinbar durch ihre rundherum positive Weltsicht. Ist sie wirklich positiv – oder sticht nicht die Entwertung des Bestehenden hervor? Sloterdijk (2005) spricht von den Hohepriestern des Mangels – wehe, wer den Mangel beleidigt! Nicht was wir haben ist gut, sondern was wir nicht haben. Die Werbung verfügt über eine Vielzahl weiterer inszenatorischer Mittel, und erstaunliche viele lassen sich auf die Differenz von Ausleuchten und Abdunkeln beziehen: drei weitere typische Mittel sollen beispielhaft angesprochen werden: (a) Verzerrung, (b) Beleuchtung und (c) Humor.

(a) Die Verzerrung von Dimensionen gehört fast ebenso sehr zur Werbung wie ihre Positivität. Mindestens seit es Markenartikel gibt, gibt es auch ihre übergroße Darstellung. Bereits um 1900 „drang die Werbung in die Natur vor: Aus den Wiesen und Feldern winkten gewaltige Bierflaschen, Keksdosen oder Haarwasserpackungen" (Reinhardt 1995, S.50). Zur Vergrößerung kam mit der medialen Entwicklung zunächst die perspektivische Darstellung, die Produkten in Anzeigen durch eine besondere Wahl des Blickpunktes zum Beispiel ein schnittiges Aussehen verliehen. Schließlich begannen die Produkte sich selbständig zu bewegen, durch die Luft zu fliegen, zu drehen und zu wirbeln, zu tanzen und zu küssen. Produkte wurden so zum einen vermenschlicht, um die für den Markenartikel typischen Anschein zu erwecken, menschliche Eigenschaften ließen sich auf Produkte und dann wieder zurück auf Menschen – nämlich die Käufer und Verwender dieser Produkte – übertragen. Zum anderen wurde durch die Perspektivverzerrung und insbesondere durch die Vergrößerung der psychologischen Faustregel Rechnung getragen, dass was groß ist auch wichtig ist (Bedeutungsperspektive). Schaut man sich heute Wirtschaftswerbung an, wird man es schwer haben, eine Produktabbildung zu finden, die in realistischen Dimensionen zu ihrem Umfeld erscheint.

(b) Die elektrische Beleuchtung selbst hat eine maßgebliche Rolle bei der Entwicklung der modernen Konsumgesellschaft gespielt. Erst mit der sicheren Verfügung über Licht konnte dieses auch dramaturgisch eingesetzt werden und die großen Warenhäuser der Jahrhundertwende verwandelten sich buchstäblich in Bühnen. Man kann behaupten, dass hier der Erlebniseinkauf seinen Ausgangspunkt und vielleicht auch seinen unter künstlerischen Ansprüchen betrachtet ästhetischen Höhepunkt hatte. Die Schaufenster entwickeln sich bis zu den 1880er Jahren zur zweitbedeutungsvollsten Werbeform nach dem Zeitungsinserat (vgl. Borscheid 1995, S.30). 1896 wurde in Berlin die erste beleuchtete Werbeanlage installiert, der Werbefilm beruht auf elektrischem Licht, allerdings mit der Möglichkeit, jetzt auch die Kinosäle selbst abzudunkeln und das Licht allein auf und durch die Leinwand zu haben.

(c) Von den drei genannten Beispielen Verzerrung, Beleuchtung und Humor ist das letzte sicherlich das dem Kaufmann fremdeste, vielleicht auch das modernste: Mit dem eigenen Warenangebot Scherz zu treiben, liegt dem rationalen Kaufmannsgeist eigentlich nicht. Gegenwärtig kann allerdings insbesondere bei Kinowerbung leicht der Eindruck entstehen, dass nur noch humorvolle Werbung entsteht. In manchen Praktikerbüchern der Werbung wird Humor als eines der Kriterien bezeichnet, die gute Werbung unbedingt ausmachen (vgl. Turner 2002). Diese Humoreuphorie mag auch wieder abebben, bedeutsam in hier gegebenen Zusammenhang ist der Bezug zum Abdunkeln. Seit Freuds Anhandlung ist bekannt, dass ein Witz witzig ist, weil neben dem Gesagten etwas ungesagtes, in der Regel mit Hemmungen oder Tabus belegtes mitschwingt. Der Witz erlaubt, sich am zivilisatorisch Abgedunkelten zu erfreuen, ohne sich dazu bekennen zu müssen. Die Besonderheit des Witzes liegt darin, dass der Zuhörer aktiv bei der Entwicklung des Witzes mitarbeitet: „Der Witzhörer bekommt den Witz nämlich wie einen Bausatz, den er selbst fertig stellen muß; indem er das tut, wird der Witz zu seinem eigenen Produkt, das er sich damit, ob er will oder nicht, aneignet" (Hirsch 1991, S.290). Sofern die inszenatorische Bedeutung der Werbung zunimmt, wird Werbung zu einem Kommunikationswettbewerb und es geht darum, unter kommunikativen Gesichtspunkten erfolgreich zu sein. Humoristische Werbung gewinnt unter diesen Bedingungen an Bedeutung, weil sie die rationale Skepsis des Beworbenen unterläuft und so einen Inhalt von ihm selbst produzieren lassen kann. Die so genannte Quellenamnesie vervollständigt die Wirkung, denn Herkunft und Inhalt von Wissen wird im Gehirn an unterschiedlichen Orten gespeichert (vgl. Roth 2003, S.90). Oft wird das „Woher" vergessen, während das „Was" gut erinnert wird. So bleibt auch der Inhalt, aber nicht der Ursprung des Wissens bekannt ist, das durch den Witz konstruiert wurde.

(4) EIN HAUS AUS ZEICHEN Metaphorisch lässt sich sagen: Privatpersonen wie Unternehmen bauen an jeweils eigenen Häusern. Die Metapher des Hausbaus gibt unterschiedliche Dimensionen vor, die sich auf wirtschaftliche Verhältnisse übertragen lassen. Aber zunächst zum Grundsätzlichen: Unternehmen und Privatpersonen bauen zwar an vergleichbaren, aber an unterschiedlichen Häusern. Privatpersonen bauen in diesem Modell am Haus ihrer persönlichen Identität, Unternehmen am Haus ihrer Unternehmensidentität. Selbstverständlich müssen diese Häuser auf guten Fundamenten ruhen, um dauerhaft zu bestehen. Diese Fundamente sind die technischen und die finanziellen Voraussetzungen. Wenn sie nicht gegeben sind, verändern sich die Anforderungen an Image und Identität in einer Weise, die gesondert betrachtet werden muss. Für Privatpersonen ist diese Basis gegeben, wenn die Befriedigung der sachlichen Grundbedürfnisse und ein finanzielles Grundauskommen außer Frage stehen. Für Unternehmen ist eine solche Basis gegeben, wenn hinreichend technisches Know-how zur Verfügung steht, um sachlich konkurrenzfähige Produkte herzustellen und im Prinzip profitable Produktionsverfahren beherrscht werden. Es lässt sich argumentieren, dass auch dann, wenn diese Grundgegebenheiten nicht erfüllt sind, Image und Identität ebenfalls eine be-

deutende Rolle spielen. Aber diese Nebenbedingung verkompliziert das Modell zunächst unnötig, denn es soll jetzt nur um die allgemeinen Verhältnisse gehen.

Identität und Image haben gemeinsam, dass sie nur insoweit existieren, als sie von anderen bestätigt werden. Die Identität eines Menschen ist nicht ein weiterer kleiner Mensch im Kopf oder an sonst einem Ort, der in irgendeiner Weise „eigentlich" die Person verkörpert, sondern Identität muss verstanden werden als eine zugesprochene Identität, ein Reflexion der Anerkennung dessen, was man in einem Kontext darstellt von diesem Kontext. Das gleiche gilt für die Identität eines Unternehmens. Es ist nur insofern vorhanden, als sie akzeptiert wird. Oftmals wird von Identität als Innensicht und vom Image als Außensicht gesprochen, das gilt sowohl für Unternehmen wie für Personen. Images bezeichnen demzufolge die Einstellungsbündel, die andere im Hinblick auf eine Person oder auf ein Unternehmen haben, während die Identitäten solche Einstellungsbündel sind, die Unternehmen und Personen im Hinblick auf sich selbst haben.

Anders als Privatpersonen können Unternehmen arbeitsteilig vorgehen. Sie können die unterschiedlichen Komponenten von unterschiedlichen Mitarbeitern oder gar Mitarbeitergruppen betreuen lassen, während Privatpersonen nur „Teilpersönlichkeiten" zur Verfügung stehen. Unternehmen können – und sollten – drei Kompetenzformen in ihrer Unterschiedlichkeit fördern: Ingenieure, Imageneure und Kaufleute.

Ingenieure kümmern sich darum, dass überhaupt etwas entsteht, mit dem gehandelt werden kann, etwas, das als ein Etwas mit Nutzenausprägungen erkennbar ist. Dabei orientieren sie sich an Nutzenerwartungen, schaffen aber auch neue Produkte, deren Nutzen erst erlernt, deren Geschmack erst erworben werden muss. Diese Nutzen werden manchmal akzeptiert, manchmal nicht akzeptiert, manchmal noch nicht oder nicht mehr akzeptiert. Imageneure kümmern sich um die Formung dieses etwas, damit es zum Nutzen eine Attraktivität erhält. Die meisten Produkte können in unterschiedlichen Formen unterschiedliche zusätzliche Attraktivität gewinnen. Imageneure orientieren sich an den vorhanden Verbindungen von Bedürfnissen und Wünschen, aber sie schaffen auch neue Verbindungen. Diese Verbindungen werden manchmal akzeptiert, manchmal nicht akzeptiert, manchmal noch nicht oder nicht mehr akzeptiert. Kaufleute kümmern sich um die Profitabilität von geformten Produkten. Der kaufmännische Gesichtspunkt unterscheidet die Orientierung der Ingenieure und Imageneure von der Orientierung etwa von Künstlern. Die Ingenieure müssen sich damit abfinden, dass nicht alles profitabel verkauft werden kann, was technisch machbar ist. Die Imageneure müssen sich damit abfinden, dass nicht allein die ästhetische Schlüssigkeit, sondern hauptsächlich die ästhetische Akzeptanz profitabel ist.

Ein Beispiel: Bifi Rolls: Ingenieure schaffen es, Backwaren und feuchte Fleischprodukte so zu verbinden und zu verpacken, dass das Brötchen dauerhaft trocken und das Würstchen dauerhaft saftig bleibt. Imageneure verbinden dieses Produkt mit einem Lebensgefühl von Managern, oder von Helden des Alltags oder von jugendlichen Mountainbikefahrern, statten es mit Erkennungsmerkmalen aus, durch die Menschen, die nur eine bedruckte Aluminiumhülle sehen, sich vorstellen können, was sich in dieser Hülle verbirgt und wie es sein wird, diesen Inhalt zu essen. Kaufleute haben dafür zu sorgen, dass dem Unternehmen letztlich mehr Geld zufließt, als es für all das auszugeben hat, nicht nur mehr Geld, sondern so viel Geld wie möglich. Diese Kalkulation wirkt sich ihrerseits auf den Fleischgehalt, auf die angestrebte Haltbarkeit, auf das Gewicht und den Geschmack des Produktes aus, aber auch auf die Möglichkeiten, die Images unter das Volk zu bringen, also zu werben, zu plakatieren oder zu verteilen. Ein sich selbst koordinierender Prozess sich gegenseitig beeinflussender Schwerpunktkompetenzen.

Diese drei Schwerpunktkompetenzen sind hier idealtypisch voneinander getrennt und gleich gewichtet sowie auf unterschiedliche Personen oder Abteilungen verteilt dargestellt. Tatsächlich können sie selbstverständlich auch in einer Person vereint auftauchen, sich auf mehrere Personen verteilen, unterschiedliche Ausprägungen und Bedeutungen aufweisen. Die Rolle der Ingenieure und die der Kaufleute ist in ihrer Unterschiedlichkeit weitgehend akzeptiert. Neu ist die Einführung des Idealtyps eines Imageneures. Es ist nicht ungewöhnlich, dass diese Rolle als Teilaufgabe der Ingenieure und der Kaufleute verstanden wird. Hier soll dafür plädiert werden, Imageneuring als eigenes Kompetenzfeld zu betrachten, das in seiner idealtypischen Bedeutung den Ingenieuren und den Kaufleuten gleichkommt. Idealtypisch meint hier, dass in einzelnen Unternehmen auf Grund ihres konkreten Zuschnitts bestimmte Rollen dominieren und andere kaum von Bedeutung sind. So ist in Handelunternehmen das Ingeneuring normalerweise weniger von Bedeutung als das Kaufmännische. Auch wird das Imageneuring in der Produktion von Mode bedeutsamer sein als das Ingeneuring. Eine untergeordnete Bedeutung des Kaufmännischen ist selten, aber zum Beispiel im Bereich der Grundlagenforschung der Pharmaindustrie ebenso denkbar wie bei der Eventgestaltung von Dienstleistungsunternehmen.

Als Imageneure sollen die Fachleute für das Imaginative, für Illusion, Fantasie und Image verstanden werden. Praktisch wird diese Funktion auf sehr unterschiedliche Tätigkeitsfelder und Berufsbilder verteilt: Designer, Werber, aber auch Leitbildverantwortliche, Verkaufstrainer oder andere Kommunikationsfachleute nehmen sie wahr, ohne dass es bislang üblich geworden wäre, eine übergreifende Funktionsstelle für die imaginativen Komponenten zu schaffen. Am ehesten ist die Corporate Communication Abteilung als eine solche Instanz anzusehen, aber auch sie hat in den seltensten Fällen durchgreifenden Einfluss zum Beispiel auf Produktdesignentscheidungen. Möglicherweise ist die Institutionalisierung eines Imageneuring Departments auch gar keine zwingende Notwendigkeit, sondern nur eine von mehreren Optionen, mit den imaginativen Aspekten der Wirtschaftsunternehmen umzugehen. Entscheidend ist aber, dass es eine idealtypisch zu beschreibende eigenständige Dimension des Imaginativen in Unternehmen gibt, die in ihrer Bedeutung dem Kaufmännischen und dem Ingenieurhaften gleichkommt.

6. MORALISCHE DIMENSIONEN IM UMGANG MIT WIRTSCHAFTSKOMMUNIKATION

> „Vielmehr frage man sich doch, wer eigentlich `böse´ ist, im Sinne der Moral des Ressentiment. In aller Strenge geantwortet: eben der `Gute´ der andren Moral...“ (Nietzsche, Zur Genealogie der Moral. 1. Abhandlung, 11. Abschnitt)

6.1 EIN PERSÖNLICHER ZUGANG

Über Wirtschaftskommunikation wird aus einer Vielzahl von Gründen schnell moralisch geurteilt. Moralische Urteile bilden eine eigene Kategorie, es sind solche Urteile, die über das Gutsein oder Schlechtsein von Handlungen, Einstellungen, Äußerungen jenseits ihrer rechtlichen Konsequenzen zielen. Traditionell gibt es in westlichen Kulturen einen engen Bezug zwischen Recht und Moral, dergestalt, dass nahezu alle rechtlich sanktionierten Bereiche auch als unmoralisch gelten: Diebstahl zum Beispiel wird bestraft und ist unmoralisch. Nur so genannte Kavaliersdelikte, zum Beispiel Steuerverkürzung oder Fahren mit überhöhter Geschwindigkeit bilden Ausnahmen. Moral bezieht sich aber zudem und hauptsächlich auch auf Handlungen, die zwar keine rechtlichen Konsequenzen nach sich ziehen, aber dennoch als verwerflich abgelehnt werden. Augenblicklich stellt sich hier die Frage: Wer trifft diese moralischen Urteile? Damit ist der zentrale Unterschied zwischen Rechtsurteilen und moralischen Urteilen in modernen Gesellschaften benannt: Das Recht gilt in einem Rechtsraum für alle Rechtssubjekte gleichermaßen, während moralische Urteile in Abhängigkeit von Gruppen- und sonstigen Einstellungen unterschiedlich ausfallen können. Wenn ein Vorstand einer großen Bank vor Beginn eines Prozesses um die Höhe von Abfindungszahlungen, die er mit bewilligt hat, ein Victory-Zeichen zu den wartenden Journalisten macht, dann ist das ohne jede rechtliche Relevanz, wird aber von denjenigen, die mit den entsprechenden Zeitungsbildern konfrontiert werden, moralisch unterschiedlich beurteilt. Diese Urteile gehen von cool bis unerträglich, von arrogant bis zynisch. Sollte sich am Ende dieses Prozesses herausstellen, dass alle in Rede stehenden Abfindungen mit Recht angeboten und angenommen wurden, wird damit die Breite der moralischen Urteile nur wenig reduziert werden. Auch hier wird man von moralischer Hochachtung für erfolgreiche Menschen bis Verachtung für durchtriebene Raffer alles finden.

Moralische Urteile werden oft spontan und ohne großes Nachdenken intuitiv geäußert. Als moralische Urteile, im Unterschied zu ästhetischen, müssen sie sich allerdings auf ein anzustrebendes gemeinschaftliches Sollen beziehen. Das bedeutet: Ob eine Jacke grün oder besser rot sein soll, ist eine ästhetische Frage, ob alle Personen gleichfarbige Jacken tragen sollen, ist sowohl eine ästhetische als auch eine moralische Frage. Beide Fragen lassen sich mit Gründen so oder so beantworten, die Gründe stammen jedoch aus unterschiedlichen Quellen. Die Gründe für ein relevantes moralisches Urteil müssen sich letztlich darauf beziehen, welche Art des Zusammenlebens von Menschen man für erstrebenswert und verwirklichbar hält. Wie bei allen Urteilen wird ein konsistentes Urteil für einen Beobachter überzeugender wirken als ein inkonsistentes Urteil, aber allein auf die Konsistenz kommt es nicht an. Zu moralischen Urteilungen gehört der Bezug auf Werte. Und auch dieser Bezug ist letztlich nicht zwingend, sondern immer auch anders möglich. Deshalb werden als Grundlage moralischer Urteile gern vermeintlich unangreifbare Wertsetzungen genutzt, wie sie einige Religionen oder ideologische Weltanschauungen bieten.

Ich selbst kann keine absoluten und nicht weiter diskutablen Wertsetzungen als Grundlage moralischer Urteile anerkennen. Stattdessen bin ich der Auffassung, dass sämtliche Wertsetzungen immanent von Menschen erfolgen – also nicht in irgendeiner Weise inspiriert sind. Zudem sind sämtliche Wertsetzungen relativ zu Situationen und Leitbildern und konkurrieren deshalb. Wertsetzungen als Grundlage moralischer Urteile sind deshalb nicht zu beweisen und nicht zu verordnen, sondern man muss sie propagieren, um für sie einzunehmen. Mir scheint dafür der richtige Weg, die grundsätzlichen Einschätzungen explizit und transparent zu machen, nach denen ich selbst moralische Urteile treffe. Dazu möchte ich an dieser Stelle bis zum Ende dieses Abschnitts in den Grundzügen das Menschenbild und das Weltbild darstellen, dem ich gegenwärtig zuneige. Mir ist bewusst, dass es sich dabei um ein in diesem Rahmen unübliches Vorgehen handelt, bin aber der Auffassung, dass das implizite Vermitteln von Werturteilen das größere Übel darstellt. Selbstverständlich betrete ich hier extrem dünnes Eis und mache mich leicht angreifbar. Ich denke aber, dass die auch von mir verfochtene Freiheit der Werturteile nicht mit einer Nicht-Thematisierung kombiniert werden darf. Es wird nicht verwundern, dass dabei auch einige meiner „Lieblingsgiganten" genannt werden, deren Schultern zu erklimmen mir vielleicht irgendwann einmal gelingen wird.

Ich sehe den Menschen als ein in Gruppen lebendes und an Gruppenzugehörigkeit orientiertes Lebewesen. Zu moralischen Urteilen zu gelangen, die nicht an Gruppeninteressen orientiert sind, fällt dem Menschen daher eher schwer. Im Hinblick auf die Wirtschaft der Gesellschaft bedeutet das, dass auch hier eine Betrachtung nach Gruppenzugehörigkeiten wahrscheinlich ist. Solche Gruppen können sich innerhalb von Unternehmen in einzelnen Abteilungen bilden, können die Angehörigen unterschiedlicher Unternehmen, können Konsumenten oder Produzenten sein, immer wird die Frage nahe liegen: Wer sind wir – und wer sind die anderen, und immer wird dasjenige, was uns zum Vorteil gereicht, in einem milderen moralischen Licht betrachtet werden als das, was den anderen nützt. Für eine solche Sicht gibt es zahlreiche stützende Belege, zum Beispiel Kohlbergs Forschungen über die Entwicklung der moralischen Urteilsfähigkeit beim Kind (vgl. Kohlberg 1996; Garz et. al. 1999) als theoretischer Ansatz, oder kleine Untersuchungen etwa im Rahmen der Risikoakzeptanzforschung, die belegen, dass ein Risiko, dass mir von anderen zugemutet wird, erheblich weniger Akzeptanz findet als ein höheres, aber selbst verursachtes Risiko (z.B. Passivrauchen vs. Motorradfahren, vgl. Luhmann 1991).

Als Gruppenwesen neigen Menschen zur Konkurrenz zum einen innerhalb der Gruppen um Hierarchieplätze, zum anderen zwischen den Gruppen um Ressourcen. Diese Neigung zum Austragen von Konkurrenzen kann nicht aufgehoben, sondern nur zivilisiert werden. Die Wirtschaft in entwickelten Gesellschaften ist ein Austragungsfeld dieser Konkurrenzkonflikte, deren Zivilisierung in hohem Maße durch Geld und symbolische Produkte ermöglicht ist. Als konkurrierende Gruppen-Lebewesen sind Menschen geneigt, die Ursachen für Einschränkungen und negative Erfahrungen eher in ihrer Umwelt als in ihrem eigenen Handeln zu suchen. Dabei besteht wiederum eine Präferenz dafür, andere Menschen und nicht etwa Kontexte, Situationen oder Zufälle als Ursachen auszumachen, während Erfolge oder positive Erfahrungen gern auf die eigenen Handlungen zurückgeführt werden. Dieses sind einige wesentliche Ergebnisse der Attributionsforschung, und man könnte vermuten, dass das Redaktionskonzept etwa der Bild-Zeitung darin besteht, genau diese Neigungen zu bedienen („Wir sind Papst“).

Tatsächlich bin ich der Auffassung, dass es trotz entsprechender Einsichten immer wieder aufwendig ist, sich in seinen Urteilen gegen die beschriebenen Tendenzen zu behaupten – einigen Menschen gelingt das leichter als anderen, aber im Grundsatz ist es stets eine erarbeitete Fähigkeit, die wir dann an Menschen bewundern, die wir als weise bezeichnen. Weise Menschen enthalten sich zumeist moralischen Urteilen, sie wirken allerdings genau deshalb auch irgendwie „unzugehörig“. Man konsultiert sie, man bewundert sie, aber man lebt nicht mit ihnen.

Aus dem hier skizzierten Grundverständnis, das ich von Menschen und vom menschlichen Zusammenleben habe, leite ich als erstrebenswert ab, dass Konflikte nicht verneint werden, sondern symbolisch abgearbeitet werden können. Kämpfe sollten meiner Auffassung nach soweit wie möglich durch Spiele ersetzt werden. Es sollte ein möglichst ausgeprägtes Gefühl dafür vorhanden sein, dass ein moralisch einwandfreies Leben nicht möglich, aber dennoch anzustreben ist. Das moralische Bewusstsein, das bei jeder Wahl von Bedeutung ist, sollte erhalten bleiben und nicht durch starre Regeln ersetzt werden. Bei jeder Handlung sollten die Folgen für andere bedacht werden, ohne aber zu vergessen, dass Konkurrenz und damit auch Nachteile für andere legitime Folgen sind. Damit ist einer der

Grundsätze der „Ethik der Ehrfurcht vor dem Leben" von Albert Schweitzer (1981) beschrieben, der darlegt, dass wir nicht leben können ohne zu töten und gerade deshalb besonders achtsam sein müssen.

Als ethische Maximen sehe ich die möglichst weitgehende Transformierung von potenziellen Kämpfen in Spiele. Spiele unterscheiden sich von Kämpfen in diesem Zusammenhang dadurch, dass sie in keiner Dimension endgültig, sondern auf Fortsetzung angelegt sind. Der Erhalt der Voraussetzungen für den Fortgang der Spiele und der Erhalt bzw. die Schaffung der Voraussetzungen für die Möglichkeit zu fairem Spiel für viele Beteiligte ist anzustreben. Fairness bedeutet nicht, auf Fallen und Listen zu verzichten, sondern auf böse Fallen. Böse Fallen entsprechen Fouls, Handlungen, die die Spielfähigkeit insgesamt beeinträchtigen.

Es gelten solche Fallen als fair, die mit positiven Ködern arbeiten, dem Käse für die Maus, Ködern also, die das Lustempfinden stimulieren und damit die Vorsicht oder Vernunft austricksen, während solche Fallen als unfair gelten, die mit Appellen an höhere Werte oder Instinkt ködern: Die Mutter anzulocken mit dem Schmerzensschrei der Kinder wird gemeinhin als unfair bezeichnet. Des Weiteren gehört zur fairen Falle, dass die Beute eine Chance hat: entweder, in dem sie dem Köder widersteht, oder indem sie einen anderen Weg nimmt. Fallenstellen trägt in sich ein Ethos der Unsicherheit, eine Inkaufnahme der Freiheit der Beute. Ist dieses Moment von List und möglicher Gegenlist nicht mehr gegeben, redet man auch nicht mehr sinnvoll von einer Falle. Das Angeln ist eine Form des Fallenstellens im Wasser, ebenso die Reuse und auch das gewöhnliche Fangnetz. Das Schleppnetz aber, aus dem es für keinen Meeresbewohner einen Ausweg gibt, das Fischen mit Dynamit, bei dem es kein Entrinnen gibt, das Unausweichliche gepaart mit dem Wahllosen, kann nicht mehr sinnvoll als Falle bezeichnet werden.

Die ethisch richtigere Position scheint mir diejenige, die versucht, derartigen Schaden zu vermeiden. Speziell auf wirtschaftsethische Zusammenhänge gemünzt heißt das: Gegebenenfalls auf einen möglichen eigenen

Nutzen oder Profit zu verzichten, um die Wahrscheinlichkeit eines Schadens für unbeteiligte und chancenlose andere zu verringern. Ethik heißt somit nicht Selbstlosigkeit, ethisch zu entscheiden sollte nicht fundamental oder perfektionistisch gedacht werden, sondern im Sinne einer Aufmerksamkeit für die schädlichen Folgen für andere, die möglichst gering gehalten werden sollten. Mit dieser Auffassung ethischen Entscheidens wird Ethik zu einer Moral relativierenden Denkform, sie thematisiert das an sich richtige, nicht nur das für uns richtige. Damit ist eine Anlehnung an die Gerechtigkeitstheorie von John Rawls (2001) gegeben, aber auch an seinen Kritiker in einigen Bereichen, den Inder Amartya Sen (1992). Speziell aus unterentwickelten Ländern kam im Hinblick auf die Anforderung zur Fairness der Hinweis, dass fair zu handeln voraussetzt, überhaupt zum Spiel zugelassen zu sein und zu bleiben.

Das Grundproblem der praktischen wie der theoretischen Ethik besteht darin im Vorhinein zu erkennen, welches das richtige, welches das falsche Handeln ist und welche Folgen sich insgesamt ergeben. Das moralische „Das tut man nicht" – „Aber irgendwer muss es ja tun" – „Tun wir es nicht, tun es andere" – sollte meiner Auffassung nach abgelöst werden von der ethischen Frage „Welche Regeln gibt es für das, was zu tun ist, obwohl es Unbehagen auslösen mag." Vielleicht kann ja so in Bezug auf Wirtschaftskommunikation verhindert werden, dass die Schamfalle zuschlägt (vgl. Jähner 2000). Das Phänomen der Schamfalle wurde am Kontext des Fleischkonsum beschrieben: Viele Exesse der Ökonomisierung von Tierhaltung und Schlachtung sind offenbar deshalb möglich geworden, weil die moralische Haltung der Öffentlichkeit (Tiere schlachten? So etwas Schreckliches wollen wir gar nicht sehen, da gucken wir gar nicht hin!) verhindert hat, eine kontrollierte Ethik der Fleischerzeugung zu entwickeln und insbesondere zu etablieren. Eine solche Ethik müsste auf der Frage gründen, wie die unausweichliche Grausamkeit der Fleischproduktion dennoch so gering wie möglich gehalten werden kann. Und warum wir bereit sein sollten, dafür auch zu zahlen.

6.2 RECHTLICHE ASPEKTE

Obwohl Deutschland eine lange Tradition der Bekämpfung des „unlauteren Wettbewerbs“ aufweist und in diesem Zusammenhang Werbung eine nicht unbeträchtliche Rolle spielt, fehlte doch eine gesetzliche Definition von Werbung, nur eine Festlegung der Wirtschaftswerbung findet sich in den Gesetzen.

Als irreführend gelten dem Gesetz zufolge „insbesondere irreführende Angaben über die Beschaffenheit, den Ursprung, die Herstellungsart oder die Preisbemessung einzelner Waren“ (Fechner 2003, S.135) und damit solche Angaben, die auch in einem Kaufvertrag als irreführend zu bezeichnen wären. Demzufolge wird hier eine Besonderheit der werbenden Kommunikation nicht festgestellt. Es verwundert nicht, dass Wirtschaftskommunikation selbst als Rechtsbegriff nicht auftaucht, sondern auch hier auf den nahen, aber nicht deckungsgleichen Begriff Werbung zurückgegriffen werden muss.

In den Landespressegesetzen findet sich das verfassungsrechtlich verankerte, so genannte Trennungsgebot von Werbung und redaktionellem Teil, wobei mit Werbung sämtliche entgeltlichen Veröffentlichungen in Zeitungen und Zeitschriften gemeint sind. Neben der Neutralität der Berichterstattung soll so gewährleistet werden, dass Leser Werbung als solche erkennen (vgl. Fechner 2003, S.203), und dieses Erkennen ist auch das Kriterium: „Bleibt der Werbecharakter dem Durchschnittsleser verborgen, so handelt es sich um Schleichwerbung“ (Fechner 2003, S.203). Auch hier ist also keine Definition von Werbung vorgenommen worden.

Erst die zunehmende Vereinheitlichung des Rechtes innerhalb der EU beförderte die Notwendigkeit einer begrifflichen Fassung der Werbung auch in den deutschen Gesetzen. So übernimmt die mit der vierten Änderung Ende der 90er Jahre aufgenommene Definition im deutschen Rundfunkstaatsvertrag (RstV § 2 Abs. 2 Nr. 5) die Begriffsbestimmung der EG-Fernsehrichtlinie, wenn Werbung bestimmt wird als „jede Äußerung bei der

Ausübung eines Handels, Gewerbes, Handwerks oder freien Berufs, die im Rundfunk von einem öffentlich-rechtlichen oder privaten Veranstalter entweder gegen Entgelt oder eine ähnliche Gegenleistung oder als Eigenwerbung gesendet wird mit dem Ziel, den Absatz von Waren und die Erbringung von Dienstleistungen, einschließlich unbeweglicher Sachen, Rechte und Verpflichtungen, gegen Entgelt zu fördern". „Erfasst wird also nur Wirtschaftswerbung" (Schulz 2003, S.139) ist im Kommentar zum entsprechenden Gesetz zu lesen. Wirtschaft bedeutet demzufolge Entgelt- und Absatzorientierung. Für unzulässig erklärt werden „Werbung politischer, weltanschaulicher oder religiöser Art" (RstV § 7 Abs. 8). Ebenso trifft aber zu, „dass Werbung für `soziale Zwecke´, die im Wesentlichen im Allgemeininteresse liegen, nicht durch den Grundsatz der Beschränkung der Werbung auf Wirtschaftswerbung ausgeschlossen sein soll" (Ladeur 2003, S.287).

Ebenfalls von Interesse ist die EU-Ebene. Hier findet sich einschlägig die „Richtlinie über unlautere Geschäftspraktiken" (2005/29/EG), die am 11.Mai 2005 in Kraft getreten ist. Doch „eine wesentliche Anpassung des deutschen Rechts an diese Vorgabe dürfte nicht notwendig sein, da die Gerichte noch immer relativ strenge Maßstäbe an Werbung anlegen" (Schotthöfer 2005).

Aus dem Gesagten lässt sich schließen, dass die weit überwiegende Masse der Wirtschaftskommunikation rechtlich nicht beanstandet wird – aber dennoch gelegentlich fragwürdig erscheint, insbesondere in ihre Dichte. Dabei handelt es sich um einen Systemeffekt, den niemand gewollt und niemand zu verantworten hat, für den also niemand zur Rechenschaft gezogen werden kann. Es ist vielmehr eine moralische Frage insofern, als sie Grundlage neuer Normensetzung sein kann und das Handeln des Einzelnen im Werbesystem beeinflusst.

6.3 KONSUMKRITIK UND MEDIENKRITIK

Wirtschaftskommunikation verbindet Wirtschaft und Gesellschaft miteinander. Sie hat deshalb vielfältige Bezüge und es bietet sich an, an der Wirtschaftskommunikation nicht nur Symptome für unerfreuliche gesellschaftliche Entwicklungen zu erkennen, sondern auch die Wirtschaftskommunikation als Ursache zu sehen. Insbesondere die Werbung wurde oft mit skeptischen Augen betrachtet, zum Beispiel in den ersten beiden Jahrzehnten nach dem Zweiten Weltkrieg in Deutschland. „Konsum, Genuss und Lebensfreude waren mit einem schlechten Gewissen verbunden, und dies entlud sich in Attacken gegen die Werbung, die ihrem Wesen nach für eben diese Prinzipien steht“ (Reinhardt 1995, S.58).

(1) POSITIONSRESSENTIMENT DER KÄUFER Im Hinblick auf Wirtschaft lässt sich ein verbreitetes Ressentiment feststellen, das aus der Stellung innerhalb des wirtschaftlichen Ablaufs entsteht und deshalb als Positionsressentiment bezeichnet werden soll. Es ist das Ressentiment des Käufers gegenüber dem Verkäufer. Dieses Ressentiment wurzelt in der kindlichen Entwicklung und dem erlernten Umgang mit Geld.

Die ersten Erfahrungen, die wir als Kinder mit Geld machen, beziehen sich fast immer auf einen kleinen Teilbereich dessen, was wir benötigen. Kaum ein Kind wird von seinen Eltern von Anfang an ein Transfereinkommen beziehen, von dem es seine anteiligen Miet- und Nahrungskosten bestreiten muss. Stattdessen wird es, zumindest in entwickelten Ländern, zunächst um Taschengeld gehen, das zur eigenen Verfügung steht und für „Zusätzliches“ zu verwenden ist. Erst nach und nach werden sich Eltern entschließen, wirklich große und zentrale Bestandteile des Bedarfs von den Kindern selbständig und völlig eigenverantwortlich bestreiten zu lassen.

Kinder stellen sich zwar bei ihren ersten eigenständigen wirtschaftlichen Erfahrungen unterschiedlich geschickt an, aber wohl immer müssen sie die gleiche Situation bewältigen: Viel zu viele Verlockungen und viel zu wenig Geld, das dazu nur einmal ausgegeben werden kann. Habe ich das Geld, kann ich mit dem Gedanken an den Kauf aller bezahlbaren Süßigkeiten spielen. Habe ich das Geld für die Kaugummis ausgegeben, kann ich diese zwar wirklich kauen, aber alle anderen Leckereien sind für dieses Mal außer Reichweite.

So lernen wir, wenn alles gut geht, nach und nach, mit unserem Geld zu haushalten, der Überzahl der Verlockungen zu widerstehen und das tatsächlich gekaufte daraufhin zu beobachten, ob es tatsächlich die Erwartungen erfüllt, die wir in den Kauf gesetzt haben. Dabei gibt es natürlich immer wieder Fehl- und Rückschläge, aber im Großen und Ganzen sind wir schon vor Beginn der Pubertät für unsere Konsumgesellschaft hinreichend kompetente Käuferinnen und Käufer.

Die andere Seite des Wirtschaftsspiels, der Verkauf, steht dagegen sehr lange in einem ganz anderen Licht dar. Im Hinblick auf den Verkauf lernen wir zunächst nicht, wie man erfolgreich verkauft, sondern nur, welche Ansprüche man an die Verkaufsangebote zu richten hat: Freundlichkeit der Ansprache, Attraktivität der Produkte, möglichst geringe Preise für das Gebotene, bei gleichem Produkt besser das billigere Angebot wählen. Auch wenn es im Kaufladen-Spiel die Verkaufsposition zu besetzen gilt, auch wenn auf Flohmärkten gelegentlich die andere Seite des Verkaufsstands erlebt wird, sofern nicht die eigenen Eltern oder sonstige Bezugspersonen einem verkaufsorientierten Beruf nachgehen, bietet die Absatzseite der Wirtschaft im Zuge des Erwachsenwerdens sehr viel weniger Identifikationspotenzial als die Käuferseite.

Noch seltener als die Möglichkeit, Verkaufserfahrungen zu machen ist die Chance, verkaufsgestaltende Erfahrungen zu sammeln. Denn auch wenn eine Ausbildung begonnen wird oder wenn viele Jobs die steigenden Freizeitaufwendungen finanzieren müssen: Sofern tatsächlich Verkaufs- und nicht Produktionstätigkeiten ausgeübt werden, wird doch kaum jemals die Möglichkeit gegeben sein, selbst die Darstellung, Preisgestaltung oder Verpackungsgröße von Produkten oder den besonderen Zuschnitt von

Dienstleistungen zu gestalten. Diese zentralen Marketingentscheidungen werden von Geschäftsführung oder Marketingbevollmächtigten getroffen, Leuten, die am Ende ihrer Ausbildung stehen und einiges an beobachtender Erfahrung vorweisen können.

Der Unterschied zwischen Kaufkompetenz und Verkaufskompetenz ist etwa so gravierend wie der zwischen dem Lesen und dem Schreiben eines Romans oder zwischen dem Fahren und dem Konstruieren eines Autos. Im Produkt, dem Roman oder dem Auto, schneiden sich diese beiden Kompetenzen, aber die Beurteilung, ob etwas gelungen oder misslungen ist, folgt ganz unterschiedlichen Kriterien. Seltener wird der soziale Zauber gesehen, der im Verkaufen liegt: die Notwendigkeit, auf andere zuzugehen, überhaupt von einander zu erfahren, Abstriche vom eigenen Durchsetzungswillen machen zu müssen, um überhaupt erfolgreich sein zu können. Denn die Freiwilligkeit des Verkaufens und Kaufens zwingt zum Verzicht auf eigene Absolutheitsansprüche. Ein gutes Geschäft zu machen heißt zumeist, sich gegenseitig eine Freude zu machen, ein Geschäft zu verderben einander die Freude zu verderben, ein schlechtes Geschäft machen, dass nur einer Freude hat.

Wer in einem Unternehmen in verkaufsgestaltender Position tätig ist, im Marketing oder in der Unternehmensführung, aber auch in Personal- und Kommunikationsabteilungen, ist immer auch tief geprägt von der Kaufseite der Wirtschaft. Denn einerseits waren auch Manager und Managerinnen einmal Kinder und deshalb in der Regel bestens ausgebildete Kaufende, bevor sie das erste Mal mit dem Verkauf in Berührung kamen, andererseits beziehen sie ihr Gehalt in Form von Geld und müssen selbstverständlich weiterhin ihr außerberufliches Leben als Käufer gestalten.

Auf der Verkaufsseite der Wirtschaft aktiv zu sein bildet also eine eher unwahrscheinliche und zudem eine normalerweise erst spät eingenommene Perspektive, während die Käuferperspektive früh gelernt und in der Regel zumindest in großen Teilbereichen lebenslang beibehalten wird und damit geeignet ist, ein Positionsressentiment gegen die produzierende und verkaufende Wirtschaft zu begründen: „Die (...) Unzufriedenheit mit der Werbung (darf nicht) mit jener Unzufriedenheit verwechselt werden (...), überhaupt Tauschgüter im Markt entrichten zu müssen. Diese Unzufriedenheit richtet sich generell dagegen, in Marktgegner- und nicht in Herrscherposition zu sein, bei welcher die Wünsche auf Befehl erfüllt würden" (Clausen 1964, S.66).

(2) KONSUMKRITIK Die drei Faktoren stete Nahrungsmittelknappheit, aus heutiger Sicht geringe Lebenserwartung und hohe Begrenztheit des Lebensumfeldes bestimmen die grundlegende Vorstellung von Wirtschaft bis in das 19. Jahrhundert. Sie formen die Normen des Angemessenen: „Für das, was man – durchschnittlich – braucht, gibt es gesellschaftliche Maße und Gewohnheiten. Eine solche Ökonomie nennt Aristoteles `natürlich´. Alles, was darüber hinausgeht, ist tendenziell `unnatürlich´" (Priddat 2002, S.17), diese Faktoren formen aber auch die Normen der gegenseitigen Unterstützung: „Die Armut des Bruders in Christo verpflichtet wohl den Reichen, einen ständigen Sozialtransfer zu leisten, aber die Höhe seines Transferbeitrags richtet sich nicht allein danach, was die Armen bedürfen, sondern auch danach, was er selbst an superfluum erübrigen kann" (Priddat 2002, S.24). Das superfluum ist dasjenige mehr Erwirtschaftete oder Verfügbare, was nicht zur Aufrechterhaltung eines standesgemäßen Daseins benötigt wird. Man geht also davon aus, dass man produziert und konsumiert, seinem Stand gemäß lebt, ein Haus führt und das, was übrig bleibt, an Bedürftige gibt, und nicht etwa als Kapital investiert. Damit versucht man sich einerseits, einen guten Platz im zukünftigen Leben zu sichern, dessen Beginn bei der geringen Lebenserwartung ja gar nicht so weit in der Ferne liegt, zumindest für diejenigen, die superfluum erwirtschaften und deshalb ein gewisses Lebensalter erreicht haben müssen. Andererseits will man sicherlich auch die ins Auge springende Not lindern, die aber, aufgrund der Lebensverhältnisse „Nächsten"-liebe sein kann: „Im Wesentlichen blieb die karitative Almosenökonomie [...] auf einen überschaubaren Nahbereich der Städte und Herrschaften begrenzt, innerhalb

dessen der superfluide Transfer und der Armenbedarf überblickt werden konnte“ (Priddat 2002, S.32).

Diese aus der Antike stammende Auffassung wird parallel zur einsetzenden Industrialisierung modifiziert. Im Laufe des späten 18. und beginnenden 19. Jahrhunderts entwickelt sich ein Gespür für den Zweck von Investitionen, wobei aber der inhaltliche Schwerpunkt zunächst auf die dazu nötige Sparsamkeit gelegt wird. Die Caritas tritt insofern in den Hintergrund, weil sie sich nicht mehr an der Bedürftigkeit, sondern auch an den Gründen der Bedürftigkeit orientiert: Nur wer unverschuldet in Armut gerät und nicht arbeitsfähig ist, ist der Almosen würdig. Allen anderen wird die Teilnahme an der nun möglichkeitsreicheren Leistungsökonomie abgefordert. Entsprechend werden die Profite zwar weiterhin in einen für die angemessene Lebenshaltung notwendigen Konsumanteil und einen darüber hinausgehenden Teil differenziert, aber dieser zusätzliche Teil wird jetzt weitgehend gespart und re-investiert. Und was passiert mit den zwar armen, aber arbeitsfähigen Menschen? Statt Almosen ist Arbeit das Mittel zum Überleben geworden: „Die ökonomische Lösung, durch (Luxus-)Nachfrage Arbeitsnachfrage zu erzeugen, nennt Hegel eine `vernünftigere´ Art der Barmherzigkeit, die sich von der dann `unvernünftigen´ der Caritas sehr unterscheidet“ (Priddat 2002, S.41f). Und zwar insbesondere dadurch, dass sie jetzt abstrakt wird, und nicht mehr direkt wirksam. Damit ist zwar einerseits auch die Möglichkeit der positiven Wirkung für solche Menschen gegeben, die man gar nicht kennt, also ein positiver Systemeffekt. Andererseits erfordert auch die Barmherzigkeit jetzt Distanz und Überlegung. Ebenso wie die berühmte Webersche protestantische Arbeitsethik und Konsumaskese darauf beruht, dass man jetzt auf Genuss verzichtet zugunsten zukünftigen Wohlstandes, gilt es eben auch, auf die Befriedigung des Barmherzigkeitsbedürfnisses jetzt und ad personam zu Gunsten der allgemeinen Wohlfahrt zu verzichten. „Die Aufhebung der Armut ist jetzt schließlich ein Investitionsproblem geworden“ (Priddat 2002, S.44).

Neben der skizzierten Entwicklung der Vorstellungen über die sozialen Funktionen der Wirtschaft unter dem Gesichtspunkt der Wohlfahrt als Reduzierung von Armut gibt es eine weitere auch heute noch relevante Gedankenlinie. Sie betrifft die Umdefinierung von Vorstellungen, die man sich davon macht, was und wie ein wirtschaftlicher Gegenstand zu sein hat. Wiederum finden sich erste Grundlagen bei Aristoteles: „In der aristotelischen Metaphysik entspricht die Form (eidos) dem inhärenten Maß des Gegenstandes, in dem die Materie (hyle) sich äußert oder erscheint" (Priddat 2002, S.53). An dieser Vorstellung, dass es eine richtige Form der Gegenstände gäbe, der man sich mehr und mehr annähere, und die aus der Materie und der angestrebten Verwendung bestimmt ist, hielt man lange fest, deutet aber aus ökonomischer Sicht auch immer weiter an ihr herum. Im 19. Jahrhundert änderte die Ökonomie ihre Sicht auf diesen Zusammenhang. Von der zugrunde liegenden Materie wurde immer weiter abgesehen, die Formen wurden das dominierende Element des wirtschaftlichen Interesses: „Nicht mehr die Transformation von Materie in Gebrauchs-Formen dominiert die Wirtschaftsprozesse im 19. Jahrhundert, sondern die Vermanigfaltigung der Formen, die sich diverse Materien suchen, sie untereinander substituieren" (Priddat 2002, S.100). Damit wird gleichzeitig „die Idee, welche Formierungen relevant und ökonomisch durchsetzungsfähig bzw. erfolgreich sein können zum entscheidenden Wertschöpfungsagens im 19. und 20. Jahrhundert" (Priddat 2002, S.100).

Eine weitere Linie besteht darin, dass die Arbeit als dasjenige Momentum, das aus der vorgefunden Materie die entsprechende Form produziert, in den Mittelpunkt des Interesses rückt, und damit der Akzent weg vom Objekt hin zum zugrunde liegenden Erzeugungsvorgang gelenkt wird. So geht es zum Beispiel Adam Smith „nicht schlicht um die Produktion dauerhafter Gegenstände (d.h. Gebrauchswerte), sondern um die dauerhafte Institutionalisierung jenes Prozesses, der die Arbeitsleistungen und die Erhaltung ihrer Leistungskompetenz gewährleistet" (Priddat 2002, S.73). Das schafft für die ökonomische Theorie und auch für die praktische Betrachtung sowohl der Produktion als auch des Konsums eine neue, komplexere, aber auch ergiebigere Perspektive, die sich allerdings nicht auf das Alltagsverständnis überträgt. Hier hat man weiterhin Interesse an Gegenständen und es fällt schwer, den Prozessblick einzunehmen.

Nach den Fragen, was denn überhaupt eine Sache ist und der Differenzierung von Objekt und Prozess stellt sich als drittes in diesem Zusammenhang die Frage nach dem Wert von etwas im Verhältnis zu dem, was es ist. Diese Fragestellung verzweigt sich an der Unterscheidung von Tauschwert und Gebrauchswert, die im Laufe der Geschichte der ökonomischen Theorie unterschiedlich akzentuiert wurde. Zunächst hielt man den Gebrauchswert einer Sache für den irgendwie echteren Wert, vermutlich, weil er nicht durch ein abstrahierendes Wirtschaftssystem gebildet wurde, sondern das auszeichnete, was jemand mit etwas tun konnte, also eigentlich die Position des Nutzers systematisierte. Das Problem am Gebrauchswert war und blieb stets, dass er sich nicht eindeutig bestimmen ließ.

An dieser Unterscheidung zwischen echt und unecht schließt die neuere Konsumkritik an. Erich Fromm vermutete 1970: „Was man wohl nicht bezweifeln kann, ist, dass der Mensch heute beginnt, ein homo consumens zu werden, ein totaler Konsument, und dass dieses Menschenbild fast den Charakter einer neuen religiösen Vision hat, in der der Himmel ein einziges großes Warenhaus ist, in dem sich der Mensch jeden Tag Neues kaufen kann, und zwar alles, was er will, und sogar noch ein bisschen mehr als sein Nachbar. Diese Vision des totalen Konsumenten ist in der Tat ein neues Menschenbild, das sich die Welt erobert, und zwar ganz ohne Unterschied bezüglich der politischen Organisationen und Ideologien" (Fromm 1980, S.318). Bis auf den heutigen Tag hat sich die Entwicklungsgeschwindigkeit der Wirtschaft nochmals um einiges beschleunigt und die Angebote und Möglichkeiten haben ein Ausmaß erreicht, das nicht nur Fromm, würde er es heute erleben, verblüffen würde, sondern auch viele Menschen überfordert, die diese Entwicklung selbst miterlebt haben. Die Beschleunigung und die technische Innovationskraft der Wirtschaft lässt es für viele Menschen plausibel erscheinen, dass sich im Laufe ihres Lebens eine vollständige Veränderung des Konsumverhaltens ergeben habe und tatsächlich ein „neues Menschbild" zur Geltung gekommen sei. Fromm zog nicht in Zweifel, dass die Wirtschaft es ermöglicht, die Menschheit im Ganzen immer besser zu versorgen, sondern dass diese Versorgtheit um den Preis eines neuen Menschenbildes des totalen Konsumenten erzielt wird. Zudem stand es für ihn außer Frage, dass es nicht wünschenswert für den einzelnen Menschen und die gesamte Menschheit sei, sich als totale Konsumenten zum totalen Haben zu orientieren. Fromm ist von der Frankfurter Schule beeinflusst und kann als beispielhaft für eine konsum- und systemkritische Haltung gelten, die sich bis zu den heutigen Globalisierungsgegnern fortsetzt.

Die Schriften Erich Fromms sind sehr populär geworden, weil es dem Autor gelungen ist, ein für die Nachkriegszeit eigentümliches Lebensgefühl zu treffen. In Europa, das von den Kriegsschäden stark gezeichnet war, hat sich im Laufe von wenigen Jahrzehnten ein Neuaufbau der Wirtschaft und der staatlichen Infrastruktur vollzogen. Viele Menschen haben während und unmittelbar nach dem Krieg Lebensumstände kennen gelernt, die einen eher mittelalterlichen als einen modernen Charakter trugen. Insbesondere waren Hunger, Kälte und fehlende Behausungen tatsächliche alltägliche Probleme. Vor diesem Hintergrund konnte es dem einzelnen Menschen durchaus so erscheinen, als habe sich in der Nachkriegszeit eine Entwicklung vollzogen, die zu vollständig neuen Qualitäten des Konsums geführt hat. Fromm kommentierte diese Situation zudem aus dem amerikanischen Exil, wo er einerseits selbst eine neue Dimension des Konsums erlebte, andererseits als distanzierter Beobachter der europäischen Verhältnisse in eine gewisse Außenseiterrolle gedrängt war.

Der Ort, an dem alles Verlangen gestillt und deshalb alle Wünsche befriedet sind, ist in christlicher Tradition das Paradies. Und in der Tat erfolgt die Vertreibung aus dem Paradies ursächlich deshalb, weil es der Schlange gelingt, ein Verlangen zu wecken, obwohl alle Notwendigkeiten befriedigt waren. Das christliche Paradies als Ort ohne Verlangen ist deshalb nur noch für die Zeit nach dem Jüngsten Gericht in Aussicht gestellt. Wenn Fromm also von „einer neuen religiösen Vision“ spricht, „in der der Himmel ein einziges großes Warenhaus ist, in dem sich der Mensch jeden Tag Neues kaufen kann“ (Fromm 1980, S.318), dann handelt es sich hier um eine ganz erstaunliche Verkehrung dessen, was nicht nur im Christentum mit dem Himmelreich gemeint ist. Sieht man einmal von dem konkreten inhaltlichen Zuschnitt ab und schaut auf die Wunschdynamik, entspricht dieser religiösen Vision eher das Schlaraffenland, wie es die mittelalterliche Volksmythologie sich denkt: „Man braucht nur die Hand auszustrecken oder den Mund aufzusperren. Selbst wohnen kann man in Fleisch, Fisch, Wild, Geflügel oder Gebäck [...] Das Klima ist stabil (es ist immer Frühling), und auch sonst genießt man eine Reihe segensreicher Nebeneffekte: gemeinschaftlichen Besitz, viele Festtage, Frieden und Eintracht, freien Sex mit immer willigen Partnern, einen Jungbrunnen, schöne Kleidung für alle und Geldverdienen im Schlaf“ (Pleij 2000, S.11). Eine solche Schlaraffenwelt klingt für den mittelalterlichen Menschen und vielleicht auch für manchen Menschen heute zunächst verlockend – aber genau dieses mittelalterliche Szenario hat im 20. Jahrhundert, zum Beispiel bei Sartre, auch als Verbildlichung der Hölle gedient: Das unendliche Weiterleben ohne die Chance, ein Verlangen zu entwickeln, das nicht sofort Erfüllung fände.

Im Schlaraffenland wird nicht thematisiert, was man nicht darf bzw. was man tun muss um im Schlaraffenland gesund zu bleiben. Das Paradies dagegen hat von Anfang an das Verbot und damit dieses ja/ jenes nein – also die Aufforderung zur Entscheidung. Freiheit heißt dann, sein Handeln nicht vom Verlangen allein abhängig zu machen, sondern von einer Entscheidung. Frei zu handeln heißt daher auch: die Freiheit, unökonomisch zu handeln, man ist frei von ökonomischen Zwängen, und zwar innerlich. Eine Paradiesvorstellung ist nicht die Idealvorstellung einer gelungenen Ökonomie, sondern die Aufhebung jeder äußeren Ökonomie. Das Schlaraffenland ist eine Traumvision aus einer Mangelvorstellung. Jeder Mensch, der tatsächlich im Schlaraffenland lebt, ist gezwungen, sich seine eigene, innere Ökonomie aufzuerlegen: Nicht mehr zu essen, als gut tut. Jeder All-

Inclusiv-Reisende und jeder Traumschiff-Urlauber kennt diese Aufgabe aus eigener Anschauung.

Mit der Entgrenzung der faktischen Ökonomie sind die äußeren Grenzen der Knappheit aufgehoben. Entsprechend wandeln sich die Anforderungen an die Konsumenten. Eigentümlicherweise erfolgte jener Wertewandel von Pflicht- und Disziplinorientiertheit zu Hedonismus in der deutschen Gesellschaft just zu der Zeit, als auch Nahrungsmittel wieder im Überfluss vorhanden waren. Damit ist aber eine doppelte Entgrenzung erfolgt: Weder das fehlende Essen noch die gesellschaftlichen Werte halfen, sich zu beherrschen. Die Popularität solcher Schlaraffenländer hat ihren Höhepunkt im Mittelalter und geht mit der Industrialisierung stetig zurück. Heute hat das Schlaraffenland seinen Platz nur noch als Märchen für Kinder oder als Metapher für Zustände unkontrollierter Sinnlichkeit.

Ein entscheidender Unterschied zwischen Paradies und Schlaraffenland liegt für den mittelalterlichen Menschen in der Realitätsdimension der beiden Orte. Wenn der Weg ins Schlaraffenland durch Berge von Buchweizenbrei oder Parmesankäse führt, dann liegt das Schlaraffenland auf einem Weg „unmittelbar ins Reich der Fantasie, während das Paradies als geographische Realität von keinem mittelalterlichen Menschen angezweifelt wird“ (Pleij 2000, S.221). Das Schlaraffenland „liefert ein Ersatzparadies mit den beliebtesten mittelalterlichen Attraktionen. Gleichzeitig ist dieses Traumland aber auch Parodie und Abkanzelung der Sünden der eigenen Gesellschaft, der man dort ironisch ihre Untugenden als ebenso begehrens- wie lobenswerte Verhaltensweisen gegenüberstellt“ (Pleij 2000, S.222). Und noch mal ganz deutlich: „Niemand im Mittelalter glaubte, dass ein solches Land wirklich existiert – doch die Geschichten darüber zirkulierten jahrhundertelang durch ganz Europa“ (Pleij 2000, S.11).

Der Mythos vom Schlaraffenland bezieht sich auf einem vollständig unerreichbaren Ort, der Hinweis auf die unterschiedlichen Anforderungen, die zu erfüllen sind, um dorthin zu gelangen, können nur ironisch aufgefasst werden. Niemand machte sich tatsächlich auf den Weg, um die zu durchfressenden Berge zu suchen. Ironisiert wird so eine Grundstruktur der Christlichen Heilsbotschaft des Mittelalters, die den Weg ins Himmelreich abhängig machte von bestimmten Taten auf Erden. Die katholische Kirche des Mittelalters betrieb eine regelrechte Seelenheil-Ökonomie, die zum einen Teil auf dem Vermeiden oder Reduzierung von unangenehmen Durchgangsstationen wie etwa dem Fegefeuer beruhte, zum anderen wurden zumindest vulgärtheologisch auch besondere Annehmlichkeit für die Zeit nach dem Jüngsten Gericht in Aussicht gestellt (vgl. LeGoff 1984). Der Mythos vom Schlaraffenland hat seine Hochzeit in dieser mündlich und bildlich dominierten Zeit und verliert seine Popularität mit der zunehmenden Verbreitung der Lesefähigkeit der Menschen zum ausgehenden Mittelalter.

(3) MEDIENKRITIK Die Medienkritiker klassischen Stils konnten nur deshalb plausibel von „eintrichtern" und „aufschwatzen" (Adorno 1971) reden, weil sie es mit einer noch halbwegs überschaubaren Medienlandschaft zu tun hatten. Doch bereits 1976 beklagte sich Markus Kutter (Kutter 1976): Was wäre mein Leben doch viel leichter gewesen, wenn die Werbe- und Medienkritiker mit ihrer Eintrichterungsthese recht hätten. Kutter war Mitbegründer der legendären Schweizer Werbeagentur GGK und hat in seinem Berufsleben viel Erfahrungen damit sammeln können, wie selbst solche Botschaften, die mit höchstem strategischen und finanziellen Aufwand gestaltet wurden, um Verbraucher durch mediale Kommunikation zu beeinflussen, dass diese manipulativ geplanten Botschaften stattdessen jedoch ganz einfach ignoriert wurden, und zwar nicht nur, weil sie nicht den hinreichenden Grad an Aufmerksamkeit erlangten. Die Rezipienten machen zwar nicht, was sie wollen. Aber auch nicht, was sie sollen.

In den Kommunikationswissenschaften stellte sich schon Mitte der 70er Jahre eine Betrachtung massenmedialer Phänomene ein, die Umberto Eco im Vorwort zur deutschen Neuausgabe (1984) seines Buches „Apokalyptiker und Integrierte" (1964) für sich so beschreibt: „Beharrte ich in `Apokalyptiker und Integrierte´ auf der Frage, wie man die Massenkommunikation von innen verbessern könnte, so überlege ich nun, wie sie sich von außen verbessern lässt. Mit anderen Worten, ich insistiere jetzt weniger auf dem Problem der Produktion von Botschaften als auf dem ihrer Rezeption und einer anderen Erziehung zu ihrer Rezeption“ (Eco 1986, S.12f).

Mit dieser Wende zum Rezipienten, der nicht mehr bloß als Opfer medialer Einflüsse verstanden, sondern nun in die Verantwortung für seine medialen Handlungen genommen wurde, reduzierte sich die vermeintliche Freude an der Dämonisierung der bösen Medien ganz erheblich: Plötzlich zeigten immer auch einige Finger auf den Kritiker selbst, der offenbar nicht mit Medien umzugehen verstand oder dieses anderen Leuten unterstellte. Die großen wirtschaftlichen Hoffnungen, die in die zukünftige Medaille Entwicklung gesetzt werden, dann das Zersplittern der klaren Opposition von demagogischen Medien hier und manipulierter Masse dort (wie z.B. noch bei Adorno, 1971,) in zahllose Rezeptionsbeziehungen, schließlich Überdruss und offenbare Folgenlosigkeit verliehen der traditionellen Medienkritik den Makel des Gestrigen.

Postman und Virillo sind die offiziellen Galionsfiguren einer neueren Kritik, doch hat auch ihr Werk einen wohldefinierten Platz innerhalb eben jenes Mediensystems, das sie gleichzeitig kritisieren und nutzen. Außerhalb der Massenmedien gibt es eben keine massenmediale Wirkung. So gewöhnt man sich daran, die Massenmedien als zwar ungezogene, aber auch amüsante, als im Ganzen schließlich doch eher nützliche Zeitgenossen anzusehen, deren gelegentliche Eskapaden nun mal vorkommen und hinzunehmen sind.

Ecos (1986) erwähnte Unterscheidung von Produktion und Rezeption verschiebt zwar die Akzente, unterstellt aber eigentlich nach wie vor eine Trennung zweier verschieden geladener Seiten der Kommunikation: Stimulus und Response, ein aktiver, agierender Teil und ein passiv reagierender Teil, dem allerdings seine gestaltende Rolle gerade durch eine in der Passivität liegenden Entscheidungsmacht zuwächst. Konkret entscheidet und urteilt der Zuschauer oder Leser jederzeit, ohne selbst besseres produzieren zu müssen: Er oder sie kauft diese Zeitung und nicht die anderen, schaltet von diesem Sender zum nächsten und wieder zurück. Allein durch die Akzeptanz der Rezipienten ereignet sich Massenkommunikation. Dabei ist die Verstehensleistung, also die Art, wie man Massenkommunikation als Zuschauer oder Zuhörer vollzieht, kaum durch die Mitteilungen und deren informationellen Inhalt, sondern vielmehr vom Bewusstseinssetting des Verstehenden und den erfolgten oder nicht erfolgten Anschlusskommunikationen bestimmt (vgl. Luhmann 1996, Fuchs 1998).

Der Anspruch an die Verstehensleistung im Sinne eines Lernens vorgegebener Inhalte ist heute eher gering, die Bedeutung der Akzeptanz des Gesendeten dagegen sehr hoch. Die Messgrößen der Medienwelt sind deshalb rein quantitativ: Zuschauerzahl oder verkaufte Auflage sind die Größen, nach denen Erfolg oder Nichterfolg eines Beitrags beurteilt werden, während die Frage, wer welche Teile des Programms inhaltlich wie verstanden hat, aus Sicht der Medien relativ nebensächlich ist. Hauptsache, die Leute sind bereit, beim nächsten Mal wieder einzuschalten, auch die nächste Ausgabe der Zeitschrift zu kaufen.

1984, als Eco sein stärkeres Interesse an der Rezipientenrolle formulierte, wurde in Deutschland das duale Rundfunksystem eingeführt: private, also kommerzielle Radio- und Fernsehprogramme begannen zu senden, zunächst skeptisch beäugt, heute selbstverständlicher Teil der Medienwelt in Europa. Mit den kommerziellen Sendern hat sich die Fremd- und Selbstbeobachtung der Medien verändert. Früher wurden Massenmedien eher in politischen Zusammenhängen kritisiert. Insbesondere vermutete man Gefahren durch die unkontrollierte Nutzung massenmedialer Möglichkeiten zur Verbreitung politischer Desinformationen. Dieser Verdacht bestand auf beiden Seiten des politischen Spektrums, als Stichworte mögen „Springerpresse“ und „Spiegelaffäre“ genügen. Diesen politischen Manipulationsverdacht gegen die Massenmedien hat man bis heute im Auge, wenn man in bestimmten Ländern Medienfreiheit und Abschaffung von

Zensur fordert. Die Leute erfahren nicht, was sie nach freiheitlichen Maßstäben erfahren sollten, weil ihnen Inhalte vorenthalten oder bereits ideologisch verfremdet präsentiert werden. Gesendet wird, was den politisch Mächtigen passt. In wirtschaftsliberalen Systemen mit privaten Sendern und vergleichsweise kaum eingeschränkter Pressetätigkeit dagegen orientiert sich die Auswahl der Sendungen an den Ansprüchen der Rezipienten. Die Gefahr der politischen Indoktrination, die ohnehin zumeist nicht im Interesse der jeweiligen Regierungen liegt, ist in den westlichen Ländern durch die unzensierte Konkurrenz der Medien wirkungsvoll ausgeschaltet. Stattdessen hat sich hier die Situation des medialen Overload eingestellt, die ihrerseits zu einer Einschränkung des medial Relevanten führt: Wenn der Zuschauer durch seine Akzeptanz über Erfolg oder Misserfolg medialer Einrichtungen entscheidet, werden die Einrichtungen die Vorlieben der Zuschauer bedienen. Die Medien werden opportunistisch. Das gilt nahezu selbstverständlich für die privaten Massenmedien, die fast ausschließlich unter betriebswirtschaftlichen und Profitgesichtspunkten gesteuert werden. Das gilt aber ebenfalls für die öffentlich-rechtlichen Sender, denn deren Erfolg wird schlussendlich genauso an Zuschauerzahlen bemessen.

Die Zuschauer, so scheint es, sind die neuen Mächtigen im Spiel der Massenmedien, denn sie wählen und entscheiden, bei ihnen liegt die Selektionsmacht, und damit, so könnte man meinen, auch die Souveränität. Nicht die Massenmedien verändern die Gesellschaft, sondern die Rezipienten passen die Massenmedien ihren Vorstellungen an. So argumentieren Medienmacher und Marketing und weisen damit in liberaler Manier Kritik an ihrer Arbeit zurück. Demgegenüber möchte ich zu der Ausgangsfrage, wie denn die Massenmedien unsere Lebenswelt verändern, eine These formulieren, die bei der anderen Seite des Wettbewerbs um die Rezipienten ansetzt: Die Massenmedien, so lautet die These, drängen uns ihren Stil des Konkurrierens um Aufmerksamkeit auf und prägen damit den Stil der westlichen Gesellschaften.

6.4 RISIKEN VON IMAGINATION UND IMITATION

Konsumkritik und Medienkritik spielen im gesellschaftlichen Diskurs über Werbung und Wirtschaftskommunikation eine bedeutende Rolle, allerdings handelt es sich oftmals mehr um eine allgemeine Wirtschaftskritik. Vor dem Hintergrund des Gesagten stellt sich nun jedoch die Frage nach solchen ethischen Gesichtspunkten, die sich aus der besonderen, hier vorgestellten Auffassung von Wirtschaftskommunikation ergeben. Folgt man dieser Auffassung, ist ohne weiteres ersichtlich, dass sich zwei Felder als in hohem Maße ethikaffin präsentieren: (1) Das Feld der Imagination und (2) das Feld der Imitation. Diese beiden Bereiche sollen jetzt in Einzelaspekten unter ethischen Gesichtspunkten behandelt werden.

(1) RISIKEN DER IMAGINATION Von einer falschen Vorstellung ist dann die Rede, wenn es sich bei einer Illusion um einen Irrtum handelt. An dieser Stelle kann dahingestellt bleiben, inwieweit Menschen überhaupt prinzipiell in der Lage sind, sich objektive Erkenntnisse über die Welt zu verschaffen. Sicher ist in jedem Fall, dass man sich über Sachverhalte unwissentlich irren kann: Über seinen Gesundheitszustand, über die Zuneigung anderer Menschen, über die Dimensionen der Strafbarkeit übler Nachrede. Irrtümer sind dann in der Bewertung relativ unproblematisch, wenn sie sich aufklären lassen: Ich kann nach einem Arztbesuch erfahren, dass meine Zähne in Ordnung sind, die Zahnschmerzen aber von einer Nebenhöhlenentzündung herrühren, ein offenes Wort eines angebeteten Menschen kann alle Illusionen zerstören, eine erste Verurteilung klärt mich darüber auf, dass auch die Wahrheit über eine Person zu verbreiten üble Nachrede sein kann, wenn diese Wahrheit dazu geeignet ist, das Ansehen dieser Person zu schädigen.

Anders ist die Situation, wenn jemandem eine falsche Vorstellung von der Wirklichkeit unterstellt wird, die Richtigkeit oder Falschheit aber nicht abschließend geklärt werden kann. Das klassische Beispiel dafür sind Religion und Ideologie. Entsprechend gibt es einen ideologiekritischen Begriff der Illusion als einer falschen Vorstellung von der Wirklichkeit, von der gesellschaftlichen Wirklichkeit klassisch vertreten durch Marx, von der psychischen Wirklichkeit durch Freud. Beide postulieren, dass es erstrebenswert ist, sich von falschen Vorstellungen zu befreien, um zu einem „nicht-illusorischen Glück" (Strube 1976, Sp.215) zu gelangen. „Vom Standpunkt des historischen Materialismus aus nennt Marx alle Vorstellungen illusionär, die objektiv Ausdruck herrschender materieller Verhältnisse sind, subjektiv aber als von diesen Verhältnissen unabhängig vermeint werden [... Sie wirken u.a.] als Mittel des Trostes auf Seiten der ausgebeuteten Klasse" (Strube 1976, Sp.213).

Diese Einschätzung bezieht sich bei Marx sowohl auf die Religion als auch auf die Genusswelten der entstehenden Konsumgesellschaft. Letzteres wurde mit großer Breitenwirkung von Haug zugespitzt. Seine 1971 zum ersten Mal erschienene „Kritik der Warenästhetik" analysiert die damalige Konsumgesellschaft aus der Perspektive des historischen Materialismus. Dieses Buch ist bis heute lesenswert, insbesondere, wenn man sich für Methoden des Verkaufens und des Faszinierens interessiert. Haug entwickelt die Begriffe Warenästhetik und Affektmodellierung und stellt sich die Aufgabe, „die Erscheinungen der Warenästhetik ökonomisch abzuleiten und im Systemzusammenhang zu entwickeln und darzustellen" (Haug 1971, S.11). Im Hinblick auf die verwendeten Beispiele sagt er: „Das Material mag überdeutlich sein – aber oft deutet es in die falsche Richtung; es ist fantastisch – aber wenn man sich davon faszinieren lässt, entstehen wahnhafte Theorien" (Haug 1971, S.11). Das falsche, wahnhafte der illusionären Vorstellung kann nur durch die richtige verstandesmäßige Haltung kontrolliert werden, keinesfalls darf man sich faszinieren lassen – so die Position der Kritik.

Diese Auffassung selbst ist nach wie vor nicht abgelegt. „Haug mit seiner intensiven Betonung von Faktoren wie Sinnlichkeit und Bedürfnis hat im Grunde wenig an Aktualität verloren, geriet jedoch mit in den Abwärtssog der verwandten Theoriegebäude" – urteilt Reinhardt (1993, S.9). Und in der Tat steigt die von Haug geprägte Auffassung immer wieder in unterschiedlichen popularisierten Gewändern an die Oberfläche der Diskussion um Werbung und Wirtschaftskommunikation. 1995 schreibt Oliviero Toscani, der Verantwortliche der damals mit großer Aufmerksamkeit bedachten Bennetton-Werbung: „Die Werbung verkauft keine Produkte oder Ideen, sondern ein verfälschtes und hypnotisierendes Glücksmodell“ (Toscani 1996, S.21). Es folgt die Aufforderung: „Suchen Sie doch einmal in der Werbung dieser Tage nach Armen, Zuwanderern, Unfallopfern, Aufständischen, Randalierern, Kleinwüchsigen, Verängstigten [...] All dies wurde durch Claudia Schiffer ersetzt, ein stummes Model, das besser bezahlt wird als die größten Schauspielerinnen der Kinogeschichte“ (Toscani 1996, S.23). Im Jahr 2000 veröffentlicht Naomi Klein mit großem Verkauferfolg No Logo. Auch „dieses Buch basiert auf einer einfachen These: Wenn immer mehr Leute die dunklen Geheimnisse des globalen Markennetzes entdecken, wird ihre Empörung der Antrieb für die nächste große politische Bewegung, eine gewaltige Welle des Widerstands, die sich frontal gegen die multinationalen Konzerne richtet, und zwar besonders gegen solche, die stark mit einer Marke identifiziert werden“ (Klein 2001, S.17). Schließlich, als letzte Beispiele, spiegeln auch einige der Romane von Frédéric Beigebeder und Michel Houellebecq diese Auffassung der Wirtschaftskommunikation als Erzeuger falscher Vorstellungen wider. Allerdings zeigen sie Romanfiguren, die sich mit diesem „Verblendungszusammenhang“ längst abgefunden haben und damit dem Typ des Zynikers entsprechen, wie ihn Peter Sloterdijk entworfen hat: „Psychologisch lässt sich der Zyniker der Gegenwart als Grenzfall-Melancholiker verstehen, der seine depressiven Symptome unter Kontrolle halten und einigermaßen arbeitstüchtig bleiben kann [...] Zynismus ist das aufgeklärte falsche Bewusstsein“ (Sloterdijk 1983, S.36f).

In den hier angeführten Beispielen der jüngeren Zeit sind stets die kapitalkritischen Analysen von Marx ebenso verarbeitet, wie die triebtheoretischen Interpretationen Freuds. Während Marx – grob verkürzt – an den Eigentumsverhältnissen interessiert ist, fokussiert Freud auf das Triebschicksal. Während Marx eine proletarische Sicht favorisiert, ist Freud in das Bürgertum vertieft. Er schreibt: „Man darf sagen, der Glückliche fantasiert nie, nur der Unbefriedigte. Unbefriedigte Wünsche sind die Triebkräfte der Fantasien, und jede einzelne Fantasie ist eine Wunscherfüllung, eine Korrektur der unbefriedigten Wirklichkeit. Die treibenden Wünsche sind verschieden je nach Geschlecht, Charakter und Lebensverhältnissen der fantasierenden Persönlichkeit; sie lassen sich aber ohne Zwang nach zwei Hauptrichtungen gruppieren. Es sind entweder ehrgeizige Wünsche, welche der Erhöhung der Persönlichkeit dienen, oder erotische" (Freud 1955, S.216f)." Dieses Zitat hat bereits in anderem Zusammenhang in diesem Buch Verwendung gefunden: es illustrierte die grundsätzlichen Wirkmechanismen von Werbung. Es wird hier noch einmal wiederholt, weil es auch in anderer Hinsicht erhellend ist: Freud gelingt es, auch unterschiedliche Qualitäten der Fantasien zu unterscheiden. Ihm ist nicht die Illusion als solche schon gleichbedeutend mit dem falschen Bewusstsein, sondern er erkannte, „dass der Kranke sich vom Gesunden nicht durch seine Fantasien unterscheidet, sondern dadurch, dass er in seinem Erleben nicht mehr zwischen Wirklichkeit und Fiktion zu unterscheiden vermag", erläutert Tappenbeck (1998, S.79) und unterstreicht, dass es nicht Illusion, sondern das Bewusstsein der Illusion ist, das den Ausschlag bei der Bewertung gibt. Dies unterstützt die in diesem Zusammenhang wohl grundlegende, von Nietzsche geäußerte Auffassung: „Der Mensch selbst hat einen unbesiegbaren Hang, sich täuschen zu lassen, und ist wie bezaubert vor Glück, wenn der Rhapsode ihm epische Märchen wie wahr erzählt oder der Schauspieler im Schauspiel den König noch königlicher agiert, als ihn die Wirklichkeit zeigt" (Nietzsche 1980, S.320), aber: „Der Mensch flieht dabei dem Betrogenwerden nicht so sehr als das Beschädigtwerden durch Betrug: sie hassen, auch auf dieser Stufe, im Grunde nicht die Täuschung, sondern die schlimmen, feindseligen Folgen gewisser Gattungen von Täuschungen" (Nietzsche 1980, S.311).

Die Bewertung der falschen Vorstellungen fällt unterschiedlich aus, je nachdem, welches Menschenbild die einzelnen Autoren vertreten. „Traut man dem Menschen die Fähigkeit zur wahren Erkenntnis oder zur Gewinnung nicht-illusorischen Glücks zu, so wird die Illusion missbilligt [...] Traut man den Menschen jene Fähigkeit nicht zu, so wird die Illusion als eine im Dienste des 'Lebenswillens' stehende Funktion anerkannt und (oft emphatisch) gepriesen" (Strube 1976, Sp.215).

Illusionen sind nicht ohne Risiko, aber es scheint unmöglich, eine endgültige Beurteilung vorzunehmen. Vielmehr ist das Balancieren von Illusion und Realität unausweichlich. Vielleicht nützt es dem Verständnis, von der „Magie" der Wirtschaftskommunikation zu sprechen. Die Magie der Produkte, Marken und Versprechen beginnt dann, wenn Menschen bereit sind, mehr zu sehen, zu vermuten, zu unterstellen, als offensichtlich vorhanden ist. Magie entsteht aus der Halbdistanz, irgendwo auf dem Weg, durch den Handel, die Konkurrenz, die Strategien und die Sehnsüchte. Man kann an den Anfang der Magie reisen, dort gibt es auch etwas zu sehen – aber eben nichts Magisches, sondern etwas Handfestes, Sweatshops zum Beispiel. Man kann der Faszination der Zauberei nicht auf den Grund gehen, wenn man ihre wirklichen Handlungen beschreibt. Nicht der geschickte Umgang mit Spielkarten, der Trick, ist interessant, sondern die Spekulation des Beobachters. Die Magie ist ein Puzzle aus vielen Teilen, nochmals im Kopf des Verbrauchers gespiegelt. Die Magie muss anziehend und undurchschaubar sein – beides. Attraktivität versprechen und Macht haben. Im Kino nur darauf zu sehen, wie es gemacht ist, ist so, als erzähle man immer, wie Zaubertricks funktionieren. Viel schöner ist aber die Vorstellung, Zaubern wäre tatsächlich möglich.

Solche magisch geprägten Vorstellungen können aber auch wie Ereignisse über einen kommen. Der Philosoph Slavoy Zizek spricht sogar von „Der Pest der Phantasmen" (1997) und schildert sehr eindringlich, was im Kopf eines Menschen vorgeht, der von Partner oder Partnerin verlassen wurde und sich nun nicht enthalten kann, Vorstellungen über das Zusammensein des noch immer geliebten Menschen mit einem neuen Partner zu entwickeln. Es sind oftmals gerade die flüchtigen Eindrücke, die die Fantasie anregen, die Gedanken kreisen um das unvollständig wahrgenommene, um die Ergänzung des flüchtigen Blicks, der sich nicht zur Gestaltwahrnehmung schließen konnte.

Soweit mir bekannt ist, gibt es keine Menschen, die in der Lage sind, ihre Nachtträume inhaltlich zu kontrollieren. Gerade deshalb waren die Träume für Freud so bedeutsam, um einen Zugang zu unbewussten und verdrängten seelischen Inhalten zu bekommen, die sich seiner Auffassung nach in den Nachtträumen Bahn brachen und die er als Wunscherfüllung charakterisierte. Demzufolge sind Nachtträume stets unwillkürlich. Sofern es um wache Imaginationen geht, sollen hier nur solche ins Auge gefasst werden, die nicht rauschhaft verursacht sind. Es gibt träumen und wachen, zwei völlig getrennte Welten. Träume kann man nicht verwirklichen, man kann immer nur weiterträumen und weiterleben. Ein verwirklichter Traum ist kein Traum, sondern etwas anderes.

Nietzsches neuer Gedanke ist, dass nicht die Vernunft, sondern die Fantasie die wesentliche Instanz der Lebensbewältigung ist. „Die `Redlichkeit´ würde das Dasein gar nicht ertragen, sondern nur `Ekel und Selbstmord´ zur Folge haben" (Ränsch-Trill 1996, S.231). Das so genannte „Hintergrundbewusstsein" unterscheidet „Realität (d.h. tatsächlich Wahrgenommenes) und Vorstellung (Gedanken, Wünsche etc.)" (Roth 2003, S.128). Neben den Endorphinen, den chemischen Substanzen, die Lustgefühle im Gehirn auslösen, in dem sie – normalerweise zur Belohnung – ausgeschüttet werden, gibt es den Neuromodulator Dopamin, der „selbst kein Belohnungsgefühl vermittelt, sondern nur eine Belohnung durch die hirneigenen Opiate in Aussicht stellt" (Roth 2003, S.146). Die Lust der Imagination ist also biochemisch verankert und darum ist die Faszination der Imagination unausbleiblich, die Täuschung gewollt. Unterschieden wird eher zwischen akzeptierten und nicht akzeptablen Täuschungen als zwischen Täuschung und Wirklichkeit.

Akzeptiert sind solche Täuschungen, die das Selbstbild und das Selbstideal stützen, nicht akzeptiert solche, die eines dieser Elemente torpedieren:

Solange ich mich mit einem bestimmten Anzug für attraktiver halte und dieser Anzug von relevanten Bezugsgruppen als zu mir passend beurteilt wird, ist die Täuschung akzeptiert. Wenn ich mich dagegen offenbar lächerlich mache, ist auch die Täuschung der Kommunikation, die mir diese Kleidung in einem Geschäft nahe gelegt hat, nicht mehr akzeptiert.

Inakzeptabel sind solche Täuschungen, die über die Absicht täuschen: „`Inhaltsentwickler´ haben die Aufgabe, redaktionelle Texte zu verfassen, die für die Anzeigen der Markenfirmen, für die sie arbeiten eine ansprechende Umgebung darstellen. Ein solches Onlineprojekt ist beispielsweise Parent Soup, das von dem Content Developer `iVillage´ für Fisher Price, Starbucks, Procter and Gamble und Polaroid entwickelt wurde. Das Onlineprojekt bezeichnet sich selbst als `Elterngemeinschaft´ und versucht eine von Verbrauchern betriebene Beratungsstelle zu imitieren. Eltern, die sich Rat suchend an ihre angeblichen Schicksalsgenossen wenden, werden jedoch mit werbenden Weisheiten wie der folgenden beglückt: Wenn Sie das Selbstbewußtsein ihres Kindes erhöhen wollen, machen Sie ein paar Polaroids von ihm." (Klein 2001, S.61)

(2) RISIKEN DER IMITATION Neben den Risiken der Vorstellung sind die Risiken der Handlungen bzw. des Verhaltens zu bedenken. Als ein kultureller Effekt von Werbung wird ein Verlust an Vielfalt beklagt. Dieser Verlust bezieht sich, so wird gesagt, auf die Dominanz der westlichen Kultur gegenüber anderen kulturellen Äußerungen, die lediglich in ihren bunten und schnell vermarktbaren Formen gefördert werden: „Mehr als irgendetwas oder irgendwer sonst sind sie die mächtigsten Symbole der Globalisierung geworden, die logo-geschmückten Teenager aus der Mittelklasse, die sich selbst in eine von den Medien produzierte Gussform gießen wollen" (Klein 2001, S.134). Dieser so plausiblen Auffassung entgegen kann jedoch nicht festgestellt werden, dass „Lifestyle durch Werbung" (vgl. Hölscher 1998) gebildet wird. Das bedeutet noch nicht, dass die These von Naomi Klein falsch ist, denn in der offensichtlichen Veränderung des Aussehens und Auftretens von Jugendlichen können – neben der Möglichkeit der frei-

en Entscheidung – mindestens zwei unterschiedliche Mechanismen am Werk vermutet werden: Die Manipulation beträfe die Wirkung von Werbung auf einer kommunikativen Ebene, Korruption dagegen würde bedeuten, bestimmte Aspekte über andere, berechtigte Ansprüche zu stellen.

Der Vorwurf der Korruption bezieht sich also auf das, was nicht getan wird, was durch Werbung verhindert wird. Am Beispiel der Zigarettenwerbung ist der Unterschied deutlich: Die Manipulation besteht darin, zur einen oder anderen Marke zu wechseln oder überhaupt zu rauchen. Der Aspekt der Korrumpierung dagegen liegt darin, dass man daran gehindert wird, aufzuhören zu rauchen bzw. sein Geld und seine Gesundheit auf andere, wertvolle Dinge zu verwenden.

Eine ins körperliche ausgeprägte Form der Korrumpierung ist die Sucht. Werbung ist versprechensorientiert. Versprechen sind jedoch maßgebliche Elemente von Suchtstrukturen. Dieses gilt nicht nur für stoffliche Süchte, sondern gerade auch für nicht-stoffliche Abhängigkeiten und ist in Bezug auf die Arbeitswelt nachgewiesen (vgl. Schaef/Fassel 1994). Werbung zielt darauf, Menschen in ihren kindlichen Abhängigkeiten zu halten, statt sie daraus zu befreien (vgl. Watzlawick 1991, S.5). „Der Literatursoziologe Leo Löwenthal hat in seiner Analyse von faschistischen Agitatoren im Amerika der Zwischenkriegszeit die populistische Rhetorik als umgekehrte Pyschoanalyse bezeichnet. Der Agitator nähert sich den Menschen nämlich mit genau der gegenteiligen Absicht, mit der der Psychoanalytiker auf seine Patienten zugeht: Deren Neurosen werden nicht geheilt, sondern systematisch aufgegriffen und verstärkt, um den Patienten nicht mündig werden zu lassen. Ihre Unmündigkeit ist das Agitationskapital“, schreibt der Soziologe Helmut Dubiel (2001, S.89).

Folgendes Gegenargument entbehrt jedoch nicht der Plausibilität: Werbung leitet die destruktive Wirkung kindlicher Abhängigkeiten und die dumpfen Möglichkeiten der Unmündigkeit auf das prinzipiell friedliche Feld des Konsums. Statt sich aggressiv gegen fremdländische Bevölkerungsgruppen zu wenden, können entsprechend sensibilisierte Menschen Sicherheitsgefühle durch die Anwendung von Desinfektionsmitteln gewinnen. Tatsächlich haben unternehmensinterne, psychologische Studien zu den Verwendungsmotiven von Sagrotan zu solchen Erkenntnissen geführt: Wirtschaftskommunikation vermag Wunschziele zu steuern – eben auch in eine positive, sozialförderliche Richtung.

Und doch gilt: „Das bewusste, denkende und wollende Ich ist nicht im moralischen Sinne verantwortlich für dasjenige, was das Gehirn tut, auch wenn dieses Gehirn perfiderweise dem Ich die entsprechende Illusion verleiht. Nach allem, was wir über das Ich gehört haben, kann es auch gar nicht zum Steuermann werden, denn es entsteht in der kindlichen Entwicklung relativ spät, nämlich dann, wenn Motorik, Wahrnehmungssystem und limbisches System schon weitgehend ausgereift sind" (Roth 2003, S.180). Wie immer es im einzelnen um die Verantwortlichkeit des Subjektes für seine Handlungen steht – hier ist die These von Roth sehr umstritten – in jedem Fall ist deutlich zu erkennen, dass und warum Therapeuten mehr Verantwortung als Patienten, Werber und Unternehmen mehr Verantwortung als Kunden oder Rezipienten tragen, wenn es um die Vermeidung einer negativen Psychoanalyse geht.

Ein weiteres, vermeintlich durch Wirtschaftskommunikation ausgelöstes oder zumindest verstärktes, gesellschaftliches Problemfeld scheint der kreditgestützte Überkonsum zu sein. Es lässt sich allerdings argumentieren, dass die Kreditkartenkultur wenig mit Hedonismus und Verschwendung zu tun hat, sondern viel mit Disziplin und der Wahrung des eigenen Arbeitsethos – weil man eben die monatlichen Ratenzahlungen reinwirtschaften muss.

In die Schuldenfalle geraten weit überwiegend Personen mit geringem Einkommen ohne Grundbesitz. Die privaten Haushalte Großbritanniens sind beispielsweise 2004 mit mehr als einer Billion Pfund verschuldet. Davon sind allerdings zwei Drittel Hypothekenschulden. So verwundert nicht die

Aussage eines britischen Bankmanagers: „Die zunehmenden Schulden sind ein Grund, warum es der britischen Wirtschaft in den letzten Jahren so viel besser ging als vielen anderen“ (zit. in Die Zeit, 32/04, S.21).

Es ist ein bemerkenswertes Phänomen, dass zwar auf der einen Seite das Scheitern einzelner Konsumenten an den wirtschaftlichen Anforderungen des Lebens gern zumindest auch auf den Einfluss der Werbung zurückgeführt wird: „In einer Gesellschaft, in der eine bedeutsame Schicht am oberen Ende immer reicher wird, ziehe man Lebensstile zum Vergleich heran – die durch Fernsehen und Klatschpresse vervielfältigt werden. Das erzeuge einen viel stärkeren Konsumdruck als früher, weshalb (eine amerikanische Wissenschaftlerin) schon `anzeigenfreie Räume´ und Werbeverbote in den Medien fordert, um den amerikanischen Konsumenten vor sich selbst zu schützen“ (Die Zeit 15/04, S.28). Im gleichen Artikel werden in einem anderen Zusammenhang die Möglichkeiten erwogen, wie der Konsum gesteigert werden könnte: „Euroland und Deutschland müssen vorübergehend die Sparpolitik aufgeben, damit Jobs entstehen. Die Zinsen müssen gesenkt und die Schulden erhöht werden“ (Die Zeit 15/04, S.27). Auf die Idee, dass mehr Werbung den Konsum stimulieren könnte, kommt offenbar niemand. Die negativen Auswirkungen von Werbung erscheinen sehr plausibel, während ihre positiven Wirkmöglichkeiten als sehr gering eingeschätzt werden.

Man kann diesen Umstand, der an vielen Stellen zu beobachten ist, als Erwartungsparadox begreifen. Mit diesem Paradox sind die Verbände der Werbewirtschaft ebenfalls vertraut und ihre Aufgabe besteht darin, einerseits die gesellschaftlichen negativen Effekte auf die einzelnen Personen zurückzuführen, dabei aber die Wirksamkeit der Werbung im Sinne der Unternehmen nicht in Frage zu stellen: „Ein Käufer kann und soll durch Werbung bewogen werden, anstelle der einen Marke Weinbrand die andere Marke zu kaufen. Ob der Konsument aber die Flasche an einem einzigen Abend leert oder im Verlauf von acht Wochen – das hängt von anderen Einflüssen und Motiven ab“ schreibt der Sprecher des Zentralverbands der deutschen Werbewirtschaft Volker Nickel (W&V 10/2004, S.98).

Das Erwartungsparadox findet sich auch auf der Markenebene. Zwar glaubt der konservative Journalist: „Keine noch so kreative Werbung dürfte daher in der Lage sein, den Kunden dazu zu bewegen, für ein identisches Produkt einfach deshalb einen höheren Preis zu bezahlen, weil es auch offiziell von einem Markenartikler kommt“ (Nöcker 2003, S.13) – aber genau damit ist das Wesen der Werbung als Kultur vermittelnde Kommunikation erfasst: Identische Sachen zu unterschiedlichen Preisen zu verkaufen unter Einsatz von imaginativen Elementen. Andernfalls hätte die Stiftung Warentest Werbung vollständig ersetzen können.

Bei allen Emotionen, die sie auszulösen im Stande ist: Wahrscheinlich ist werbende Wirtschaftskommunikation nur ein Oberflächenphänomen der gesellschaftlichen Kommunikation. Ihr Schaum, aber nicht der Quirl. Meine persönliche Motivation zu diesem Buch war das Interesse an der Frage, wie dieser Schaum zu bewerten ist. Dabei war ich mir von vornherein sicher, dass weder Indifferenz noch Ablehnung einer derartig erfolgreichen Kommunikationsform gerecht werden können. Dass es letztlich ihre imaginative Wirkung ist, die einerseits Ablehnung, andererseits Faszination erzeugt, hat sich erst im Laufe der Arbeit gezeigt. Der Titel „Management der Fantasie“ trägt dieser Einsicht Rechnung, obwohl er eigentlich ungenau ist. Denn präziser formuliert, das sollte klar geworden sein, geht es in der Wirtschaftskommunikation um das Management der Unterscheidung von Realität und Fantasie. Aber so viel Präzision verträgt kein Buchtitel.

Adorno, Theodor W., 1971: Erziehung zur Mündigkeit. Vorträge und Gespräche mit Helmut Becker 1959 – 1969. Frankfurt am Main.

Amery, Jean, 1978: Charles Bovary, Landarzt. Porträt eines einfachen Mannes. Stuttgart.

Ayaß, Ruth, 2002: Zwischen Innovation und Repetition: Der Fernsehwerbespot als mediale Gattung. In: Willems 2002, S.55-99.

Baecker, Dirk, 1993: Die Form des Unternehmens. Frankfurt am Main.

Baecker, Dirk, 1994: Postheroisches Management. Ein Vademecum. Berlin.

Baecker, Dirk, 2004: Einleitung: Wozu Gefühle? Soziale Systeme 10(2004)/Heft 1, S.5-20.

Bäuchle, Markus, 2004: Werber am Ende des Höhenflugs. w&v 10/2004, S.119-120.

Bardmann, Theodor M., 1994: Wenn aus Arbeit Abfall wird. Aufbau und Abbau organisatorischer Realitäten. Frankfurt am Main.

Bardmann, Theodor M. (Hrsg.) 1998: Zirkuläre Positionen 2. Die Konstruktion der Medien. Opladen.

Beigbeder, Frèdèric, 2001: 39,90. Reinbek.

Bendel, Sylvia, 1998: Anzeigenwerbung von 1622 – 1798. Entstehung und Entwicklung einer Textsorte. Tübingen.

Benjamin, Walter, 1982: Das Passagen-Werk. Gesammelte Schriften Bd. V. Frankfurt am Main.

Berge, Carl-Christian, 2003: Arbeitsweise einer Werbeagentur. In: Kloss, Ingomar, 2003: Werbung. Lehr- Studien- und Nachschlagewerk. 3. Auflage. München/Wien. S.195-206.

Bielfeldt, Klaus, 1997: Die Fundamente unseres Wohlstands. Eine Untersuchung der Wurzeln des industriellen Zeitalters. Hamburg.

Blumenberg, Hans, 1998: Paradigmen zu einer Metaphorologie. Frankfurt am Main. (Org. 1960).

Bogs, Nicolas W., 2002: Werbeagenturen im Mediamarkt und allokative Effizienz. Eine informationsökonomische Analyse des Marktes für Werbeträgerleistung, der Bedeutung von Werbeagenturen und der Entlohnungs-

systeme mediabezogener Agenturleistungen. Europäische Hochschulschriften. Frankfurt am Main u.a..
Bolz, Norbert, 1991: Eine kurze Geschichte des Scheins. München.
Bolz, Norbert, 2002: Das konsumistische Manifest. München.
Boltanski, Luc/Chiapello, Eve, 2003: Der neue Geist des Kapitalismus. Konstanz. (Org. 1999).
Borchhardt, Hans-Jürgen/Harms, Henning, 1998: Strategisches Kommunikationsmanagement. Integrierte Kommunikation systematisieren und optimieren. Heidelberg.
Borscheid, Peter/Clemens Wischermann, (Hrsg.), 1995: Bilderwelt des Alltags. Werbung in der Konsumgesellschaft des 19. und 20. Jahrhunderts. Stuttgart.
Borscheid, Peter, 1995: Am Anfang war das Wort. Die Wirtschaftswerbung beginnt mit der Zeitungsannonce. In: Borscheid, Peter/Clemens Wischermann (Hrsg.), 1995: S.20-44.
Bourdieu, Pierre, 1984: Die feinen Unterschiede. Kritik der gesellschaftlichen Urteilskraft. 3. durchgesehene Auflage. Frankfurt am Main. (Org. 1979).
Bruhn, Manfred, 1997: Kommunikationspolitik. Bedeutung – Strategien – Instrumente. 1. Auflage. München.
Bruhn, Manfred, 2003: Kommunikationspolitik. Systematischer Einsatz der Kommunikation für Unternehmen. 2. Auflage. München.
Bruhn, Manfred, 2005: Unternehmens- und Marketingkommunikation. Handbuch für ein integriertes Kommunikationsmanagement. München.
Buchli, Hanns, 1962: 6000 Jahre Werbung. Geschichte der Wirtschaftswerbung und der Propaganda. Berlin.
Campbell, Colin, 1987: The Romantic Ethic and the Spirit of Modern Consumerism. Oxford/New York.
Calwer, Richard, 1907: Der Handel. Frankfurt am Main.
Ciompi, Luc, 2004: Ein blinder Fleck bei Niklas Luhmann? Soziale Wirkungen von Emotionen aus Sicht der fraktalen Affektlogik. Soziale Systeme 10(2004)/Heft 1, S.21-49.
Clausen, Lars, 1964: Elemente einer Soziologie der Wirtschaftswerbung.

Köln/Opladen.
Cölfen, Hermann, 1999: Werbeweltbilder im Wandel. Eine linguistische Untersuchung deutscher Werbeanzeigen im Zeitvergleich (1960-1990). Frankfurt am Main.
Currie, Gregory/Ravenscroft, Ian, 2002: Recreative Minds. Imagination in Philosophy and Psychology. Oxford.
Diamand, Jared, 1998: Der dritte Schimpanse. Evolution und Zukunft des Menschen. Frankfurt am Main. (Org. 1992).
Domizlaff, Hans, 1982: Die Gewinnung des öffentlichen Vertrauens. Ein Lehrbuch der Markentechnik. Reprint der 2. überarbeiteten Auflage von 1951. Hamburg.
Douglas, Mary, 1991: Wie Institutionen denken. Frankfurt am Main. (Org. 1986).
Dubiel, Helmut, 2001: Kritische Theorie der Gesellschaft. Weinheim. 2. Auflage. (Org. 1988).
Eco, Umberto, 1986: Apokalyptiker und Integrierte. Zur kritischen Kritik der Massenkultur. Frankfurt am Main. (Org. 1964).
Eichhorn, Peter, 2000: Das Prinzip Wirtschaftlichkeit. Wiesbaden.
Elias, Norbert, 2001: Über den Prozeß der Zivilisation. Frankfurt am Main. (Org. 1969).
Emrich, Hinderk M., 2004: Neurokognitive und psychologische Aspekte einer Gefühlstheorie sozialer Bindungen. Soziale Systeme 10(2004)/Heft 1, S.73-88.
Esposito, Elena, 1998: Die Paradoxie, Neues zu beobachten. In: Bardmann 1998, S.141 – 161.
Esposito, Elena, 2002: Soziales Vergessen. Formen und Medien des Gedächtnisses der Gesellschaft. Frankfurt am Main.
Esposito, Elena, 2003: Vom Modell zur Mode. Medien und Formen der Nachahmung. Soziale Systeme 9 (2003), Heft 1, S.88-104.
Etymologisches Wörterbuch des Deutschen, 1993. Akademie Verlag Berlin.
Faßler, Manfred, 2002: Was ist Kommunikation? 2. Auflage. München.
Fechner, Frank, 2003: Medienrecht. 4. Auflage. Tübingen.

Flusser, Vilèm, 1990: Eine neue Einbildungskraft. In: Bollmann-Verlag (Hrsg.), 1995: Der Flusser-Reader zu Kommunikation, Medien und Design. Mannheim. S.141-149.

Flusser, Vilèm, 1996: Kommunikologie. Schriften, Band 4. Köln.

Forrester, Viviane, 1997: Der Terror der Ökonomie. Wien. (Org. 1996).

Franck, Georg, 1998: Ökonomie der Aufmerksamkeit. Ein Entwurf. München.

Fromm, Erich, 1980: Die psychologischen und geistigen Probleme des Überflusses. In: Gesamtausgabe Bd.V. Stuttgart. S.317-328. (Org. 1970).

Fuchs, Peter, 1989: Blindheit und Sicht: Vorüberlegungen zu einer Schemarevision. In: Luhmann, Niklas/Fuchs, Peter, 1989: Reden und Schweigen. Frankfurt am Main. S.178-208.

Fuchs, Peter, 1998: Das Ich ist jenseits der Kommunikation ein lärmender Kasper. In: Bradmann, Theodor M. (Hrsg.) 1998: Zirkuläre Positionen 2. Die Konstruktion der Medien. Opladen. S. 171-194.

Gaede, Werner, 2002: Abweichen von der Norm. Enzyklopädie kreativer Werbung. Mit einem Vorwort von Walter Lürzer. München.

Gallese, Vittorio, 2003: The manifold nature of interpersonal relations: the quest for a common mechanism. Phil. Trans. of The Royal Society London. B (2003) 358, S.517-528.

Garz, Detlef/Oser, Fritz/Althof, Wolfgang (Hrsg.) 1999: Moralisches Urteil und Handeln. Frankfurt am Main.

Grassi, Ernesto, 1979: Die Macht der Phantasie. Königstein.

Grasskamp, Walter, 2000: Unberührbar und unverkäuflich. Der Museumsshop als Notausgang. In: Ders., 2000: Konsumglück. Die Ware Erlösung. München. S. 143-152.

Groys, Boris, 1992: Über das Neue. Versuch einer Kulturökonomie. München/Wien.

Habermas, Jürgen, 1962: Strukturwandel der Öffentlichkeit. Neuwied.

Habermas, Jürgen, 1987: Theorie des kommunikativen Handelns. 4. Auflage. Frankfurt am Main.

Habermas, Jürgen/Luhmann, Niklas, 1971: Theorie der Gesellschaft oder Sozialtechnologie? Frankfurt am Main.

Hahn, Oswald, 1997: Allgemeine Betriebswirtschaftslehre. 3., überarbeitete Auflage. München.
Halstenberg, Volker, 1996: Integrierte Markenkommunikation. Psychoanalyse und Systemtheorie im Dienste erfolgreicher Markenführung. Frankfurt am Main.
Haug, Wolfgang Fritz, 1971: Kritik der Warenästhetik. Frankfurt am Main.
Hentig, Hartmut von, 1998: Kreativität. Hohe Erwartungen an einen schwachen Begriff. München/Wien.
Hirsch, Eike Christian, 1991: Der Witzableiter oder Schule des Gelächters. München.
Hirschman, Albert O., 1974: Abwanderung und Widerspruch. Reaktionen auf Leistungsabfall bei Unternehmungen, Organisationen und Staaten. Tübingen. (Org. 1970).
Hölscher, Barbara, 1998: Lebensstile durch Werbung? Zur Soziologie der Life-Style-Werbung. Opladen/Wiesbaden.
Hölscher, Barbara, 2002: Das Denken in Zielgruppen. Über die Beziehung zwischen Marketing, Werbung und Lebensstilforschung. In: Willems 2002, S.481-495.
Hölscher, Barbara, 2002a: Werbung heißt: Kreativität, Idealismus, Gestaltung – Zum schillernden Weltbild von Werbern. In: Willems 2002, S.496-511.
Hoffmann, Stefan, 2002: Geschichte des Medienbegriffs. Archiv für Begriffsgeschichte. Hamburg.
Holtz-Bacha, Christina/Arnulf Kutsch (Hrsg.) 2002: Schlüsselwerke für die Kommunikationswissenschaft. Wiesbaden.
Illies, Florian, 2000: Generation Golf. Eine Inspektion. Berlin.
Illouz, Eva, 2003: Der Konsum der Romantik. Liebe und die kulturellen Widersprüche des Kapitalismus. Frankfurt am Main. Am. Org. 1997: Consuming the Romantic Utopia.
Jähner, Harald, 2000: Die Schamfalle. Berliner Zeitung. Nr. 293, 15.12.2000, S.11.
Japp, Klaus P., 1993: Die Form des Protestes in den neuen sozialen Bewe-

gungen. In: Baecker, Dirk (Hrsg.), 1993: Probleme der Form. Frankfurt am Main. S. 230-251.

Jullien, Francois, 1999: Über Wirksamkeit. Berlin. (Org. 1996).

Kiefer, Marie Luise, 2001 : Medienökonomik. Einführung in die ökonomische Theorie der Medien. München.

Kinast, Kurt/Posselt, Thorsten, 1999: Wettbewerb zwischen Kontraktgutanbietern, modelliert am Beispiel von Werbeagenturen. ZfB 69. Jg. (1999). H. 5/6. S.541-568.

Kirchner, Karin, 2001: Integrierte Unternehmenskommunikation. Theoretische und empirische Bestandsaufnahme und eine Analyse Amerikanischer Großunternehmen. Wiesbaden.

Kittler, Friedrich, 2002: Optische Medien. Berliner Vorlesung 1999. Berlin.

Klein, Naomi, 2001: No Logo! Der Kampf der Global Players um Marktmacht. Ein Spiel mit vielen Verlierern und wenigen Gewinnern. Gütersloh.

Kohlberg, Lawrence, 1996: Die Psychologie der Moralentwicklung. Frankfurt am Main. (Org. 1968 – 1984).

Kotler, Philip/Bliemel, Friedhelm, 1992: Marketing-Management. Analyse, Planung, Umsetzung und Steuerung. 7. Auflage. Stuttgart. (Org. 1991).

Kotler, Philip, 2003: Marketing Management. International Edition. Upper Saddle River, New Jersey.

Koydl, Wolfgang, 2002: Das Gedächtnis der Garagen. Süddeutsche Zeitung 11.09.2002, S.3.

Krippendorff, Klaus, 1994: Der verschwundene Bote. Metaphern und Modelle der Kommunikation. In: Merten/Schmidt/Weischenberg 1994, S. 79-113.

Kroeber-Riel, Werner, 1996: Bildkommunikation. The New Science of Imagination. München.

Kroeber-Riel, Werner/Peter Weinberg, 1999: Konsumentenverhalten. 7., verbesserte und ergänzte Auflage. München.

Kutter, Markus, 1976: Abschied von der Werbung. Nachrichten aus einer unbekannten Branche. Niederteufen.

Ladeur, Karl-Heinz, 2003: Kommentar zu § 7 RstV. Beck`scher Kommentar zum Rundfunkrecht. München 2003.

Lakoff, George/Johnson, Mark, 1998: Leben in Metaphern. Konstruktion und Gebrauch von Sprachbildern. Heidelberg.

Lauermann, Manfred, 1993: Zur Form der Latenz. In: Baecker, Dirk (Hrsg.), 1993: Probleme der Form. Frankfurt am Main. S. 120-147.

Le Goff, Jacpues, 1984: Die Geburt des Fegefeuers. Vom Wandel des Weltbildes im Mittelalter. Stuttgart. (Org. 1981).

Lévy, Maurice, 2004: Ideas with la différence. Interview. Absatzwirtschaft 2/2004. S.8-13.

Luhmann, Niklas, 1984: Soziale Systeme. Grundriß einer allgemeinen Theorie. Frankfurt am Main.

Luhmann, Niklas, 1987: Archimedes und wir. Interviews. Herausgegeben von Dirk Baecker und Georg Stanitzek. Berlin.

Luhmann, Niklas, 1988: Die Wirtschaft der Gesellschaft. Frankfurt am Main.

Luhmann, Niklas, 1989: Kommunikationssperren in der Unternehmensberatung. In: Derselbe/Fuchs, Peter, 1989: Reden und Schweigen. Frankfurt am Main. S. 209-227.

Luhmann, Niklas, 1991: Soziologie des Risikos. Berlin/New York.

Luhmann, Niklas, 1993: Zeichen als Form. In: Baecker, Dirk (Hrsg.), 1993: Probleme der Form. Frankfurt am Main. S. 45-69.

Luhmann, Niklas: 1995: Konzeptkunst. In: Frankfurter Allgemeine Zeitung, 19.07.95, S.27.

Luhmann, Niklas, 1996: Die Realität der Massenmedien. 2., erweiterte Auflage. Opladen.

Luhmann, Niklas, 1997: Die Gesellschaft der Gesellschaft. Frankfurt am Main.

Luhmann, Niklas, 2000: Organisation und Entscheidung. Opladen/Wiesbaden.

Luhmann, Niklas, 2000a: Die Religion der Gesellschaft. Frankfurt am Main.

Maletzke, Gerhard, 1998: Kommunikationswissenschaft im Überblick. Grundlagen, Probleme, Perspektiven. Opladen/Wiesbaden.

Mandeville, Bernard, 1988: Die Bienenfabel oder: Private Laster als gesellschaftliche Vorteile. München. (Org.1723).

Manguel, Alberto, 1998: Eine Geschichte des Lesens. Berlin. (Org. 1996).

Marx, Karl, 1974: Grundrisse der Kritik der politischen Ökonomie. Berlin. (Org. 1858).

Mast, Claudia, 2002: Unternehmenskommunikation. Stuttgart.

Mattenklott, Axel, 2004: Werbung. In: Mangold, Roland/Vorderer, Peter/ Bente, Gary (Hrsg.) 2004: Lehrbuch der Medienpsychologie. Göttingen/ Bern/Toronto/Seattle. S.619-642.

Mattenklott, Axel, 2004a: Werbung wirkt über Gefühle. w&v 10/2004. S.121-123.

Maturana, Humberto R./Varela, Francisco J, 1982: Erkennen: Die Organisation und Verkörperung von Wirklichkeit. Braunschweig.

Maturana, Humberto R./Varela, Francisco J., 1987: Der Baum der Erkenntnis. Bern. (Org. 1984).

McLuhan, Marshall, 1994: Die magischen Kanäle. Understanding Media. Dresden/Basel. (Org. 1964).

Meffert, Heribert, 1986: Marketing. Grundlagen der Absatzpolitik. 7. Auflage. Wiesbaden.

Meffert, Heribert, 1998: Marketing. Grundlagen marktorientierter Unternehmensführung. 8. Auflage. Wiesbaden.

Meffert, Heribert, 2000: Marketing. Grundlagen der marktorientierten Unternehmensführung. 9. Auflage. Wiesbaden.

Merten, Klaus, 1999: Einführung in die Kommunikationswissenschaft. Bd. 1: Grundlagen der Kommunikationswissenschaft. Münster.

Merten, Klaus/Schmidt, Siegfried J./Weischenberg, Siegfried (Hrsg.) 1994: Die Wirklichkeit der Medien. Eine Einführung in die Kommunikationswissenschaft. Opladen.

Nerdinger, Friedemann W., 1990: Lebenswelt "Werbung". Eine sozialpsychologische Studie über Macht und Identität. Frankfurt am Main.

Ortmann, Günther, 2004: Als Ob. Fiktionen und Organisationen. Wiesbaden.

Ott, Alfred E., 1989: Wirtschaftstheorie. Eine erste Einführung. Göttingen.

Packard, Vance, 1957: Die geheimen Verführer. Der Griff nach dem Unbewussten in jedermann. Düsseldorf.

Pagel, Gerda, 1984: Narziß und Prometheus. Die Theorie der Fantasie bei Freud und Gehlen. Würzburg.

Palaver, Wolfgang, 2004: Rene Girards mimetische Theorie. Münster.

Pfister, Ulrich, 2000: Einführung: Unternehmen in der Warenkultur. In: Wischermann, Clemens, Peter Borscheid und Karl-Peter Ellerbrock (Hrsg.) 2000: Unternehmenskommunikation im 19. und 20. Jahrhundert. Neue Wege der Unternehmensgeschichte. Dortmund.

Pickert, Mike, 1994: Die Konzeption der Werbung. Determinanten, Strategien, Kommuniqués. Heidelberg.

Pleij, Herman, 2000: Der Traum vom Schlaraffenland. Mittelalterliche Fantasien vom vollkommenen Leben. Frankfurt am Main. (Org. 1997).

Porter, Michael E., 1984: Wettbewerbsstrategie. Methoden zur Analyse von Branchen und Konkurrenten. 2. Auflage. Frankfurt am Main.

Proust, Marcel, 2004: Unterwegs zu Swann. Auf der Suche nach der verlorenen Zeit 1. Frankfurt am Main. (Org. 1913).

Proust, Marcel, 2004a: Guermantes. Auf der Suche nach der verlorenen Zeit 3. Frankfurt am Main.

Priddat, Birger P., 2002: Theoriegeschichte der Wirtschaft. München.

Raffee, Hans, 1974: Betriebswirtschaftslehre im Grundstudium der Wirtschaftswissenschaft. Göttingen.

Ränsch-Trill, Barbara, 1996: Fantasie. Welterkenntnis und Welterschaffung. Zur philosophischen Theorie der Einbildungskraft. Zeitschrift für Ästhetik und allgemeine Kulturwissenschaft. Beiheft 3. Bonn.

Rawls, John, 2001: Justice as Fairness. A Restatement. Cambridge.

Reinhardt, Dirk, 1993: Von der Reklame zum Marketing. Geschichte der Wirtschaftswerbung in Deutschland. Berlin.

Reinhardt, Dirk, 1995: Vom Intelligenzblatt zum Satellitenfernsehen: Stufen der Werbung als Stufen der Gesellschaft. In: Borscheid, Peter/Clemens Wischermann (Hrsg.), 1995, S. 44-62.

Roes, Michael, 1996: Rub al-Khali. Leeres Viertel. Inventionen über das Spiel. Frankfurt am Main.

Rosenstiel, Lutz von/Neumann, Peter, 1984: Einführung in die Markt- und Werbepsychologie. Darmstadt.

Routtenberg, Aryeh, 1986: Das Belohnungssystem des Gehirns. In: Gehirn und Nervensystem. 7. Auflage. Spektrum der Wissenschaft. S. 161-167.

Roth, Gerhard, 2001: Fühlen, Denken, Handeln. Wie das Gehirn unser Verhalten steuert. Frankfurt am Main.

Roth, Gerhard, 2003: Aus sicht des Gehirns. Frankfurt am Main.

Sander, Uwe, 1998: Die Bindung der Unverbindlichkeit. Frankfurt am Main.

Schaef, Anne Wilson/Fassel, Diane, 1994: Suchtsystem Arbeitsplatz. Neue Wege in Berufsalltag und Management. München. (Org. 1988).

Schlesky, Helmut, 1961: Der Mensch in der wissenschaftlichen Zivilisation. Köln/Opladen.

Scherhorn, Gerhard, 1998: Vorwort. In: Stihler 1998, S.5-6.

Schierl, Thomas, 2002: Der Werbeprozess aus organisationsorientierter Perspektive. In: Willems 2002, S.429-443.

Schierl, Thomas, 2002a: Grau, mein Freund ist alle Theorie... Die Diffusion kommunikationswissenschaftlicher Erkenntnisse in der werblichen Kommunikationspraxis. In: Willems 2002, S.465-479.

Schimank, Uwe, 1995: Teilsystemevolution und Akteurstrategien: Die zwei Seiten Struktureller Dynamiken moderner Gesellschaften. Soziale Systeme. Zeitschrift für soziologische Theorie 1/95. S.73-100.

Schimansky, Alexander, 2004: Der Wert der Marke. München.

Schirner, Michael, 1991: Werbung ist Kunst. 2., veränderte Auflage. München.

Schmidt, Siegfried J., 1991: Werbewirtschaft als soziales System. Arbeitshefte Bildschirmmedien. Nr.27. Siegen.

Schmidt, Siegfried J./Spieß, Brigitte, 1996: Die Kommerzialisierung der Kommunikation. Fernsehwerbung und sozialer Wandel 1956 – 1989. Frankfurt am Main.

Schmidt, Siegfried J., 2000: Kalte Faszination. Medien, Kultur, Wissenschaft in der Mediengesellschaft. Weilerswist.

Schmidt, Siegfried J./Zurstiege, Guido, 2000: Orientierung Kommunika-

tionswissenschaft. Was sie kann, was sie will. Reinbek.
Schotthöfer, Peter, 2005: Unlautere Praktiken. Werben & Verkaufen Nr. 37/2005, S.84.
Schulz, Wolfgang, 2003: Kommentar zu § 2 RstV. Beck`scher Kommentar zum Rundfunkrecht. München 2003.
Schulze, Gerhard, 1992: Die Erlebnisgesellschaft. Kultursoziologie der Gegenwart. Frankfurt/New York.
Schulze, Gerhard, 2002: Wohin bewegt sich die Werbung? In: Willems 2002, S.973-995.
Schulz von Thun, Friedemann, 1981: Miteinander Reden. Allgemeine Psychologie der Kommunikation. (später: Band 1). Reinbek.
Schulz von Thun, Friedemann, 1998: Miteinander Reden 3. Das innere Team und situationsgerechte Kommunikation. Reinbek.
Schwalbe, Heinz, 1999: Von der Werbelehre zur Werbewirtschaft. Köln.
Schweiger, Günter/Schrattenecker, Gertraud, 2001: Werbung. Eine Einführung. 5. Auflage. Stuttgart.
Schweitzer, Albert, 1981: Kultur und Ethik. München. (Org. 1923).
Séguéla, Jacques, 2004: Verändern oder gehen. Interview. w&v 21/2004, S.42-43.
Sen, Amartyya, 1992: Inequality Reexamined. Cambridge (Massachusetts).
Sennett, Richard, 1998: Der Tastsinn. In: Kunst- und Ausstellungshalle der Bundesrepublik Deutschland (Hrsg.) 1998: Der Sinn der Sinne. Göttingen. S. 479-495.
Serre, Michel, 1981: Der Parasit. Frankfurt am Main. Suhrkamp. (Org. 1980).
Shackle, George L. S., 1979: Imagination and the Nature of Choice. Edinburgh.
Shannon, Claude E./Weaver, Warren, 1998: The Mathematical Theory of Communication. Foreword by Richard E. Blahut and Bruce Hajek. Korrigierter Nachdruck der Erstausgabe von 1949. Urban/Chicago.
Simmel, Georg, 1989: Philosophie des Geldes. Gesamtausgabe Band 6. Frankfurt am Main. (Org. 1900).
Sloterdijk, Peter, 1983: Kritik der zynischen Vernunft. Frankfurt am Main.

Sloterdijk, Peter, 1993: Medien-Zeit. Drei gegenwartsdiagnostische Versuche. Schriftenreihe der Staatlichen Hochschule für Gestaltung Karlsruhe. Stuttgart.
Sloterdijk, Peter, 1998: Sphären I – Blasen. Frankfurt am Main.
Sloterdijk, Peter, 1999: Sphären II – Globen. Frankfurt am Main.
Sloterdijk, Peter, 2001: Tau von den Bermudas. Über einige Regime der Einbildungskraft. Frankfurt am Main.
Sloterdijk, Peter, 2004: Sphären III – Schäume. Frankfurt am Main.
Sloterdijk, Peter, 2005: Der Weltinnenraum des Kapitals. Frankfurt am Main.
Sonderegger, Ruth, 2000: Für eine Ästhetik des Spiels. Hermeneutik, Dekonstruktion und der Eigensinn der Kunst. Frankfurt am Main.
Spinnen, Burkhard, 1990: Zeitalter der Aufklebung. Versuch zur Schriftkultur der Gegenwart. Münster.
Stihler, Ariane, 1998: Die Entstehung des modernen Konsums. Darstellung und Erklärungsansätze. Berlin.
Streeck, Klaus, 1995: Corporate Identity im Christentum. Die produktive Gemeinschaft der Diakonieschwestern. Hamburg.
Tangermann, Kay, 2003: Werbung – der Milliarden-Poker. München.
Tarde, Gabriel de, 2003: Die Gesetze der Nachahmung. Frankfurt am Main. (Org. 1890).
Theis, Anna Maria, 1994: Organisationskommunikation. Theoretische Grundlagen und empirische Forschungen. Opladen.
Toscani, Oliviero, 1996: Die Werbung ist ein lächelndes Aas. Mannheim.
Turner, Sebastian, 2002: Spring! Das Geheimnis erfolgreicher Werbung. Mainz.
Turner, Sebastian, 2004: Kreative Werbung wirkt besser. w&v 10/2004. S.82-84.
Ueding, Gerd/Steinbrink, Bernd, 1986: Grundriss der Rhetorik. Geschichte, Technik, Methoden.2.Auflage. Stuttgart.
Veblen, Thorstein, 1899: Theorie der feinen Leute. Eine ökonomische Untersuchung der Institutionen. Gegenwärtig: Frankfurt am Main.
Watzlawick, Paul, 1991: Man wird relativ. Interview. Lürzer`s Archiv

4/91. S. 5-10.
Watzlawick, Paul, Janet H. Beavin, Don D. Johnson, 1969: Menschliche Kommunikation: Formen; Störungen; Paradoxien. Bern. (Org. 1967).
Wehler, Hans-Ulrich, 1995: Deutsche Gesellschaftsgeschichte. Dritter Band. Von der `Deutschen Doppelrevolution´ bis zum Beginn des Ersten Weltkrieges 1849-1914. München.
Weingart, Peter, 2001: Die Stunde der Wahrheit? Zum Verhältnis der Wissenschaft zu Politik, Wirtschaft und Medien in der Wissensgesellschaft. Weilerswist.
Weizsäcker, Carl Friedrich Freiherr von, 1959: Die Sprache. Darmstadt.
Wenzel, Harald, 2001: Das Abenteuer der Kommunikation. Echtzeitmedien und der Handlungsraum der Hochmoderne. Weilerswist.
Whitehead, Alfred North, 1987: Prozeß und Realität. Entwurf einer Kosmologie. Frankfurt am Main. (Org. 1929).
Wiesing, Lambert, 2005: Artifizielle Präsenz. Studien zur Philosophie des Bildes. Frankfurt am Main.
Willems, Herbert, (Hrsg.) 2002: Die Gesellschaft der Werbung. Kontexte und Texte. Produktionen und Rezeptionen. Entwicklungen und Perspektiven. Wiesbaden.
Wirth, Uwe (Hrsg.) 2002: Performanz. Zwischen Sprachphilosophie und Kulturwissenschaften. Frankfurt am Main.
Wischermann, Clemens, 1995: Der kulturgeschichtliche Ort der Werbung. In: Borscheid, Peter/Clemens Wischermann (Hrsg.), 1995, S. 8-19.
Wöhe, Günter, 2002: Einführung in die Betriebswirtschaftslehre. 21. neubearbeitete Auflage (mit Ulrich Döring). München.
ZAW – **Zentralverband der deutschen Werbewirtschaft** (Hrsg.) 2004: Werbung in Deutschland 2004. Berlin.
Zerfass, Ansgar, 1996: Unternehmensführung und Öffentlichkeitsarbeit. Grundlegung einer Theorie der Unternehmenskommunikation und Public Relations. Opladen.
Zurstiege, Guido, 1998: Mannsbilder – Männlichkeit in der Werbung. Eine Untersuchung zur Darstellung von Männern in der Anzeigenwerbung der 50er, 70er und 90er Jahre. Opladen.

DANK

Jede umfängliche Ausarbeitung ist auf das Wohlwollen der Umgebung angewiesen. Aus meinem privaten Umfeld habe ich sehr viel Zuspruch und Unterstützung erhalten, insbesondere auch dann, wenn sich Überdruss einstellte. Hervorheben möchte ich, allen voran, Hans-Peter Boltres, meinem Lebenspartner, sowie Patrick Baumann und Martin Hoechst. Prof. Dr. Katrin Böhnig-Gaese und PD Dr. Bernhard Gaese herzlichen Dank für zwei Jahrzehnte Freundschaft und viel Input aus der Ökologie und der Neurophysiologie. Bei Prof. Dr. Wolfgang Nethöfel und Prof. Dr. Eberhard Wölfel, meinen akademischen Lehrern, bedanke ich mich dafür, dass sie in meinem Hinterkopf Quartier genommen haben, nachdem sie vor vielen Jahren dort etwas Ordnung geschaffen haben.

Der FHTW Berlin danke ich für die Gewährung eines Forschungssemesters, den Kollegen für Bereitschaft zur Übernahme der so erwachsenen Mehrarbeit, Prof. Dr. Angela Fiedler für ihren besonderen Einsatz im Vorfeld des Forschungssemesters. Die Studierenden des Studiengangs Wirtschaftskommunikation der FHTW haben mit vielen Diskussionen und durch konstruktive Kritik dazu beigetragen, dass manches doch klar geworden ist.

Prof. Dr. Susanne Femers ist eine großartige Kollegin, ihr schulde ich zudem Dank für geduldiges Lesen und viele hilfreiche Anregungen, ebenso Dr. Eva-Maria Auer und Tobias Goj, die Vorfassungen des Textes gelesen und zahlreiche Verbesserungsvorschläge gemacht haben. Lars Borges hat mit Fotos zur Umschlaggestaltung nicht gegeizt, Christian Gaca steckte viel Arbeit in die Gestaltung des Textes, ohne dabei seine Freundlichkeit zu verlieren – obwohl es dazu Anlass gegeben hätte.

Schließlich bedanke ich mich herzlich bei Prof. Dr. Dr. Volker Böhme-Neßler, der sich stets freundlich ins Schicksal der Juristen gefügt hat, für unentgeltliche Auskünfte im Vorbeigehen zur Verfügung stehen zu sollen.